Deus não está morto

Evidências científicas da existência divina

AMIT GOSWAMI

Deus não está morto

TRADUÇÃO:
MARCELLO
BORGES

3ª EDIÇÃO

goya

DEUS NÃO ESTÁ MORTO

TÍTULO ORIGINAL:
God Is Not Dead

PREPARAÇÃO DE TEXTO E REVISÃO:
Ana Cristina Teixeira

REVISÃO TÉCNICA:
Adilson Silva Ramachandra

EDITORAÇÃO:
Join Bureau

CAPA:
Giovanna Cianelli
Gabriel Rolim

MONTAGEM DE CAPA:
Pedro Fracchetta

PROJETO GRÁFICO:
Neide Siqueira

ADAPTAÇÃO DE MIOLO:
Desenho Editorial

DIREÇÃO EXECUTIVA:
Betty Fromer

DIREÇÃO EDITORIAL:
Adriano Fromer Piazzi

DIREÇÃO DE CONTEÚDO:
Luciana Fracchetta

EDITORIAL:
Daniel Lameira
Andréa Bergamaschi
Débora Dutra Vieira
Luiza Araujo

COMUNICAÇÃO:
Nathália Bergocce
Júlia Forbes

COMERCIAL:
Giovani das Graças
Lidiana Pessoa
Roberta Saraiva
Gustavo Mendonça

FINANCEIRO:
Roberta Martins
Sandro Hannes

COPYRIGHT © AMIT GOSWAMI, 2008
COPYRIGHT © EDITORA ALEPH, 2008
(EDIÇÃO EM LÍNGUA PORTUGUESA PARA O BRASIL)

TODOS OS DIREITOS RESERVADOS.
PROIBIDA A REPRODUÇÃO, NO TODO OU EM PARTE, ATRAVÉS
DE QUAISQUER MEIOS.

PUBLICADO MEDIANTE ACORDO COM HAMPTON ROADS
PUBLISHING CO., INC.

**DADOS INTERNACIONAIS DE CATALOGAÇÃO NA PUBLICAÇÃO (CIP)
DE ACORDO COM ISBD**

G682d
Goswami, Amit
Deus não está morto: evidências científicas da existência divina /
Amit Goswami ; traduzido por Marcello Borges. - 3. ed. - São Paulo :
Goya, 2021.
304 p. ; 16cm x 23cm.

Tradução de: God is not dead
Inclui índice e bibliografia.
ISBN: 978-65-86064-54-4

1. Teoria quântica. 2. Deus. 3. Espiritualidade. 4. Religião. 5. Ciência.
I. Borges, Marcello. II. Título.

| 2021-773 | CDD 530.12 |
| | CDU 530.145 |

ELABORADO POR VAGNER RODOLFO DA SILVA - CRB-8/9410

ÍNDICES PARA CATÁLOGO SISTEMÁTICO:
1. Teoria quântica 530.12
2. Teoria quântica 530.145

᱐OYᴀ
É UM SELO DA EDITORA ALEPH LTDA.

Rua Tabapuã, 81, cj. 134
04533-010 – São Paulo – SP – Brasil
Tel.: [55 11] 3743-3202
www.editoraaleph.com.br

sumário

Prefácio 9
Prólogo – Para céticos 13

PARTE 1 – INTRODUÇÃO 25

1. A redescoberta científica de Deus 27
2. Os três fundamentos das religiões 45
3. Breve história das filosofias que guiam as
   sociedades humanas 51
4. Deus e o mundo 62

PARTE 2 – A EVIDÊNCIA DA CAUSAÇÃO DESCENDENTE 73

5. As assinaturas quânticas do divino 77
6. Causação descendente na psicologia:
   diferença entre inconsciente e consciente 94
7. Como Deus cria o universo e a vida que há nele 105
8. O desenho, o desenhista e as matrizes do desenho 116
9. O que essas lacunas fósseis provam? 125

PARTE 3 – A EVIDÊNCIA DOS CORPOS SUTIS 139

10. O interior da psique 141
11. A evidência do corpo vital de Deus 150

12. Explorando a mente de Deus 158
13. Evidência da alma 165
14. Evidência dos sonhos 183
15. Reencarnação: algumas das melhores evidências da
    alma e de Deus 198

PARTE 4 – CAUSAÇÃO DESCENDENTE REVISITADA 211

16. O que a PES prova? 213
17. Deus e o ego: cocriadores de nossas
    experiências criativas 219
18. O amor é uma evidência resplandecente de Deus 231
19. Evidência para a causação descendente na cura
    da mente-corpo 241

PARTE 5 – ATIVISMO QUÂNTICO 249

20. Ativismo quântico: uma introdução 251
21. Para resumir 261

Epílogo 1. Abordando Deus e a espiritualidade pela
    ciência: um apelo aos jovens cientistas 264
Epílogo 2. A física quântica e os ensinamentos de Jesus:
    um apelo aos cristãos de coração jovial 271
Bibliografia 283
Índice remissivo 291

prefácio

Será que a questão de Deus pode ser solucionada por evidências científicas? Neste livro, mostro que pode e que já foi, a favor de Deus. Mas a evidência é sutil, e a nova ciência, dentro da primazia da consciência, que proporciona o contexto para a evidência científica, baseia-se na ideia da física quântica que, para muitos, ainda equivale a falar grego, e por isso a mensagem demora para penetrar as consciências científica e popular. Nestas páginas busca-se acelerar a nova aceitação de Deus em nossa sociedade, em nossa cultura.

Um ponto precisa ser esclarecido desde o início. Qual é o "Deus" que a ciência está redescobrindo? Todos sabem que até as pessoas religiosas que muito falam sobre Deus não conseguem chegar a um acordo sobre o que é Deus. O que a ciência está redescobrindo? Um Deus cristão, um Deus hindu, um Deus muçulmano, um (não) Deus budista, um Deus judaico ou um Deus de uma dessas religiões menos populares? A resposta é decisiva.

O que quase ninguém sabe é que no núcleo esotérico de todas as grandes religiões há muito mais concordância sobre a natureza de Deus. Mesmo no nível mais popular, a maioria das religiões está de acordo sobre três aspectos fundamentais de Deus. O primeiro aspecto é que Deus é um agente de causação acima da causação que provém do nível terreno e mundano. Segundo, há níveis da realidade mais sutis do que o nível material. E, terceiro, há qualidades divinas – o Amor é uma das mais importantes – às quais todas as pessoas deveriam aspirar e que a religião deseja mostrar e ensinar. Qual é o Deus que a ciência está redescobrindo? Por enquanto, basta dizer que o Deus redescoberto pela ciência tem todos esses três aspectos importantes.

Apresento, aqui, dois tipos de evidência científica para a existência de Deus.

O primeiro tipo de evidência científica para a existência de Deus é o que chamo "as assinaturas quânticas do divino". A física quântica nos oferece novos aspectos da realidade – as assinaturas quânticas – e, para compreendê-las, explicá-las e apreciá-las, somos obrigados a introduzir a hipótese de Deus. Um exemplo é a não localidade quântica, a comunicação sem sinal. A comunicação normal é uma comunicação local, realizada por meio de sinais que transportam energia. Mas, em 1982, Alain Aspect e seus colaboradores confirmaram em laboratório a existência de comunicações que não exigem esses sinais.

Até agora, havia a crença de que esses fenômenos de assinatura quântica só aconteciam no mundo submicroscópico da matéria e que, por isso, não eram importantes para o mundo macro. Mas, neste livro, discuto e demonstro que essas assinaturas quânticas também devem ocorrer em nossa dimensão humana, e que, de fato, acontecem e proporcionam evidências indiscutíveis para a existência de Deus. Vários grupos experimentais, em conexão com diversos fenômenos diferentes, encontraram estas evidências em laboratório.

O segundo tipo de evidência científica para a existência de Deus envolve aquilo que as religiões chamam *domínios sutis da realidade*. É fácil rotular este tipo de evidência como algo pertencente a problemas impossíveis, que exigem soluções impossíveis (do ponto de vista materialista, é claro).

Um exemplo pode esclarecer esta questão: recentemente, tem surgido muita controvérsia sobre teorias criacionistas/desígnio inteligente *versus* evolucionismo. Por que toda essa polêmica? Porque, mesmo depois de 150 anos de darwinismo, os evolucionistas ainda não têm uma teoria à prova de falhas. Não podem sequer explicar os dados fósseis, especialmente as lacunas fósseis, e também não podem dar explicações satisfatórias sobre como e porque a vida parece ter sido projetada de forma tão inteligente. É isso que abre espaço para a controvérsia. Uma avaliação científica honesta, sem preconceitos, das teorias e dos dados, seria a seguinte: nem o darwinismo, nem sua síntese recente com a genética e com a biologia populacional, chamada neodarwinismo, concordam com todos os dados experimentais.

Assim como propostas, teorias como o criacionismo e o desígnio inteligente têm pouco conteúdo científico, mas existem dados incontestáveis que apoiam as ideias fundamentais da evolução e do desígnio inteligente (mas não do criacionismo baseado na *Bíblia*).

A chave, neste sentido, seria perguntar: "Haverá uma alternativa para ambas essas abordagens que concorde com todos os dados?" Minha resposta é *sim*, e vou demonstrá-la nesta obra. Porém, a resposta exige a existência de um Deus com poderes causais e de um corpo sutil que atua como uma espécie de matriz da forma biológica; o materialismo não permite nenhuma dessas duas entidades. E, assim, problemas impossíveis requerem soluções impossíveis!

Um outro exemplo envolve o processamento de significado. O filósofo John Searle e o físico Roger Penrose demostraram que os computadores apenas podem processar símbolos, não o significado que os símbolos podem representar. Precisamos da mente para gerar e processar significados. Mas como a mente interage com a matéria? O antigo problema dualista da interação mente-corpo ainda nos assombra. É por isso que mostro que a hipótese de Deus é essencial para resolver o problema da interação mente-corpo. E, neste novo e "impossível" contexto, nossa capacidade criativa para processar um novo significado nos oferece muitas evidências científicas tangíveis da existência de Deus.

Se a boa novidade é que esta evidência de Deus já existe, então o que devemos fazer a respeito? Bem, primeiro devemos reformular nossa ciência dentro da hipótese quântica de Deus e demonstrar a utilidade dessa hipótese fora da física quântica. Nas páginas que se seguem, demonstro que essa hipótese resolve todos os mistérios ainda não resolvidos da biologia – a natureza e a origem da vida, as lacunas fósseis da evolução, o motivo pelo qual a evolução procede do simples para o complexo, pois os seres biológicos têm sentimentos e, misteriosamente, uma consciência, apenas mencionando alguns. Também veremos que, dentro da hipótese quântica de Deus, a psicologia "profunda" de Freud, Jung e Hillman, baseada no inconsciente, será complementar à psicologia "elevada" dos humanistas e transpersonalistas de tempos recentes – Rogers, Assagioli, Maslow e Wilber – com base na transcendência ou superconsciência. Hoje, essas duas psicologias são vistas como caminhos definitivos para a compreensão profunda de Deus em nossas vidas.

No entanto, há outros aspectos da hipótese quântica de Deus que cada um de nós pode compreender e até fazer fruir. A nova ciência confere validade à nossa atual preocupação com o significado, embora a visão de mundo materialista esteja se esforçando ao máximo para prejudicá-la. Também é importante o fato de que uma ciência baseada em Deus coloca a ética e os valores em seu lugar correto – no centro de nossas vidas e sociedades.

Podemos não gostar de alguns aspectos de algumas das antigas religiões que, até aqui, eram as únicas proponentes do conceito de Deus, mas precisamos concordar a respeito de pelo menos uma coisa: todas as religiões deram ética e valores (o cultivo do Divino) para nossas sociedades, que foram corroídas pela atual visão de mundo materialista, com resultados devastadores para nossa política, economia, negócios e educação. Com a redescoberta científica de Deus, assim como redescobrimos também a ética e os valores, ganhamos a oportunidade de revitalizar modernos sistemas sociais como a democracia e o capitalismo, que tiveram sucesso durante algum tempo mas que, atualmente, parecem ter ficado paralisados diante de dificuldades aparentemente intransponíveis.

A preocupação com significado, ética e valores é importante para a evolução da humanidade. A mensagem final deste livro é o que chamo ativismo quântico – a combinação entre o atual ativismo da mudança do mundo e os esforços para nos alinharmos com o movimento evolucionário do todo. Se esta etapa exige que nos envolvamos com a criatividade e saltos quânticos para processar significado e valores, enquanto nos dedicamos aos assuntos do mundo, que assim seja. No mínimo, isso irá proporcionar novo significado e valor para nossas vidas; na melhor hipótese, irá abrir caminho para uma nova era de iluminação.

Tenho profunda gratidão por todas as pessoas que contribuíram para a redescoberta de Deus, assunto que aqui será tratado. Os nomes são muitos, e me sinto impedido de citá-los um por um, com a exceção de minha esposa Uma, que também é minha parceira em minha atual prática espiritual. Agradeço a todos os ativistas quânticos que trabalharam comigo no passado e que estão trabalhando comigo no presente, e também àqueles que irão se dedicar ao ativismo quântico no futuro. Finalmente, agradeço a meus editores, Bob Friedman e John Nelson, e à equipe da Hampton Roads, pelo belo trabalho de produção deste livro.

prólogo

para céticos

Antes de apresentar este livro para você, meu caro leitor, perguntei para mim mesmo: "Que reação à ideia básica aqui contida teriam três grupos de céticos até a raiz – o cientista materialista, o teólogo cristão e, por último, mas não menos importante, o filósofo ocidental?" Por isso, decidi fazer um exercício de imaginação ativa para lidar de frente com o ceticismo desses três grupos.

Na minha imaginação, criei meu cientista de palha. É um norte-americano branco, com paletó e gravata afrouxada perto do colarinho (para sugerir abertura, como um toque de Richard Feynman). Ele tem aquele ar de despreocupação de quem sabe tudo, um charuto aceso na mão, imitando o célebre físico dinamarquês Niels Bohr. E, naturalmente, um sorriso impaciente e arrogante no estilo do biólogo James Watson, com a intenção de ocultar a sua eterna insegurança. Eu pergunto ao meu cientista: "Estou planejando apresentar um livro que trata da evidência científica da existência de Deus. O que você acha da ideia?"

"Não sei, não", responde meu cientista, sem me surpreender muito. E prossegue: "Sabe, temos tido alguma experiência com esse tipo de evidência científica. Veja o caso dos criacionistas, por exemplo. Apesar do barulho que fazem, se você olhar de perto, verá que as suas evidências se baseiam nas negativas por nós apresentadas. São espertos, isso tenho de admitir. Fazem algumas colocações interessantes sobre os furos na teoria da evolução de Darwin, nosso antídoto contra sua chamada ciência da criação. Mas temos contra--atacado, mostrando que suas ideias não constituem ciência porque não são comprováveis". Ele me lança um olhar desafiador e prossegue. "Olha, eu sei o que você quer. Você quer provar Deus, realçando todas explicações deficientes da ciência materialista. Mas isso nunca vai dar certo".

Isso não faz parte do meu plano; pelo menos não é importante. No entanto, fiquei curioso: "Bem, e por quê?"

"Por quê?" Seu sorriso agora é condescendente. "Porque, meu amigo idealista, sempre podemos tratar nossas negativas com promessas de futuras descobertas científicas. As respostas estão soprando no vento da ciência futura."

"Eu sei, eu sei", disse, mostrando que também posso ser condescendente. "Karl Popper não censurou essa atitude, chamando-a de materialismo promissivo?"

Seu charuto se apagou e ele se preocupa em reacendê-lo. Ele dá uma longa baforada e solta uma nuvem de fumaça. Agora, me encara com olhar penetrante, como se estivesse pronto para me dar uma surra, pois eu comprei a briga. "O que é Deus?" pergunta.

Mas estou pronto para ele. E respondo com tranquila confiança: "Deus é o agente de causação descendente..."

"Ah, aquela velha resposta outra vez", ironiza. "Achei que você teria algo melhor. Eliminamos esse Deus faz tempo, porque é um dualismo. Como um Deus não material provoca a causação descendente em objetos materiais? Qualquer interação com o mundo material exige troca de energia. Mas a energia do mundo material se conserva sempre. Não há fluxo de energia para Deus ou vindo de Deus. Como seria possível isso, se Deus estivesse sempre interagindo com o mundo?"

"Você não me deixou terminar..."

"Você não me deixou terminar", prossegue ele. "Veja. Não negamos que você sente a presença de um Deus todo-poderoso em seus rituais religiosos. Mas temos uma explicação. Deus é um fenômeno cerebral. Quando você estimula determinados centros do mesencéfalo com seus rituais, provoca experiências de uma força poderosa. A causação descendente faz sentido, nessa situação. Correto?"

"Não, não está correto." Também aprendi a ser firme. "Deus é o agente da causação descendente, mas não precisa ser o Deus dualista da Antiguidade. Seu problema é que, desde Galileu, vocês têm lutado contra um Deus de palha – o Deus do cristianismo popular – que não é a divindade real. O problema de verdade é o seguinte: o seu modelo da realidade – um nível material de existência e causação ascendente, a partir do nível básico da matéria (Figura 1) – justifica tudo, todos os dados? Não consegue. Você precisa encarar esse fato.

Os cristãos das antigas tradições tentavam explicar tudo que não podiam compreender por meio do princípio explicativo genérico de 'Deus e Sua causação descendente'. É uma ideia muito limitada. A ciência se desenvolveu combatendo essa ideia e descobriu formas mais adequadas de se compreender dados. Hoje, vocês, cientistas materialistas, estão fazendo a mesma coisa. Qualquer fenômeno inexplicável é negado ou, então, explicado com um abuso de alguns conceitos ultrapassados. Qual o uso científico de se dizer que Deus é um epifenômeno emergente do cérebro ou que o conceito de Deus é uma adaptação útil da darwiniana luta pela sobrevivência? Nunca poderemos comprovar essas ideias.

"Você está me dando uma palestra", resmunga.

"E daí? Você me deu uma palestra." Fico sério. "Este Deus, de que estou falando, é a *consciência quântica*. Como você sabe muito bem, na física quântica os objetos não são coisas determinadas; são, na verdade, possibilidades entre as quais Deus – a consciência quântica – escolhe uma. A escolha de Deus transforma as possibilidades quânticas em eventos manifestados, experimentados por um observador. Sem dúvida, você aceita a ideia de que a consciência quântica é científica."

"Sim, é claro. O efeito do observador: objetos quânticos parecem ser afetados por observadores conscientes ou pela consciência." Ele parecia um pouco irritado. Depois, sorriu com ar maroto. "Vinho novo em garrafa nova, não é? Tentando fazer com que a ideia da consciência quântica seja provocadora, dando-lhe o nome de Deus?"

Ele não entendeu o que eu disse. "Veja, estou falando sério. A consciência quântica é, na verdade, aquilo que nossos sábios, os verdadeiros conhecedores, os místicos, queriam dizer ao mencionar Deus. Comecei minha exposição provando isso e também mostrando que essa é uma ideia confirmável."

Ele me interrompe: "É mesmo? Olhe, esse negócio do observador é apenas uma aparência. Deve haver uma explicação material para essa aparência. É muito precipitado postular a consciência real". Ele parece estar começando a ficar irritado.

"Mas é logicamente consistente presumir isso. Se fizermos de outro modo, teremos um paradoxo."

"Sim, mas não podemos deixar que alguns paradoxos interfiram com nossas convicções filosóficas", diz, com ar maroto.

Ele não entendeu o que eu disse. "Olhe, estou falando sério. Repito, a consciência quântica é aquilo que nossos místicos queriam dizer ao mencionar 'Deus'. Vou repetir também que essa é uma ideia comprovável experimentalmente."

Desta vez, ele me ouviu, e ficou boquiaberto: "É mesmo? Como?"

"Olhe, desde que o físico Pierre-Simon Laplace disse ao imperador Napoleão, 'não preciso dessa hipótese [Deus][para minhas teorias]', vocês vêm usando esse argumento para rejeitar Deus."

"Ah, e com sucesso", interrompe meu cientista.

"Sim, mas agora posso apresentar a contraprova. Vou mostrar paradoxos teóricos e dados experimentais para que se veja que precisamos da hipótese de Deus, não apenas para remover paradoxos lógicos de nossas teorias, mas também para explicar muitos dados recentes. Afivele o cinto."

Meu cientista olha para o vazio. Sei que o atingi. Cientistas respeitam a solução de paradoxos e, acima de tudo, dados experimentais.

Porém, meu cientista se exalta e diz, irônico: "Com certeza, você não espera que deixemos de lado nossas convicções apenas por causa de alguns paradoxos. Quanto aos novos dados, é um pouco especulativo dizer que a física quântica, idealizada para o mundo micro, também funciona no mundo macro. É o que está sugerindo, não é? Imagino que, depois, você vai dizer que suas ideias já foram comprovadas por experimentos objetivos no mundo macro."

Sorrio. "É exatamente isso que estou dizendo. Quanto à aplicabilidade da física quântica ao mundo macro, imagino que você já conheça o SQUID".

Meu cientista sorri. "SQUID? Às vezes, minha mulher prepara lula para o jantar, mas não posso dizer que aprecie esse prato."

Balanço a cabeça. "Você sabe que SQUID é a sigla de *Superconducting Quantum Interference Devices* [Aparelhos Supercondutores de Interferência Quântica]. É algo técnico demais para ser tratado aqui, mas esses experimentos mostraram, há muito tempo, que a física quântica se aplica também ao mundo macro, como de fato deveria acontecer. Além disso, os experimentos que comprovam Deus, dos quais falarei neste livro, são todos experimentos de nível macro. Alguns desses novos dados foram até reproduzidos."

Meu cientista parece um pouco incomodado. "Olhe aqui, nunca iremos aceitar como ciência essas coisas que você está fazendo. Sabe por quê? Porque a ciência, por definição, procura explicações naturais. Você está aceitando nessa hipótese algo sobrenatural, Deus. Nunca poderá ser ciência." Ele parece ser teimoso.

"Se por 'natureza' você se refere ao mundo de espaço-tempo-matéria, então sua ciência não pode sequer abrigar a física quântica. Que vergonha. O experimento de Aspect – fótons que se afetam mutuamente sem sinais pelo espaço ou pelo tempo – já encerrou a questão de uma vez por todas."

Agora, meu cientista olha novamente para o vazio. De maneira conveniente, seu charuto se apagou de novo. Sei que sentiu o golpe. Levanto-me. Cientistas respeitam experimentos objetivos. Um já foi, o cientista materialista; faltam dois.

Na minha imaginação, crio agora o filósofo cético: norte-americano branco, alto, cabeça raspada e muito parecido com Ken Wilber. Falo de meu livro sobre evidências científicas da existência de Deus. Falo também de meu encontro com o cientista cético. Ele me surpreende com sua pergunta: "O que é ciência?"

Brinco um pouco com as palavras. "Temos ideias sobre a existência graças à nossa experiência com o mundo exterior e o interior, bem como nossas intuições. Eles constituem nossa filosofia da existência que vocês, filósofos, chamam *ontologia* ou *metafísica*. Depois, vem a forma como conhecemos a existência, que vocês filósofos chamam *epistemologia*, certo? Os cientistas teorizam intuitivamente a existência, fazem deduções a partir de diversos *insights* teóricos, e depois submetem as teorias a uma comprovação experimental por consenso. A ciência é uma epistemologia com duas asas: teoria e experimento."

Espero a aprovação de meu amigo. Ele resmunga: "Tá, tá. Mas aquilo que você estuda e descobre com essa ciência diz respeito à experiência manifesta e efêmera, não é?"

Ele tem razão. Concordo com a cabeça.

"Então, me diga, como você pode usar essa ciência dos fenômenos temporais, fenômenos limitados pelo espaço, para provar a existência daquilo que é eterno, que está além de todos os fenômenos, que é transcendente? Sua ideia é pior do que a desses cristãos medievais que tentaram provar a existência de Deus por meio da razão, em função dessa sua pretensão científica. Você acha que as pessoas vão aceitar sua ideia porque você a reveste de ciência, não é mesmo?"

Este sujeito, além de arrogante, é cínico. Procuro interromper, mas não consigo. Ele continua em sua voz *staccato*: "Já sei o tipo de prova científica de Deus que você quer dar. Você procura fazê-lo não apenas com uma redefinição de Deus, mas redefinindo o materialismo. Você é holista, não é?"

Na verdade, não sou holista, pelo menos não do tipo comum, que acha que o todo é maior do que suas partes ou que novas criações podem surgir de componentes simples, mas sem poder ser reduzidas a eles. Porém, sua pergunta aguçou minha curiosidade. "E o que você tem contra os holistas?"

Ele me olha com desdém. "Olhe, como até Descartes compreendeu, 400 anos atrás, a matéria é basicamente reducionista, o microcosmo constitui o macrocosmo. Sugerir que a matéria maior, em virtude de sua complexidade, pode ter novos aspectos emergentes, é ridículo. Você acha que Deus é uma interconexão da matéria emergente e que a causação descendente de Deus é um princípio causal emergente de matéria complexa; mas esse tipo de ideia pode ser facilmente contestada." Ele faz uma pausa, aguardando minha reação. Fico em silêncio. Ele prossegue.

"Se a ideia de holismo emergente fosse sustentável, ele apareceria sempre que criássemos matéria complexa a partir da mais simples, como, por exemplo, quando formamos uma molécula a partir de um conglomerado de átomos. Quando o hidrogênio e o oxigênio se misturam para formar uma molécula de água, surge alguma propriedade que não pode ser prevista a partir da interação de seus elementos? Não. E se você diz que a natureza molhada da água, algo que podemos sentir, é uma propriedade emergente, vou socá-lo. A sensação de molhado da água vem de *nossa* interação com a molécula da água."

Tento acalmá-lo. "Não disse que algo novo e holístico surge quando o hidrogênio e o oxigênio se combinam para formar a água. Na realidade, concordo com você. Os holistas caminham sobre um gelo muito fino."

Tive a impressão de que não prestou atenção ao que eu disse e prosseguiu. "Se Deus fosse apenas uma interconexão emergente da matéria, Deus seria limitado ao tempo e ao espaço. Não haveria transcendência, iluminação repentina, transformação espiritual. Você pode chamar a visão holística de ecologia profunda, vesti-la com o nome sofisticado de ecofeminismo, satisfazendo mentes medíocres, mas isso não satisfaz quem é filosoficamente inteligente. Isso não me satisfaz."

Percebo, mais uma vez, sua arrogância. E, neste caso, é claro que ele tem razão em seu ponto básico. Tento ser paciente e exclamo: "Ó, grande filósofo, você tem razão. O holismo é uma abordagem inútil do filósofo em cima do muro, que valoriza; porém, Deus não abre mão totalmente do materialismo. E você tem razão quando diz que a ciência nunca pode encontrar respostas sobre a verdade última. A verdade é.

Mas, espere um pouco, por favor. Os materialistas fazem a afirmativa ontológica de que a matéria é a base reducionista de toda existência; tudo, mesmo a consciência, pode ser reduzido a tijolos de matéria, as partículas elementares e suas interações. Eles afirmam que a consciência é um epifenômeno, um fenômeno secundário da matéria, ou seja, a realidade primária. O que demonstro é a necessidade de virar a ciência materialista de cabeça para baixo. A física quântica exige que a ciência se baseie na primazia da consciência. Assim sendo, a consciência é a base de toda existência, uma existência que os místicos chamam Divindade. Que os materialistas percebam que a matéria é o epifenômeno, não a consciência."

"Percebo", diz meu filósofo, sem se abalar. "Isso parece muito nobre. Mas você não foi longe demais para o outro lado? É possível chamar isso de ciência, se você a baseia na primazia da consciência?

Em minha opinião, os cientistas podem analisar o lado objetivo da consciência, o Isso e os Issos, o aspecto da terceira pessoa da consciência, por assim dizer. Os místicos, ou melhor, todos nós, analisamos pessoalmente o lado subjetivo, a experiência na primeira pessoa. O filósofo pode fazer até melhor levando em consideração o lado intersubjetivo, o aspecto do relacionamento da consciência ou segunda pessoa. É isso que chamo de 1-2-3, o aspecto da consciência da primeira, da segunda e da terceira pessoa. Se ampliarmos o estudo da consciência, levando-o do ponto de vista puramente objetivo e científico para o que inclua os outros aspectos, obtemos um modelo completo, o modelo de quatro quadrantes (Figura 3.1, p. 57). E, assim, o problema da consciência está resolvido. Não precisamos da física quântica e de seu novo paradigma de pensamento científico."

Fico um pouco espantado com suas alegações. Este sujeito é duro na queda. Contudo, consigo dizer: "Isso é bom. É bom mesmo. Descreve o fenômeno como fenomenologia; isso é perfeito. Mas o modelo não integra os quatro quadrantes".

Ele dá uma resposta atravessada: "É exatamente isso que estou dizendo, bem como o místico. Para integrar, você precisa ir além da ciência, além da razão, até estados superiores de consciência".

Agora é minha vez de parecer intransigente: "Essa é uma posição elitista e você sabe disso.Os místicos sempre disseram que, para conhecer a realidade, precisamos de estados superiores de consciência. E dizem para quem quiser ouvir, 'seja bom. Porque eu vivenciei esses estados superiores e sei o que é bom para você'. Mas esse plano chegou a funcionar?

Até certo ponto, é provável que funcione, porque sermos bons faz parte de nossa natureza; daí o atrativo das religiões. No entanto, as emoções básicas também fazem parte de nossa natureza; e assim o materialismo também nos atrai. E essa discussão entre misticismo e materialismo prossegue, em público e em caráter privado."

"E o que você está propondo?", ele pergunta.

"A física quântica nos permite desenvolver uma integração dinâmica entre a metafísica espiritual e a ciência do mundo material. Ela guarda o mistério do misticismo, da realidade suprema. Mas também permite que a razão penetre a fundo o suficiente para compreender a integridade de seu 1-2-3 da consciência", digo com voz solene.

Agora o filósofo demonstra respeito: "E como essa redefinição quântica da ciência ajuda a estabelecer Deus, para que cientistas e os demais aceitem a ideia e tentem ser bons?", pergunta.

"Lembra-se do diálogo com o cientista de quem lhe falei?" Neste instante, percebo que tenho sua atenção integral. "Deus é consciência quântica; este é um nível abaixo do nível absoluto da consciência como base de toda a existência. Testes científicos, objetivos e experimentais, podem ser realizados neste nível. Não digo para testar Deus diretamente, mas para testar o poder de causação descendente que se manifesta não apenas no mundo material como também nos níveis sutis. Além disso, nós também estamos descobrindo dados sólidos e objetivos sobre a existência do sutil. Esta confirmação experimental e objetiva é que irá convencer a todos e levar a uma mudança de paradigma. Tenho certeza de que você concorda comigo."

"Certo, certo. Será interessante ler o que você tiver a respeito", diz, com ar de despedida. Ele precisa ter a última palavra. Reconhecendo sua necessidade, despeço-me.

Dois já foram, falta um: o teólogo cristão. Tento criá-lo cuidadosamente, sem descuidar do traje, que deve ser adequado e tudo o mais. Para minha surpresa, acabo criando uma mulher. O mundo está mudando, de fato; ainda há esperanças para Deus.

Saúdo minha teóloga. Falo do título do livro e de minhas discussões com o cientista cético e o filósofo. Ela sorri com simpatia. De repente, o sorriso desaparece e ela começa a falar em rápido *staccato*.

"Você sabe que simpatizo com sua causa, mas meu ceticismo vem de nossa experiência com os materialistas. Não os subestime, pois eles podem comê-lo vivo."

"É, com certeza nos comem vivos." Não consigo resistir à provocação. "Mas você sabe a razão, não sabe? Vocês não levam a ciência a sério, por mais materialista que ela seja. O Vaticano demorou 400 anos para reconhecer Galileu e outro tempo enorme para reconhecer Darwin. E os fundamentalistas de seu rebanho ainda lutam com unhas e dentes contra a ideia de evolução. Mas, nós levamos os materialistas a sério e os respeitamos; damos-lhes o crédito devido. A nova ciência inclui a ciência materialista."

"Tudo bem", diz minha teóloga. "Porém, o fato de vocês estarem incluindo a ciência deles não irá agradá-los. Eles querem exclusividade.

Tentamos encurralá-los inúmeras vezes, lembrando as lacunas em sua ciência e tentando provar a existência de Deus e a causação descendente nessas lacunas. Mas os materialistas sempre conseguiram se esquivar de nossos esforços, estreitando as lacunas."

"Agora temos evidências mais profundas do que as lacunas que a teologia...".

Ela me interrompe no meio da frase: "Eu sei, eu sei. Nós também temos evidências mais profundas. Evidências lindas, argumentos lindos, desde William Paley até os atuais teóricos do desígnio inteligente. Se a intencionalidade não é uma assinatura do divino, o que será então? Se você vê um belo relógio em uma floresta, como pode não ver um propósito, como pode ignorar o desenhista, o fabricante do relógio? Do mesmo modo, como você pode ver as belas criaturas vivas da natureza e não se perguntar sobre o propósito de Deus, sobre Deus, sobre o desenhista?

No entanto, o filósofo Herbert Spencer e, mais recentemente, o biólogo Richard Dawkins distorcem os argumentos do desígnio inteligente! A intencionalidade do mundo biológico é aparente, dizem. Não é uma assinatura da teleologia, mas simples teleonomia, o resultado da adaptação darwiniana. Dawkins até escreveu um livro chamando Deus de *O relojoeiro cego*, e outro intitulado *Deus, um delírio*, como se o fato de chamar Deus de delírio o transformasse nisso. E as pessoas aceitam suas ideias. Até os juízes."

Na verdade, a última afirmativa não é correta. Embora, em 2006, um juiz federal tenha se declarado contrário ao ensino do desígnio inteligente nas escolas, isso ocorreu porque a desfesa do desígnio inteligente ainda não é sólida. Uma de minhas metas, neste livro, é corrigir este equívoco.

O fato é que muitos cientistas perceberam a falsidade dos argumentos de Dawkins, por meio de cálculos estatísticos que mostram a improbabilidade da vida ter se originado da matéria em função do mero acaso e da necessidade de sobrevivência, como pretende Dawkins. Mas esta discussão nos desviaria do assunto. Tento voltar ao ponto central.

"Seu principal problema é que a imagem de Deus, que você difunde, é tão ingênua que é fácil desmontá-la, e Dawkins e outros materialistas se divertem em fazê-lo. Eles sempre usam o Deus do cristianismo popular como sendo um Deus de palha para provar seus pontos de vista. Vamos ver se conseguem refutá-lo com seus argumentos materialistas se partirem de conceitos esotéricos de Deus!

Mas estou propondo mais do que isso. Vamos falar das assinaturas do divino. Creio que você ficará contente em saber que temos um novo meio de encontrar essas assinaturas, um meio à prova de falhas."

"Como assim?" Consegui atravessar o cinismo de minha teóloga. Agora, ela se mostra sinceramente curiosa.

"Sabe, minha senhora, vocês, teólogos, vêem assinaturas do divino nas lacunas do entendimento científico. E isso não é uma má ideia, em si. Eu a respeito por isso. Mas vocês não têm conseguido distinguir as lacunas que são, pelo menos em pricípio, possíveis de se cobrir por meio da abordagem materialista da ciência, e aquelas que não se pode cobrir, que não se pode justificar pela abordagem baseada na matéria. Vocês têm sido um pouco superficiais. Por isso, os materialistas lavam facilmente suas assinaturas divinas com a água do racionalismo de suas mentes céticas." Faço uma pequena pausa para provocar algum impacto.

"Pode ser. Porém, qual é a sua alternativa?"

"Nós discriminamos; nós focalizamos as lacunas que não podem ser cobertas por uma abordagem materialista. Chamo-as 'questões impossíveis para o materialismo'. E existem outras.

A aplicação da física quântica nos oferece outro tipo de assinatura do divino: a consciência quântica. Um exemplo é o *insight* descontínuo da experiência criativa, uma descontinuidade que hoje identificamos como um salto quântico do pensamento. Há outros sinais: a interconexão não local, que opera sem sinais pelo espaço-tempo.

Essas assinaturas quânticas são feitas com tinta indelével; não podem ser apagadas ou racionalizadas por qualquer malabarismo materialista."

"É mesmo? Este fato nos dá muita esperança. Mas preciso perguntar: como sua nova abordagem considera Jesus? Ela reconhece a natureza especial de Jesus?"

"Sem dúvida. Jesus é muito especial. Faz parte de uma categoria muito especial de pessoas, os seres aperfeiçoados."

Minha teóloga fica pensativa: "Você compartilha da ideia de que Jesus é o único Filho de Deus?"

"Não. Mas chego quase lá. Mostro que, na categoria de pessoas a que Jesus pertence, todos têm acesso regular a um estado de consciência – chame-o Espírito Santo – que é, de fato, o único Filho de Deus."

"Isto é interessante. Lembra-me o pensamento do novo paradigma dentro da própria teologia cristã."

"É verdade."

Eis o livro. Fala de Deus – consciência quântica –, fala de um novo paradigma da ciência baseado na primazia da consciência e de assinaturas quânticas do divino, comprováveis cientificamente e que não podem ser descartadas pela razão. Ele trata, ainda, do significado e propósito de nossas jornadas espirituais, bem como do significado e propósito da evolução.

Durante milênios, nós, humanos, temos intuído Deus e temos procurado. O que descobrimos nos inspirou a sermos bons, a sermos pacíficos, a sermos amáveis. Mas fracassamos principalmente em corresponder às nossas intuições de como sermos bons, de como amar. Em nossa frustração, nos tornamos defensivos, nos tornamos crentes em Deus, crentes que precisam defender a ideia de Deus como desculpa pela incapacidade de corresponder a essa ideia. Isso nos deu o proselitismo religioso, o fundamentalismo e, até mesmo o terrorismo, tudo em nome de Deus.

A ciência moderna surgiu do esforço para nos libertarmos da tirania do terrorismo religioso. A verdade, naturalmente, é a Verdade, e por isso é inevitável que a ciência tenha redescoberto Deus. Pergunto-me, desse modo, se este fato isolado irá aliviar as dificuldades de vivenciar os ideais de Deus.

Assim sendo, será que corremos, mais uma vez, o risco de criar um dogma que teremos de defender por causa da culpa de não conseguirmos corresponder às suas exigências? Espero que não.

Uma vantagem da ciência materialista e sem Deus é que até determinado ponto ela é neutra com relação aos valores, e ninguém precisa corresponder a quaisquer ideais. Com efeito, ela estimula as pessoas a se tornarem existencialistas cínicos e a se dedicarem ao consumismo, para não dizer ao hedonismo. Evidentemente, isso também cria a imensa terra devastada de potenciais humanos insatisfeitos, que, hoje, podemos ver à nossa volta.

A nova ciência dentro da consciência surge com maior compreensão dos erros das religiões do passado, dos erros dos antigos sustentáculos do conceito de Deus. As assinaturas quânticas do divino nos dizem, sem ambiguidades, o que precisamos fazer para realizar Deus em nossas vidas, porque falhamos, porque ocultamos nossas falhas e nos tornamos ativistas fundamentalistas. Se você respeita as assinaturas quânticas do divino, a importância dos saltos quânticos e do conhecimento não local, você tem outra opção. Estou batizando esta opção com o nome *ativismo quântico*.

O ativismo normal se baseia na ideia de mudar o mundo, mas eu não preciso mudar. Em contrapartida, os mestres espirituais dizem sempre que devemos nos concentrar em nossa própria transformação, deixando o mundo em paz. O ativismo quântico o convida a seguir o caminho do meio. Você reconhece a importância de sua própria transformação, percorre o caminho da transformação com sinceridade, apesar das dificuldades dos saltos quânticos e da exploração não local; mas você não diz, é transformação ou esqueça. Você também presta atenção no holomovimento da consciência que se desenvolve no mundo à sua volta e o ajuda nisso.

Assim, finalmente, este livro ainda é uma introdução ao ativismo quântico. Nem preciso dizer que sou um ativista quântico, e por isso, caro leitor, bem-vindo ao meu mundo.

PARTE 1

INTRODUÇÃO

Em 1973, após uns dez anos de trabalho acadêmico como cientista, estava insatisfeito, mas não sabia porquê. O incidente que narro a seguir fez com que compreendesse a razão.

Eu estava em uma conferência de física nuclear; a física nuclear era o ramo de pesquisa que apelava ao meu coração e à minha alma – pelo menos, pensava assim. Eu era orador na conferência e, quando chegou minha vez, fiz uma apresentação boa, na minha opinião. Entretanto, não estava feliz, pois percebi que estava comparando a minha apresentação com outras, e me sentindo enciumado. Esse ciúme perdurou o dia todo.

À noite, fui a uma festa; muita comida e bebida, bem como muita companhia interessante, pessoas para se impressionar etc. Mas eu continuava com o peso daquele ciúme. Por que as pessoas não estavam prestando atenção em mim, pelo menos não o suficiente para aliviar meu sentimento de ciúme? Isso continuou até eu perceber que estava com azia, e que o mal-estar não cedia, mesmo tendo acabado com uma caixa de antiácidos que levava em meu bolso.

Sentindo-me desesperado, saí um pouco. A conferência estava acontecendo no Asilomar Conference Grounds, na baía de Monterey, Califórnia. Não havia ninguém lá fora, apenas um vento fresco. De repente, uma rajada de fria brisa marítima me atingiu. Ocorreu-me um pensamento (de onde ele teria vindo?): "Por que estou vivendo desta maneira?"

Por que eu vivia daquela maneira? A pesquisa de paradigma, em quase todos os setores da ciência, consiste de algumas pessoas estabelecendo os problemas que exigem atenção e outras que seguem as pistas e cuidam dos detalhes. Pertencer a esse grupo de elite dos formadores de tendência depende de uma série de elementos. O caminho fácil para um acadêmico é ser um seguidor e publicar, em vez de "perecer" na tentativa de se tornar um formador de tendências. Era isto que eu estava fazendo; estava seguindo com grande satisfação.

Por que eu vivia daquela maneira? A maioria dos problemas da ciência dos paradigmas é irrelevante para nossa vida cotidiana. São problemas quase tão esotéricos quanto aquelas questões que os monges cristãos estudavam na Idade Média: quantos anjos podem dançar sobre um alfinete? Assim, minha vida e meu trabalho estavam completamente fora de sincronismo.

Por que eu vivia daquela maneira? Será que a física tem relevância hoje para nós? A física nuclear é relevante para a pesquisa de armas, talvez para a pesquisa energética, mas não é relevante para muitas outras coisas. Na época de Einstein, a física era relevante; na época de Niels Bohr, sim, com certeza. Eram tempos de mudança de paradigma que afetavam não apenas a totalidade da ciência, como também a forma pela qual vemos o mundo em geral.

Por que eu vivia daquela maneira? Eu tinha estabilidade acadêmica. Não tinha motivo para fazer uma "física tristonha". Eu descobriria uma física "alegre" e veria.

Eu não tinha ideia de que a decisão de buscar a felicidade na física levaria a uma redescoberta científica de Deus. Eu era um materialista convicto.

capítulo 1

a redescoberta científica de deus

O conceito de uma força superior, popularmente chamada Deus, possui milênios de idade. A ideia é a de que há fenômenos em nossa experiência que não podem ser explicados apenas com base em causas materiais e mundanas; a única explicação possível é que os fenômenos são causados pela intervenção de Deus. Esta intervenção divina é chamada *causação descendente*.

Esse conceito conjura a imagem de Deus como um poderoso imperador, sentado em um trono no céu, distribuindo atos de causação descendente: atos de criação, curas milagrosas para os fiéis, julgamentos para os virtuosos e pecadores, e assim por diante. Evidências dessa imagem ingênua e ultrapassada se encontram até hoje nas religiões populares, em especial no cristianismo popular.

Os cientistas tiram proveito da ingenuidade dos que apoiam um Deus "popular", ironizando o conceito anterior como um dualismo filosoficamente insustentável, impossível. Deus distribuindo causação descendente, interferindo em nosso mundo de vez em quando? Ah! Impossível, afirmam. Como um Deus não material interage com coisas em um mundo material? Duas entidades que não têm nada em comum não podem interagir sem um *sinal mediador*. A troca de sinais envolve energia. E a energia do mundo físico é sempre conservada ou é constante. Isso seria impossível se o mundo interagisse com um Deus do outro mundo! Caso encerrado.

Os populistas do cristianismo retrucam com ataques sobre uma das mais vulneráveis teorias da ciência materialista – a teoria da evolução chamada (neo)darwinismo. Mas esses populistas, conhecidos como criacionistas ou teóricos do desígnio inteligente, não apresentam nenhuma alternativa acreditável ao neodarwinismo, muito menos ao dualismo.

Estudantes sérios da hipótese de Deus respondem à crítica do dualismo afirmando que Deus é tudo que existe, que Deus é tanto do outro mundo, ou "transcendente", como deste mundo, ou imanente. Esta filosofia é chamada *idealismo monista* ou *filosofia perene*. Neste caso, "transcendente" significa aquilo que está fora deste mundo, mas pode afetar aquilo que está dentro deste mundo. A causação descendente é exercida por um Deus transcendente.

Entretanto, cientistas com seriedade similar questionaram esta imagem sofisticada, colocando em xeque a ideia da transcendência – que algo pode ser de outro mundo e, ainda assim, pode exercer causação neste mundo e, segundo alegam, isso também tem muito de dualismo.

Há muito tempo, os cientistas tentaram mostrar que os fenômenos do mundo podem ser compreendidos sem a hipótese de Deus. René Descartes intuiu a ideia de um universo semelhante a um mecanismo de relógio, no qual um ser supremo fazia com que o universo existisse como um sistema de corpos em movimento, proporcionando uma quantidade fixa e constante de movimento segundo as leis da física, da mecânica e da geometria. E, depois disso, não interveio mais nele. Galileu Galilei descobriu a abordagem dupla de teoria e experimento que chamamos ciência. Isaac Newton descobriu as leis da física, por trás do universo determinista e mecânico, que funcionam tanto para corpos celestes como para corpos terrestres. Depois, Charles Darwin descobriu a alternativa evolucionária para as ideias bíblicas da criação da vida, que se ajustam até determinado ponto aos registros fósseis.

Estes e outros sucessos fenomenais de uma ciência sem Deus suscitaram a seguinte hipótese: *Todas as coisas consistem de partículas elementares de matéria e suas interações*. E assim, a partir desta única hipótese, tudo no mundo pode ser compreendido. As partículas elementares constituem conglomerados maiores chamados átomos. Átomos formam conglomerados ainda maiores chamados moléculas. Moléculas formam células; algumas destas células (os neurônios) formam o conglomerado que chamamos cérebro. E o cérebro forma nossas ideias. Por sua vez, as ideias incluem a de Deus, que pode ser devida ao surgimento de um ponto no mesencéfalo. Nesta filosofia, chamada *materialismo científico* ou *monismo material*, ou simplesmente *materialismo*, a causa se eleva a partir das partículas elementares. Todas as causas se devem à "causação ascendente", produzindo todos os efeitos, inclusive nossas experiências de Deus (Figura 1.1).

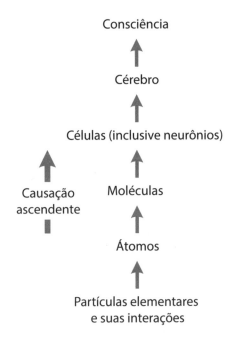

Figura 1.1. Modelo de causação ascendente do materialista. A causa ascende desde as partículas elementares, dos átomos para as moléculas, e assim por diante, até os conglomerados mais complexos que incluem o cérebro. Nesta visão, a consciência é um fenômeno cerebral cuja eficácia causal provém apenas das partículas elementares – o nível básico da matéria.

Mas as tradições espirituais esotéricas dizem que Deus está por trás do cérebro. Deus é a fonte de nossa essência, a consciência superior ou Espírito que existe em nós. A pergunta é: será que o modelo da causação ascendente pode realmente nos explicar, explicar nossa consciência, inclusive a consciência superior?

Será que a consciência é uma questão difícil?

Atualmente, alguns filósofos começaram a chamar a consciência de "a questão difícil" da ciência (Chalmers, 1995). Naturalmente, essa designação depende do contexto escolhido.

Um desses contextos é a neurofisiologia, ciência do cérebro, que considera que o cérebro gera todas as nossas experiências subjetivas.

Os neurofisiologistas afirmam que a consciência é um epifenômeno ornamental e ilusório (um fenômeno secundário) da complexa caixa material que chamamos cérebro. Em outras palavras, assim como o fígado produz a bile, o cérebro produz a consciência.

Isso me lembra uma história Zen: um homem conhece uma família de quatro pessoas (os pais e dois filhos adultos), todos iluminados. Esta é a oportunidade de descobrir se a iluminação é difícil ou fácil de se atingir. Assim, ele pergunta isso ao pai, que responde: "A iluminação é muito difícil". À mesma pergunta, a mãe responde: "A iluminação é muito fácil". Perguntado, o filho diz: "Não é nem difícil, nem fácil". Finalmente, a filha responde: "A iluminação é fácil se você a facilita, e difícil se você a dificulta".

Se você pensar na consciência como um epifenômeno (efeito secundário) do cérebro, a consciência será, de fato, uma pergunta difícil, pois você a está tornando difícil. Pense nisto: um modelo objetivo sempre procura uma resposta à pergunta em termos de objetos. Logo, os neurofisiologistas procuram compreender a consciência em termos de outros objetos: cérebro, neurônios etc. A premissa por trás disso é de que a consciência é um objeto. Mas a consciência também é um sujeito – esse que observa e pensa nos objetos. O aspecto "sujeito" da consciência expõe uma fraqueza do modelo neurofisiológico baseado no cérebro.

A verdade é que a consciência, nós, não é apenas uma pergunta difícil, mas uma pergunta impossível para os materialistas porque até as religiões populares, por mais simplista que seja sua visão da causação descendente, sempre deixaram claro uma coisa: que temos livre-arbítrio, que sem nosso livre-arbítrio para escolher Deus, o poder divino de causação descendente seria em vão. Neste sentido, se estamos escolhendo Deus, definido como o bem mais elevado, estamos escolhendo o que é bom, estamos escolhendo valor e ética. Porém, para fazer essa escolha, precisamos de livre-arbítrio.

Mas se temos *livre*-arbítrio, deve haver uma fonte de causalidade externa ao universo material. Assim, os proponentes da causação ascendente combatem duramente o conceito de livre-arbítrio. Se tivermos livre-arbítrio, o quadro que o behaviorismo faz de nós, como o produto de condicionamento psicossocial, não funciona tão bem. Eles questionam o conceito. Assim como nossa consciência, nosso livre-arbítrio também deve ser um epifenômeno ilusório do cérebro. Nesta alegação, de que somos máquinas determinadas comportamentalmente, zumbis ambulantes, sua ciência materialista não só solapa Deus e a religião, como ainda corrói os valores e a ética, as bases de nossas sociedades e culturas.

Dessa maneira, será que existe Deus e a causação descendente? Será que a consciência é um epifenômeno da matéria? Será que temos livre-arbítrio? Será a sabedoria do modelo de causação ascendente um ponto pacífico ou há novas evidências científicas para sugerir alternativas diferentes?

Sim, há evidências. Ocorreu uma revolução na física no início do século passado, consistente na descoberta da física quântica. A mensagem da física quântica é: sim, Deus existe. Você pode chamá-lo *consciência quântica*, se preferir. Alguns o chamam pela expressão mais objetiva *campo quântico*, ou, seguindo a filosofia oriental, *campo akáshico* (Laszlo, 2004). Mas, se recebesse um outro nome, uma rosa ainda teria a mesma fragrância.

Física quântica: o básico

A essência da física quântica é de difícil compreensão para os cientistas, mas, na minha opinião, os não cientistas podem compreendê-la com maior facilidade. Há livros que explicam minuciosamente a dificuldade dos cientistas. Aqui, vamos apresentar apenas uma rápida visão geral.

Física quântica é uma ciência física descoberta para explicar a natureza e o comportamento da matéria e da energia na escala de átomos e de partículas subatômicas; mas, agora, acredita-se que se aplique à matéria como um todo. Os cientistas apenas conseguem descrever partículas subatômicas em termos de seu modo de interação. Foi assim que começou a teoria quântica, como um modo de explicar a mecânica de coisas muito pequenas. No entanto, hoje, a física quântica também é a base para compreendermos imensos objetos, como estrelas e galáxias, e eventos cosmológicos, como o Big Bang.

As bases da física quântica datam do início do século 19. Contudo, aquilo que conhecemos como física quântica, começou com o trabalho de Max Planck em 1900. A matemática da física quântica foi descoberta por Werner Heisenberg e Edwin Schrödinger em meados da década de 1920.

Em sua teoria quântica, Planck lançou a hipótese de que a energia existe em unidades da mesma maneira que a matéria, e não como uma onda eletromagnética constante, como se acreditava anteriormente. Ele postulou que a energia é *quantizada* – consiste de unidades discretas. A existência dessas unidades – que Planck chamou *quantum* – tornou-se a primeira grande descoberta da teoria quântica.

Fundamental para a teoria da física quântica é que toda matéria exibe as propriedades de *partículas* (objetos localizados, como pequenos grânulos) e de *ondas* (perturbações ou variações que se propagam progressivamente de ponto para ponto). Este conceito central, o de que partículas e ondas são dois aspectos de um objeto material, é chamado *dualidade onda-partícula*. Também se concorda, em todo o mundo, que ondas de objetos quânticos são ondas de possibilidade.

Diversas interpretações foram propostas para explicar essa dualidade e outras sutilezas da física quântica. Uma que predominou por anos é conhecida como a interpretação Copenhague da teoria quântica. Esta expressão se refere, na verdade, a diversas interpretações, algumas bem díspares.

A interpretação de Copenhague costuma ser compreendida da seguinte maneira: diz-se que cada objeto quântico é descrito por sua *função de onda*, uma função matemática usada para determinar a probabilidade com que esse objeto será encontrado em determinado local ao ser mensurado.

Cada mensuração causa uma mudança no estado da matéria, passando de uma onda de possibilidade para uma partícula manifestada. Esta mudança é conhecida como *colapso da função de onda*. Em termos simples, esta é a redução de todas as possibilidades do aspecto de onda em uma certeza temporária do aspecto de partícula.

Infelizmente, nem a matemática quântica, nem a interpretação de Copenhague podem fornecer uma explicação satisfatória para o evento do colapso. E os físicos quânticos foram incapazes de eliminar o conceito de colapso da teoria. Assim, a verdade é que a compreensão do colapso exige a consciência (Von Neumann, 1955). E, se seguirmos este pensamento, significará que sem consciência não existe colapso, nem partículas materiais, nem materialidade.

Essa é a base mínima da física quântica. Agora, voltemos à sua aplicação.

Física quântica e consciência

É claro que a matemática da física quântica é determinista e baseada no modelo de causação ascendente mencionado anteriormente. Contudo, ela prevê objetos e seus movimentos não como eventos determinados (como na física newtoniana), mas como *possibilidades*

– *ondas de possibilidade* matematicamente descritas por essa função de onda já mencionada. As probabilidades para essas possibilidades podem ser calculadas com matemática quântica, permitindo-nos desenvolver uma ciência preditiva muito bem-sucedida para um grande número de objetos e/ou eventos. Esta é a parte da física quântica que não deixa nenhum materialista envergonhado.

No entanto, existe um aspecto muito embaraçoso da física quântica – o evento do colapso: uma compreensão adequada deste aspecto revive Deus na ciência. Quando analisamos um objeto quântico, não o experimentamos como um monte de possibilidades, mas sim como um evento localizado manifestado, como uma partícula newtoniana. Porém, como foi dito, a física quântica não nos fornece nenhum mecanismo ou matemática para esse "colapso" de possibilidades em um único evento da experiência manifesta efetiva. Na verdade, a física quântica declara simplesmente que existe um limite para a certeza matemática da física. Não pode haver uma matemática que nos permita conectar as possibilidades quânticas deterministas, baseadas na causação ascendente e na experiência manifestada de um evento isolado. Então, como é que as possibilidades quânticas se transformam em uma experiência manifestada simplesmente pela interação da nossa consciência, pelo simples fato de as observarmos (Figura 1.2)? Como explicamos esse misterioso "efeito do observador"?

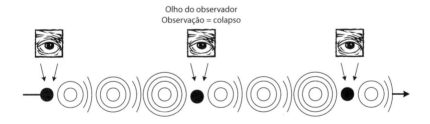

Figura 1.2. Ondas de possibilidade quântica e causação descendente quando a escolha consciente produz colapso.

Na linguagem quântica, assim é traduzido o modelo da causação ascendente dos neurofisiologistas. Possíveis movimentos de partículas elementares formam possíveis movimentos de átomos, que formam possíveis movimentos de moléculas, que formam possíveis movimentos de células, que formam possíveis estados cerebrais, que formam a consciência. Portanto, a consciência é um conglomerado de possibilidades, e podemos chamá-la uma *onda de possibilidade*. Como uma onda de possibilidade pode causar o colapso de outra onda de possibilidade interagindo com ela? Se você juntar possibilidade com possibilidade, obtém uma possibilidade maior, e não uma experiência manifestada.

Vamos supor que você imagine um possível fluxo de dinheiro em sua conta bancária. Some a isso todos os carros que conseguir imaginar. Esse exercício fará com que um carro se manifeste em sua garagem?

Encare os fatos. Para os modelos epifenomenal e neurofisiológico da consciência, a alegação de que nossa observação pode transformar possibilidade em experiência manifestada é um paradoxo lógico. E um paradoxo é um indicador confiável de que o modelo neurofisiológico de nossa consciência é falho, ou, na melhor hipótese, incompleto.

O paradoxo permanece até você admitir duas coisas. Em primeiro lugar, que as possibilidades quânticas são possibilidades da própria consciência, que é a base de toda a existência. Assim, voltamos à filosofia do idealismo monista. E, em segundo lugar, que o fato de observarmos é vital para escolhermos, entre as possibilidades quânticas, aquela única faceta que se torna nossa experiência manifestada vivenciada.

Para esclarecer a situação, vamos examinar como as imagens de *gestalt* são percebidas – aquilo que, à primeira vista, parece ser uma imagem, na verdade, são duas imagens. Você pode ter visto a imagem que representa uma jovem e uma velha. O artista deu a essa representação dupla o nome de "Minha esposa e minha sogra". Outra imagem é um vaso e dois rostos (Figura1.3). Você percebe que não está fazendo nada com a figura ao passar de uma percepção para a outra. Ambas as possibilidades já estão em você. O que está fazendo é apenas escolhendo entre as duas ao escolher sua perspectiva de observação. Deste modo, uma consciência transcendente pode exercer a causação descendente sem dualismo.

O materialista mais rigoroso ainda pode objetar: como a realidade pode ser tão subjetiva que cada um de nós, observadores, pode escolher sua própria realidade a partir das possibilidades quânticas? Como pode existir uma realidade de consenso, nesse caso? Sem uma realidade consensual, como poderia existir a ciência?

Surpresa, surpresa! Nós não escolhemos quando estamos no estado ordinário da consciência individual que chamamos ego, nosso aspecto subjetivo que os behavioristas estudam e que resulta do condicionamento. Em vez disso, fazemos escolhas em um estado objetivo e incondicionado de consciência unitiva, o estado não ordinário no qual somos um, um estado que podemos prontamente identificar com Deus (Bass, 1971; Goswami, 1989, 1993; Blood, 1993, 2001; ver também Capítulo 5).

Figura 1.3. O vaso e dois rostos. Você não precisa fazer nada com a imagem para escolher um dos dois significados.

As assinaturas quânticas de Deus

Agora, eis os pontos cruciais que merecem ser repetidos: apenas experimentamos um objeto quântico quando optamos por uma faceta específica de sua onda de possibilidade; somente, assim, as possibilidades quânticas de um objeto se transformam em um evento manifestado de nossa experiência. E, no estado que escolhemos, somos todos um: estamos na consciência-Deus. Nosso exercício de escolha, um evento que os físicos quânticos chamam *colapso da onda de possibilidade quântica*, é o exercício, por parte de Deus, do poder de causação descendente. E o modo como a causação descendente de Deus funciona é este: para diversos objetos e diversos eventos, a escolha é feita de uma forma que as predições objetivas da probabilidade quântica se sustentam; contudo, em eventos individuais, o escopo da subjetividade criativa é mantido.

Assim, a primeira e a mais forte evidência científica da existência de Deus é a vasta evidência a favor da validade da física quântica (que praticamente ninguém mais questiona) e da validade de nossa interpretação particular da física quântica (a qual alguns ainda questionam).

Felizmente, há duas maneiras científicas de resolver essas dúvidas: a primeira, é demonstrando que esta interpretação soluciona paradoxos lógicos (em vez de suscitá-los, como no caso do modelo de causação ascendente), e segundo, fazendo predições que podem ser confirmadas de maneira experimental. A evidência científica da existência de Deus, baseada na primazia da consciência (a teoria de que a consciência cria a realidade) e na interpretação da física quântica que estou apresentando, passa nesses dois testes de validade científica. Para referência futura, vamos chamar essa ciência *ciência dentro da consciência* (seguindo uma terminologia proposta inicialmente pelo filósofo Willis Harman), ou apenas *ciência idealista*.

Fenômenos resultantes da causação descendente em nosso modelo surgem, às vezes, com assinaturas quânticas específicas, fatos que a causação ascendente não pode gerar. Se fossem causados pela causação ascendente – ou seja, se movimentos possíveis de partículas elementares causam uma hierarquia linear de complexidade crescente que resulta em nossa consciência – os fenômenos macroscópicos do mundo material seriam sempre contínuos, consistiriam sempre de comunicações locais com o auxílio de sinais, e seriam sempre hierárquicos em uma direção. As assinaturas quânticas da causação descendente são a descontinuidade (como em nossa experiência do *insight* criativo), a não localidade (como em comunicações sem sinais de telepatia mental) e a hierarquia circular, também chamada hierarquia entrelaçada, ou emaranhada (como às vezes vivenciam as pessoas apaixonadas). Este primeiro tipo de evidência da existência de Deus é o que chamo *assinatura quântica do divino*. Os detalhes virão mais a frente (ver Capítulo 5); aqui, no entanto, apresento-lhe uma pequena prévia de uma dessas assinaturas.

Foi Werner Heisenberg, um dos fundadores da física quântica, que afirmou pela primeira vez, sem ambiguidades, que as possibilidades quânticas residiam na *potentia* transcendente, um domínio fora do espaço e do tempo. O colapso quântico, a causação descendente (o efeito de nossa consciência), deve ser não local: alguma coisa fora do espaço e do tempo está afetando um evento dentro do espaço e do tempo. E depois, Alain Aspect, Jean Dalibar e Gérard Roger (1982) levaram a não localidade quântica ao cenário experimental quando se demonstrou a conexão não local entre fótons (partículas discretas chamadas *quanta* de luz) correlacionados por meio da distância em um laboratório. Mais tarde, a mensuração aumentou a distância da comunicação não local entre os fótons correlacionados para mais de um quilômetro. A não localidade quântica é um fato.

Duas coisas devem ser lembradas: primeiro, os cientistas têm demonstrado o desagradável hábito de afirmar que a ciência trata de descobrir explicações "naturais" para os fenômenos, enquanto define a "natureza" como o mundo do espaço-tempo-matéria. Nesta visão, Deus e os mundos sutis das tradições espirituais pertencem à "supernatureza". Em vista da não localidade quântica, fica claro que devemos ampliar esta visão estreita da natureza. Caso a ciência deva incluir a física quântica, então a natureza precisa incluir o domínio transcendente da *potentia* quântica, o endereço residencial de todas as possibilidades quânticas. Segundo o olhar da física quântica, toda tentativa de distinguir entre natureza e "supernatureza" perdeu completamente a credibilidade.

Segundo, a não localidade quântica nos dá uma clareza completa a respeito de um componente confuso do modelo espiritual e esotérico de Deus, ou seja, que Deus é a um só tempo transcendente e imanente – como alguma causa exterior pode afetar algo interior. Isto pode acontecer porque tanto a causa como o efeito envolvem a não localidade quântica, uma interação ou comunicação sem sinal.

Um segundo tipo de evidência: problemas impossíveis exigem soluções impossíveis

A ciência materialista tem tido muito progresso e tem nos proporcionado muitas tecnologias úteis, mas quanto mais nós a aplicamos a problemas biológicos e humanos, menos parece capaz de nos oferecer soluções palpáveis. Uma chave para desenvolvermos uma ciência com soluções reais para problemas humanos é compreender que aquilo que experimentamos como matéria é apenas um importante domínio entre tantas possibilidades quânticas da consciência, o domínio que experimentamos por meio de nossas sensações.

O psicólogo Carl Jung descobriu empiricamente que há três componentes adicionais de possibilidades conscientes que experimentamos: sentimento (de vitalidade), pensamento (sobre o significado) e intuição (relativa a temas supramentais – arquétipos – que nós valorizamos) (Figura 1.4). Trabalhos recentes de Rupert Sheldrake (1981), Roger Penrose (1989) e deste autor (Goswami, 1999, 2001) estabeleceram que sentimento, pensamento e intuição não podem ser reduzidos a movimentos materiais; na verdade, pertencem a domínios ou compartimentos independentes da consciência. Esses domínios são admitidos como o *corpo de energia vital* com que sentimos, o *corpo de significado mental* com que pensamos e o *corpo de temas supramentais da consciência* (arquétipos) com que intuímos. Todos esses compartimentos estão vinculados não localmente (sem sinais) por meio da consciência; a consciência medeia sua interação e não há dualismo envolvido (Figura 1.5).

Figura 1.4. Os quatro caminhos da experiência segundo Jung. O predomínio de um ou de outro nos proporciona quatro traços de personalidade.

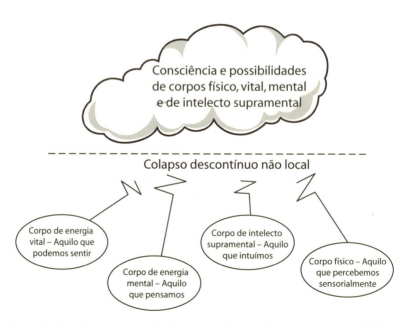

Figura 1.5. Paralelismo quântico psicofísico. A consciência medeia os domínios de possibilidades quânticas físico, vital, mental e supramental, funcionando em paralelo.

Procure compreender esta figura; é uma brecha aberta em um bloqueio em nosso pensamento que existe desde Descartes. Nossa psique "interior" (conglomerados vital, mental e supramental que experimentamos como algo interior) e o mundo material "exterior" não são coisas separadas; são possibilidades paralelas e contínuas de uma interconexão que chamamos consciência. Esse modo de conceituar pode ser chamado *paralelismo psicofísico quântico*. É a consciência que mantém o paralelismo da psique interior com o mundo exterior, e é a consciência que, causalmente, escolhe as experiências, tanto no paralelo exterior como no paralelo interior. No processo, a consciência projeta representações do interior "sutil" no exterior "denso". É como fazer um esboço de uma delicada imagem mental em uma lona grosseira. A imagem mental atua como uma matriz que você representa na tela. (Como surge a distinção entre exterior e interior? Explicaremos isso no Capítulo 10.)

Este é o segredo central de como o mundo atua. A realidade manifesta, o mundo de nossas experiências interiores e exteriores é movido por uma intenção central: permitir que a consciência quântica, Deus, experimente seus aspectos mais sutis, os arquétipos supramentais (como o amor) em manifestação densa. Até agora, em sua evolução, a consciência tem utilizado matrizes – vital e mental – para fazer as representações manifestas (*software*) do supramental no físico (*hardware*). O futuro de nossa evolução também pode ser contado: algum dia, a consciência irá também fazer representações diretas dos arquétipos no físico, e o céu descerá à terra, por assim dizer.

Se você está em sintonia com o religioso e o espiritual, aqui irá ouvir o eco da frase bíblica: "Deus criou o homem (e a mulher) à Sua própria imagem". A princípio, quando você não a compreende, a frase o espanta. Adolph Hitler pode ser a imagem de Deus? Imagem significa representação. Até agora, em nossa evolução, o processo de representação, de criação de imagens, tem sido menos do que perfeito. Deus tem usado as matrizes do vital e do mental. E o processo tem sido árduo e lento. Porém, o prognóstico para o futuro é glorioso.

Você também pode compreender outra coisa. O motivo para que o compartimento material tenha dominado historicamente nossa ciência é que o material faz representações (quase) permanentes das experiências dos níveis sutis da psique. Depois que as representações (*software*) são feitas no *hardware* material, tendemos a esquecer quem fez a representação (consciência) e o processo de produção da representação (o uso de matrizes, corpo mental e corpo vital).

Basicamente, o que está surgindo é um segundo tipo de evidência científica de Deus. Este segundo tipo consiste em aceitar as muitas mansões em que a causação descendente de Deus toma refúgio, além da mansão material (como, por exemplo, o sentimento, o pensamento e a intuição). Fenômenos nesses domínios não materiais são problemas impossíveis para o modelo materialista de causação ascendente. Por isso, são problemas que exigem uma solução impossível (do ponto de vista materialista), a causação descendente de Deus. Assim, de modo natural, a introdução destas ideias está revolucionando a biologia, a psicologia e a medicina (ver partes 2, 3 e 4).

Camuflagem

É o nosso padrão de hábitos, o ego/caráter que é o *locus* de nosso condicionamento psicossocial, que camufla Deus e a unidade da consciência quântica. Esta camuflagem é necessária? A resposta é importante. Nossos egos são necessários para termos um ponto de referência. Quem nós seríamos sem a existência do ego?

De modo análogo, o mundo macromaterial de imensas massas à nossa volta atua como uma camuflagem que oculta sua natureza quântica. Como todas as ondas, as ondas de possibilidade quântica também se espalham. Quando um elétron é deixado em repouso em um recinto, sua onda de possibilidade se espalha tão depressa que, em poucos momentos, ela está envolvendo todo o cômodo (em possibilidade): é possível detectar o elétron em diversos lugares no recinto com probabilidade variada. Porém, a matemática quântica age de forma que objetos maciços se expandam muito lentamente, como onda de possibilidade. Contudo, se expandam: você não deve ter dúvidas a respeito. Para enxergar através da camuflagem, você não precisa ficar desorientado, tentando perceber qualquer movimento de fuga dos microcomponentes de um corpo macro, que estão unidos ao centro de massa do objeto. Suas ondas quânticas se propagam enquanto estão no lugar. Na verdade, durante o tempo que leva para você piscar os olhos, o centro de massa de um macroobjeto, perto de você, pode se mover por um milionésimo-trilionésimo de centímetro, ou algo parecido. Esse movimento é imperceptível para nossos olhos, mas os físicos, com seus maravilhosos instrumentos a laser, mediram estes movimentos quânticos.

Para que essa camuflagem? Essa camuflagem é para termos pontos de referência para nossos corpos físicos. Se você e eu manifestarmos um pouco disso basicamente nos mesmos lugares, sempre que olharmos, poderemos conversar um com o outro sobre essas coisas; podemos formar uma realidade consensual. Isto é importante. E até mais importante é o fato de macroobjetos físicos poderem ser usados para representarmos objetos quânticos mais sutis, como pensamentos, que tendem a se afastar quando não os estamos observando. Isto também é bom. Imagine como você se sentiria se, ao ler esta página, as letras impressas estivessem se afastando de seus olhos em virtude de seus movimentos quânticos. Naturalmente, essa fixidez tem seu lado ruim: desenvolvemos o conceito errôneo de que o mundo dos macroobjetos é algo separado de nós!

Para descobrir que não estamos separados do universo, que o mundo todo é nosso parque de diversões, precisamos penetrar essas duas camuflagens. Temos de ir além do condicionamento do ego. Temos de deixar de nos encantarmos com o ambiente exterior, macrofísico, e contemplar o sutil ambiente interior, onde os objetos se movem com uma liberdade quântica bem mais intacta.

O Sol nasce no leste e se põe no oeste. Nossos ancestrais compreenderam esse fato como prova do movimento do Sol em volta da Terra. Hoje, vemos que é algo diferente; na realidade, é a evidência do movimento da Terra ao redor de seu próprio eixo. Esta explicação abre a porta para uma maior expansão de nossa compreensão – a de que a Terra se move em volta do Sol, e não o contrário. Do mesmo modo, o mundo macrofísico possui determinadas fixidades. Você pode compreender isto por meio da física newtoniana e concluir que há um mundo lá fora; ou pode compreender que, como as ondas de possibilidade de macroobjetos são lerdas em sua expansão, cria-se a impressão de que existe um mundo lá fora. Esse mundo não existe enquanto você não olha! Esta certeza também abrirá imensos portais para nossa compreensão.

Se você aprender a pensar da maneira quântica, sua mente se expandirá; quem sabe o movimento do pensamento também seja um movimento quântico. Mas, você pode perguntar: haveria um modo de avaliar a natureza quântica do pensamento sem ultrapassar o condicionamento? Sim, há. Quando você acompanha a direção do seu pensamento, assim como faz em associações livres durante sessões de pensamento criativo, já percebeu que perde o conteúdo dos pensamentos? Do mesmo modo, se você focaliza o conteúdo, como na meditação sobre um mantra, perceba que também perde de vista a direção que seu pensamento está tomando. Na física quântica, chamamos a isso *princípio da incerteza*, uma sofisticada assinatura do movimento quântico. Se o pensamento fosse um movimento newtoniano, esse tipo de restrição nunca surgiria (Bohm, 1951).

Li um livro, *Precision nirvana*, no qual o autor, Deane H. Shapiro, ilustrou o que estou tentando mostrar com dois cartuns. Nestes cartuns, aparecem um estudante e um professor. No primeiro, uma moça bonita, de olhos grandes e belo corpo, pergunta a um sujeito barbudo com cara de cientista: "Professor, como o senhor sabe tanto?" E o professor responde, com ar satisfeito: "Porque fico de olhos abertos". No segundo cartum, um estudante pergunta a um mestre Zen, sentado serenamente em meditação, com os olhos fechados: "Mestre, como o senhor sabe tanto?" E o mestre Zen responde: "Porque fecho os olhos".

Com efeito, os cientistas materialistas não conseguem superar as maravilhas da vida exterior, sempre limitada por sua camuflagem. Tão cegos ficam pela camuflagem que chegam a tentar aplicar sua ciência do mundo exterior para tratar o interior como epifenômeno. Não foi Abraham Maslow que disse: "Se você tiver um martelo na mão, verá cada problema como um prego?"

E, com efeito, foi o esforço de penetrar a camuflagem que nos deu as maduras tradições espirituais e seus métodos para se alcançar estados sutis de consciência além do ego. A camuflagem da separação dos macroobjetos se dissolve nos estados sutis de consciência. Mas como podemos ver a unidade entre exterior e interior, corpo e mente, sem o benefício da consciência superior?

A mudança de paradigma de nossa ciência, que está acontecendo agora, é revelada em áreas da psicologia como a psicologia profunda e a psicologia transpessoal, e na área da medicina que chamamos medicina alternativa. A mudança de paradigma também é revelada no trabalho de biólogos organicistas que vêem autonomia causal em todo organismo biológico, não apenas em seus componentes microscópicos. Alguns biólogos evolucionários chegam a ver a necessidade de invocar "desígnio inteligente" na vida, rompendo a rede de crenças darwinianas. Os praticantes dessas áreas da ciência penetraram a camuflagem até determinado ponto. Agora, com a ajuda da física quântica, a penetração da camuflagem será muito mais profunda, como você verá.

A física quântica, a janela visionária para o sutil é, em si, muito sutil; e precisa ser assim. O físico Richard Feynman, ganhador do Nobel, costumava dizer: "Ninguém entende mecânica quântica". Mas ele estava se referindo aos materialistas. Se você estiver disposto a olhar para além dos vestígios finais das crenças materialistas, ou se, pelo menos, estiver pronto para suspender sua descrença sobre a primazia da consciência e Deus, você já terá feito mais progresso para compreender a física quântica do que muitos físicos e cientistas.

O que é a dança

Resumindo, a velha ciência nos deu a causação ascendente e possibilidades; a nova ciência redescobre a ação da escolha entre as possibilidades – Deus e a causação descendente. Juntas, nos oferecem a realidade manifesta, onde a liberdade (da onda de possibilidade) procura morada em uma servidão temporária (da partícula manifesta).

Descartes, Galileu e Newton receberam o crédito pela maioria das antigas ideias científicas que inauguraram a era que os filósofos chamam *modernismo*. Uma das ideias de Descartes era o dualismo interior (que chamava mente) e exterior (matéria), e estamos começando a nos livrar dele, embora a discussão sobre se o monismo se baseia na matéria ou na consciência (ou Deus) ainda deva continuar por algum tempo na mente de algumas pessoas. Descartes também nos presenteou com a filosofia do reducionismo, e esta teve imenso sucesso no mundo material. Entretanto, como o próprio Descartes admitiu (infelizmente, no contexto do dualismo), o reducionismo não descreve o funcionamento do reino interior. Neste, é preciso que nos lembremos do movimento do todo. A fragmentação exterior nos torna indivíduos; o holismo interior nos dá sentimentos, significado, metas e propósito. Juntos, o indivíduo e o todo são parceiros na dança da realidade.

O legado de Descartes, Galileu e Newton é o determinismo causal, oferecendo ao cientista a esperança tanto do conhecimento total quanto do controle total sobre a realidade. Mas, no entanto, falha até no reino material, no domínio submicroscópico onde a indeterminação quântica reina. Mesmo assim, a sedução do controle e do poder que representa é tão fascinante que a maioria dos cientistas continua a acreditar no determinismo causal. A causação descendente, livre e potencialmente imprevisível, é um anátema para esses cientistas. Eles não se preocupam com Deus, desde que seja um Deus benigno.

A ruptura do determinismo causal é apenas uma gota no reino da física submicroscópica. É que no reino material, pelo menos segundo afirma o determinismo estatístico, Deus forma o mundo de maneira a nos dar um ponto de referência. Mas a gota da liberdade torna-se uma tempestade no que diz respeito às questões do mundo interior. Importante é observar, então, que a criatividade exige movimento rumo ao novo, bem como a fixidez do velho. O exterior – soma – nos dá a fixidez e o interior – psique – nos dá novo movimento. Juntos, realizam a dança da realidade criativa.

capítulo 2

os três fundamentos
das religiões

As religiões, nosso principal lembrete social da existência de Deus, têm estado conosco há milênios, desde o início das civilizações humanas. Primeiro, eram as religiões primitivas, que viam dois tipos de causas para os eventos – causas que as pessoas podiam controlar (se alguém esfregasse duas pedras, uma contra a outra, provocaria faíscas que ateariam fogo a folhas secas) e causas que pareciam fora do controle humano (desastres naturais, como terremotos, por exemplo). Nossos ancestrais primitivos atribuíam as causas incontroláveis à ação dos deuses: a *causação descendente*. O conceito inicial de muitos desses agentes de causação descendente acabou dando origem à ideia de um agente – Deus.

Com a passagem do tempo, observamos que o pensamento religioso foi ficando mais sofisticado. O conceito de Deus e da causação descendente ainda existe; mas há um conceito adicional e não menos importante – o conceito da alma individual, ou *corpo sutil* (expressão coletiva para força vital, mente e consciência). A alma é não física, feita de substâncias sutis, bem diferentes da substância física.

E finalmente veio a descoberta de que os humanos deviam almejar virtudes do *Divino*: qualidades como bondade, caridade e justiça. Se não fizessem isso, estariam cometendo *pecados* e suas almas seriam punidas após sua morte.

Desenvolvimentos posteriores no pensamento religioso em muito refinaram a imagem de Deus e da causação descendente, a natureza de nossos corpos sutis e as ideias de virtude e pecado. No entanto, essas três ideias ainda são fundamentais para o pensamento religioso. Hoje, praticamente todas as religiões concordam sobre a causação descendente, corpos sutis não materiais e a ideia de ética e moralidade – a capacidade de distinguirmos entre virtude e pecado e de optarmos pela virtude. Estes são os três pilares da religião.

Digo isto antes de apresentar os dados científicos sobre a existência de Deus, pois os cientistas materialistas, em especial os ocidentais, quase sempre lutam contra um Deus de palha, o Deus "sobre-humano" do cristianismo popular, com ideias como o criacionismo, que são fáceis de se refutar (Dawkins, 2006). Porém, considerando-se a física quântica (Goswami, 1993) e inúmeros dados sobre vida após a morte (Goswami, 2001) e medicina alternativa para o corpo sutil (Goswami, 2004), é consideravelmente mais difícil refutar as ideias da causação descendente e de corpos sutis. E quem, em sã consciência, tentaria desmentir a importância das virtudes e dos valores em nossas vidas? É claro que as religiões têm uma teoria para as virtudes e os valores mais plausível do que os biólogos, para quem as virtudes e valores evoluíram da adaptação darwiniana por meio do acaso e da necessidade.

No entanto, os materialistas afirmam algo importante: que é difícil falar de Deus na ciência antes que as religiões esclareçam a questão "o que é Deus" entre elas. Se as religiões ainda brigam entre si sobre qual Deus é superior, como é possível aplicar a Deus uma abordagem monolítica como a da ciência?

Uma resposta a esse tipo de oposição ao estudo de Deus dentro da ciência é que as grandes tradições do mundo, as principais religiões, estão unidas, pelo menos em seu núcleo esotérico, em sua filosofia não dualista de Deus. No esoterismo, existe a imagem da Divindade ou consciência (ou o Grande Vazio) como base de toda existência. Nessa base, há o conceito de corpos díspares, *sutis* (imateriais) e *densos* (materiais). Os ideais mais elevados da existência humana – bondade amorosa, por exemplo – definem a alma, que tentamos realizar. Quando o fazemos, ficamos livres, iluminados, e nossa ignorância vai embora (Schuon, 1984).

Mas o esoterismo, em si, mantém-se obscuro. O fato é que, no nível popular, a maioria das religiões, até hoje, ensina o dualismo: Deus como algo separado do mundo. E os detalhes da existência dual são bem diferentes de uma religião para outra. Portanto, o argumento suscitado pelo materialista não é válido? Que, de início as religiões concordem, e depois a ciência leve em consideração a questão de Deus.

Multiculturalismo

Mas esses cientistas não respeitaram a lição da antropologia cultural. Há algum tempo, os antropólogos culturais têm dito que o conceito de ciência monolítica pode não ser útil, talvez nem mesmo correto. Segundo eles, a ciência deve ser pluralista, dependente de cada cultura. Os cientistas tendem a rejeitar essa posição porque abominam a ideia do caos que surge de diferentes pontos de vista ao mesmo tempo, afirmando-se como princípios explicativos.

Creio que os antropólogos culturais têm razão no que diz respeito aos fenômenos envolvendo corpos sutis. Também acredito que a ciência multicultural não precisa ser necessariamente caótica.

Em geral, o que se percebe é que existe apenas uma física. Para corpos materiais densos, hoje a ideia de uma abordagem pluralista é desnecessária. O sucesso da abordagem reducionista da física resolveu a questão a favor de uma física monolítica de uma vez por todas. Porém, com certeza, isso não é válido para a ciência da psicologia e da medicina, e tampouco para a biologia.

Na psicologia, permanecem três forças poderosas: a psicologia comportamental-cognitiva de Alfred Adler; a psicologia profunda, baseada no conceito do inconsciente da psicanálise freudiana e da psicologia analítica junguiana; e a psicologia humanista/transpessoal com o conceito do superconsciente. Há inúmeros dados a comprovar essas abordagens. Para a psicologia cognitiva de laboratório, a abordagem comportamental está bem aplicada e costuma funcionar. Para a psicoterapia, porém, a psicologia profunda é uma necessidade. E, para a psicologia do bem-estar, a abordagem humanista/transpessoal tem seus atrativos e êxitos. Assim, a área da psicologia é um pouco caótica. Não existe uma maneira adequada de definir o domínio de cada uma dessas três forças, e nenhuma tentativa da psicologia conseguiu integrá-las em um todo coerente.

Na medicina, há duas abordagens bem-conhecidas e bem-sucedidas: a medicina alopática convencional e os diferentes paradigmas da medicina alternativa. Há muita provocação, muito caos e pouca concordância quanto à validade dos diferentes domínios e seus respectivos paradigmas. Será que estamos presos ao caos de uma abordagem pluralista?

Entre biólogos, embora exista uma concordância quase universal sobre um paradigma cujos dois pivôs são a biologia molecular e o (neo)darwinisno, ninguém conseguiu vincular este paradigma e a física, ou distinguir de forma inequívoca a vida da não vida. Mais especificamente, ninguém conseguiu explicar as lacunas nos registros fósseis da evolução. Portanto, uma abordagem da evolução envolvendo o criacionismo e o desígnio inteligente continua a ter apelo popular, até mesmo com o apoio de biólogos sérios. Existem outros pensamentos alternativos de paradigma, e estes estão ganhando força. Um baseia-se na importância do organismo como um todo e o chamamos modelo paradigma organísmico. Contudo, ninguém conseguiu fazer uma conexão entre os paradigmas materialista e organísmico, muito menos uma conexão entre essas duas abordagens e o paradigma do desígnio inteligente.

Afirmo que essas dificuldades da psicologia, da medicina e da biologia são provenientes do fato de que nessas ciências tanto o corpo material denso está envolvido quanto nossos corpos sutis. E, assim, nossas imagens dos corpos sutis ainda não foram refinadas o suficiente para desenvolvermos uma ciência monolítica útil. Agora que temos uma base, o novo paralelismo psicofísico (Figura 1.5, p. 38), para tratar o denso e o sutil com a mesma base, temos a oportunidade para uma abordagem muito necessária, como será demonstrado neste livro.

Eis, portanto, segundo acredito, a resposta à pergunta: "Por que as religiões diferem tanto em seus detalhes?" Porque, diferentemente da física monolítica, as religiões não lidam com o aspecto denso da realidade, ou matéria. Seu tema envolve aquilo que há de mais sutil, ou seja, Deus e alma.

Os materialistas se preocupam e acham que a multiplicidade de crenças religiosas sobre Deus é uma coisa ruim. Diz Sam Harris em *The end of faith: religion, terror, and the future of reason*: "O ideal da tolerância religiosa –, nascida do conceito de que todo ser humano deveria ser livre para acreditar no que quisesse sobre Deus – é uma das principais forças que nos impelem para o abismo". Esta preocupação surge do foco sobre as diferenças entre as religiões.

Não deveríamos nos preocupar com essas diferenças; deveríamos, na verdade, nos concentrar nas preocupações comuns a todas as religiões, ou seja, os seus três fundamentos: a causação descendente, os corpos sutis e alcançar o divino. Há um núcleo comum nos conceitos religiosos sobre Deus, e é esse núcleo comum que abre espaço para uma abordagem científica.

Novos dados e perspectivas para uma abordagem integrada

Nas partes 2, 3 e 4, abordarei dados científicos a favor de todos os três fundamentos já apresentados, dentro do paradigma maior da ciência dentro da consciência definida no Capítulo 1. Anteriormente, disse que os dados são de dois tipos. Um tipo consiste nas "assinaturas quânticas do divino, escritas com tinta indelével". O outro tipo pertence ao grupo "perguntas impossíveis exigem respostas impossíveis", ou corpos sutis. Na verdade, em muitos dos dados vigentes, as duas ideias se entremeiam, ou seja, pertencem aos corpos sutis e também são assinaturas quânticas do divino.

Quando incluímos em nossa ciência os corpos sutis e o pensamento quântico a seu respeito, todas as controvérsias da biologia, medicina e psicologia – o caos criado pelo pensamento "multicultural" e pluralista – dão margem a um novo ponto de vista científico e integrado em cada campo. O multiculturalismo ainda tem sua utilidade, mas o domínio de cada cultura está claramente definido, e pode haver intercâmbio entre eles. Não é melhor assim?

E isto reacende a esperança em mim. Se as diversas abordagens multiculturais para essas ciências da vida podem ser integradas debaixo de um guarda-chuva, a ciência dentro da consciência, então por que as religiões também não podem? Talvez, a nova ciência baseada em Deus, explorada aqui, com todas as evidências de apoio a seu favor, estimule as grandes religiões do mundo a começarem seriamente a dialogar. Talvez, esteja próximo o dia em que teremos conceitos universais de espiritualidade, aplicáveis em benefício da humanidade, na qual cada uma das religiões atuais será um aspecto bem-definido e terá um domínio bem-definido de validade. E, dessa maneira, haverá um intercâmbio ilimitado entre as religiões.

Nos séculos 15 e 16, a religião era o grande inquisidor e a causa de muitas atrocidades cometidas na tentativa de silenciar a ciência. Hoje, porém, em uma irônica inversão de papéis, a ciência sob a influência do materialismo tornou-se o grande inquisidor, exibindo sua arrogância e declarando arbitrariamente Deus e o sutil como sobrenaturais e supérfluos. Mas, como disse antes, essa posição não levará a nada.

Como os políticos influenciados pela ciência materialista começam a forçar uma mudança excessivamente rápida das tradições mais antigas, o efeito é o oposto do esperado. Em vez de realizarem mudanças muito necessárias (como, por exemplo, um tratamento igual para homens e mulheres), participantes dessas religiões tornam-se defensivos e ultraconservadores, e pior: sob a influência materialista, os líderes dessas tradições tornam-se cínicos e abrem mão do significado e da ética, optando pelo poder. Se, em vez disso, a ciência materialista entrar em harmonia com suas próprias deficiências e aceitar o cenário mais amplo da ciência dentro da consciência, pode iniciar um novo diálogo entre materialismo e espiritualidade, duas forças gravitacionais que dividiram a humanidade ao longo de milênios. As consequências sutis desse diálogo provocarão ventos de mudança até mesmo nas antigas tradições religiosas.

capítulo 3

breve história das filosofias que guiam as sociedades humanas

Até hoje existem três "ismos" importantes que integram a maior parte dos sistemas de crenças da maioria dos seres humanos: o *dualismo*, o *monismo material* e o *idealismo monista*.

O mais popular, *dualismo*, é também o mais antigo. O dualismo é empiricamente "óbvio" em nossa própria experiência, pois tem uma dicotomia interna/externa. Sem dúvida, esta é a razão para sua popularidade. No pensamento religioso, o dualismo existe como um dualismo Deus-mundo: Deus separado do mundo, porém exercendo influências (causação descendente) sobre ele. Esse dualismo dominou a humanidade por milênios, especialmente no Ocidente. No entanto, no século 16, Descartes formulou uma versão "moderna" do dualismo mente-corpo, sendo a mente o território de Deus, no qual temos livre-arbítrio, e o corpo (ou mundo físico) o território da ciência determinista. Este dualismo cartesiano – uma trégua entre a ciência e a religião – foi bastante influente no pensamento filosófico acadêmico do Ocidente. Ele também definiu a recente era da filosofia ocidental: o modernismo.

Antes desse período, a sociedade ocidental esteve sob o silêncio da idade das trevas, quando a religião (na forma do cristianismo) dominou a sociedade sem qualquer percalço. O modernismo livrou os cientistas das garras da religião. Então, eles saíram para descobrir o significado do mundo material – as leis da natureza – com o objetivo de obter o poder e o controle sobre elas. E o fizeram com tamanha disposição, com tecnologias de virtuosismo inquestionável, que seu espírito invadiu por completo a sociedade ocidental. Em pouco tempo, a hierarquia religiosa e o feudalismo deram lugar à democracia e ao capitalismo, os eventos que coroaram a sociedade moderna.

Pouco depois, em virtude do sucesso da ciência, as pessoas começaram a questionar a necessidade da trégua entre a ciência e a religião. Na verdade, o dualismo não resiste muito a questões óbvias como, por exemplo: de que modo interagem dois corpos, feitos de duas substâncias completamente diferentes? Como Deus, de substância divina, interage com o mundo material? Como uma mente não material interage com o corpo material?

Essa interação é impossível, se dermos espaço apenas para interações locais mediadas por sinais portadores de energia que viajam pelo espaço e pelo tempo, de um corpo para outro. Uma interação entre o material e o não material seria uma violação da sacrossanta lei de conservação de energia da física. Além disso, há uma pergunta incômoda sobre os meios pelos quais essa interação poderia ocorrer, qual seja: do que é feito o sinal do mediador? Parece que precisamos de um mediador feito das duas substâncias, mas não existe nenhum!

Assim, surgiu o *monismo material* como alternativa ao dualismo. No monismo material, as dificuldades do dualismo são contornadas simplesmente afirmando-se que não são duas substâncias, e sim apenas uma matéria. A consciência, Deus, nossas mentes e todas as nossas experiências internas são o resultado das interações cerebrais. Estas, em última análise, chegam até as interações das partículas elementares (causação ascendente).

Esta filosofia ganhou muita credibilidade recentemente, não apenas por sua simplicidade, como também porque conglomerados de partículas elementares, como os núcleos atômicos, foram confirmados algumas vezes de maneira espetacular (detonações nucleares).

Mas o sucesso do monismo material também amorteceu o espírito modernista do Ocidente e estabeleceu-se um mal-estar pós-moderno. Afinal, se o materialismo for verdadeiro, não podemos conquistar e controlar a natureza como pensávamos que poderíamos na época do modernismo. Na verdade, nós, humanos, como o resto da natureza, somos máquinas determinadas. Não temos livre-arbítrio, a liberdade de buscar o significado quando achamos necessário. Não há significado no universo-máquina. Nessas circunstâncias, o melhor que podemos fazer é acatar a filosofia do existencialismo: nossas vidas não têm significado – cada um de nós, como indivíduos, cria o significado (essência) em sua vida. Afinal, de algum modo nós existimos. Como não podemos negar nossa existência, podemos jogar o jogo da maneira que parece ser esperado de nós. Fingimos que existe um significado, fingimos que existe o amor em um universo que, no mais, é desprovido de significado e de amor.

Esta saída pessimista e existencialista ao niilismo – com efeito, o filósofo Friedrich Nietzsche colocou de maneira perfeita a mensagem, "Deus está morto" – não durou muito. Alguns cientistas reagiram com o *holismo*, uma nova ideia originada por um político da África do Sul, Jan Smuts, em seu livro *Holismo e evolução*, de 1926. Originalmente, foi definida como "a tendência da natureza em formar um todo que é maior do que a soma das partes por meio da evolução criativa". Muitos cientistas se recusavam a abrir completamente mão de Deus e da religião; e, no holismo, viram uma oportunidade para resgatar Deus, de alguma forma.

De determinado modo, em um pensamento primitivo e animista, Deus existe como um Deus imanente, um Deus da natureza. A ideia é que a própria natureza é animada por Deus. Não é preciso procurar Deus fora deste mundo: Deus está aqui. Usando a linguagem holística, isso pode ser transformado em uma filosofia atraente. O todo não pode ser reduzido às suas partes. Partículas elementares formam átomos; mas átomos são um todo, e, assim, não podem ser reduzidos completamente às partes, as partículas elementares. Algo similar acontece quando os átomos formam moléculas; algo novo emerge no todo que não pode ser reduzido ao nível atômico de existência. Quando as moléculas constituem a célula viva, o novo princípio holístico que emerge pode ser identificado como a vida (Maturana & Varella, 1992; Capra, 1996). Quando as células chamadas neurônios formam o cérebro, o novo princípio holístico emergente pode ser identificado como mente. E a totalidade de toda vida e de toda mente, a totalidade da própria natureza, pode ser entendida como Deus. Algumas pessoas a vêem como Gaia, a mãe-terra, conceito idealizado pelo químico James Lovelock (1982) e pela bióloga Lynn Margulis (1993).

Ao mesmo tempo, esse pensamento holístico deu origem ao movimento ecológico – a atenção à preservação da natureza e à filosofia da ecologia profunda (Devall & Sessions, 1985), a transformação espiritual por meio do amor e da apreciação da própria natureza.

No entanto, os cientistas materialistas fazem uma afirmativa válida: a de que a matéria é fundamentalmente reducionista como milhares de experimentos mostram, e que, por isso, o holismo é uma fantasia filosófica.

Contudo, há, desde a Antiguidade, mais uma alternativa ao dualismo além do monismo materialista: o *idealismo monista*. É interessante observar que no pensamento grego (a maior influência sobre a civilização ocidental), o idealismo monista (apresentado por filósofos como Parmênides, Sócrates e Platão) e o monismo material (formulado por Demócrito) possuem quase a mesma idade. O dualismo encontra problemas porque não pode responder à pergunta sobre sinais de mediação, necessários para que os corpos duplos interajam entre si. Suponha que não exista sinal, suponha que a interação é não local. E agora? A imaginação humana e a intuição chegaram a elevadas alturas desde cedo, e formularam o idealismo não dualista ou monista (também chamado filosofia perene). Deus interage com o mundo porque Deus não está dissociado do mundo. Deus é, ao mesmo tempo, transcendente e imanente no mundo.

Para o dualismo mente-corpo, podemos pensar idealmente desta maneira. Nossa experiência interior, a morada da mente, consiste de um sujeito (o experimentador) e objetos mentais internos, como os pensamentos. O sujeito não apenas experimenta os objetos internos, como também os objetos externos do mundo material. Suponha que afirmamos que existe apenas uma entidade e que a chamamos consciência, que, por sua vez, se divide de alguma maneira misteriosa no sujeito e nos objetos de nossa experiência. A consciência transcende tanto objetos materiais como mentais e também é imanente a eles. Deste modo, as linguagens religiosa e filosófica tornam-se idênticas, exceto por pequenos detalhes linguísticos.

Esta filosofia do idealismo monista nunca foi popular porque é difícil compreender a transcendência sem entender o conceito de não localidade, um conceito quântico. Ainda mais obscuras são as sutilezas da filosofia, como na frase "tudo está em Deus, mas Deus não está em todas as coisas". O significado da frase é que Deus nunca pode ser completamente imanente, que sempre há um aspecto transcendente de Deus, ou seja: o infinito nunca pode ser plenamente representado pela finitude! Mas tente explicar isso para uma pessoa mediana!

Entretanto, o idealismo monista foi muito influente no Oriente, em especial na Índia, Tibete, China e Japão, na forma de religiões como o hinduísmo, o budismo e o taoísmo. Estas religiões, não sendo hierarquias organizadas, sempre responderam às mensagens dos místicos que, de tempos em tempos, reafirmaram a validade da filosofia com base em sua própria experiência transcendente.

Os místicos também existiram no Ocidente. Jesus foi um grande místico. Além dele, o cristianismo ocidental teve outros grandes místicos que propuseram o idealismo monista, como, por exemplo, Mestre Eckhart, São Francisco de Assis, Santa Teresa de Ávila, Santa Catarina de Gênova etc. Entretanto, a natureza organizada do cristianismo abafou as vozes dos místicos (e, de modo irônico, inclusive a voz de Jesus) e o dualismo predominou no pensamento oficial do reino cristão.

Como você identifica um místico? Místicos são essas pessoas que deram um salto quântico desde seu ego-mente para descobrir diretamente que há existência, percepção-consciente, ou *awareness*[*], e beatitude além do ego, valores muito maiores em potencial do que costumamos experimentar. Contudo, a chegada mística a uma realidade "mais real" não produz nenhuma transformação comportamental imediata (principalmente no domínio das emoções básicas). Portanto, em termos comportamentais, a maioria dos místicos não costuma impressionar mais do que as pessoas comuns. Precisamos aceitar a palavra dos místicos por suas "verdades" e, através dos tempos, cientistas e líderes sociais têm relutado em fazê-lo!

Além disso, há um sério obstáculo às formulações filosóficas tradicionais do idealismo monista. Tudo é Deus ou consciência, e sendo assim, quão real é a matéria, qual sua importância? Neste ponto, a maioria dos filósofos idealistas assume a postura de que o mundo material é irrelevante, ilusório, apenas algo a ser tolerado e transcendido. É verdade que alguns filósofos idealistas enfatizaram a importância do material, alegando que apenas na forma material é possível esgotar o karma, o que a alma deve fazer para se libertar da necessidade de reencarnar sempre na forma física no mundo material. De modo geral, porém, sempre houve uma assimetria na visão dos idealistas no que concerne à consciência e à matéria. A consciência é a realidade de

---

[*] No original, *awareness*. Não há uma tradução exata em português. O termo é comumente traduzido como "consciência" ou "percepção". Em muitas publicações, awareness é mantido em inglês, pois tem um sentido mais amplo que o de "consciência": refere-se a um "estado de alerta" que compreende, inclusive, a consciência da própria consciência. É também um conceito-chave da Gestalt-terapia. Segundo Clarkson e Mackewn, awareness é "a habilidade de o indivíduo estar em contato com a totalidade de seu campo perceptual. É a capacidade de estar em contato com sua própria existência, dando-se conta do que acontece ao seu redor e dentro de si mesmo; é conectar-se com o meio, com outras pessoas e consigo próprio; é saber o que está sentindo, significando ou pensando, saber como está reagindo neste exato momento. Awareness não é apenas um exercício mental: envolve todas as experiências, sejam elas físicas, mentais, sensórias ou emocionais. É a totalidade de um processo que empenha o organismo total" (Fritz Perls. Londres: Sage, 1993, p. 44-45). Apesar de as palavras "percepção" e "consciência" não abarcarem, isoladamente, a essência do termo inglês, neste livro optou-se por traduzir awareness pela palavra composta "percepção-consciente", no intuito de aproximá-la de seu sentido pleno, deixar bem marcadas todas as ocorrências no texto e facilitar a compreensão do leitor de língua portuguesa. [N. de E.]

verdade, e a matéria é um epifenômeno, quase trivial. Isso é parecido com o inverso da crença materialista, que diz que consciência, mente e todas as coisas internas de nossa experiência são banais, sem eficácia causal (uma relação entre uma ou mais propriedades de uma coisa e um efeito dessa coisa). Mas, para um estudo completo, integral da consciência, devemos ultrapassar essas atitudes.

Domínios externo e interno da consciência, objetividades forte e fraca

Obviamente, os estudos materialistas da consciência, da neurofisiologia, da ciência cognitiva etc., estão limitados pelo sistema de crenças dos pesquisadores, mas ninguém pode duvidar de que os dados que eles reuniram são úteis. E as teorias materialistas, embora incompletas, também são úteis. De modo similar, os dados e teorias, reunidos por místicos e pesquisadores da meditação por meio da introspecção do interior, que levaram a muitos relatos de estados superiores de consciência (além dos estados ordinários), também devem ser considerados significativos e úteis.

Perceba que aquilo que a ciência materialista estuda é o aspecto da consciência na terceira pessoa (efeitos comportamentais), para o qual é fácil se chegar a um consenso. Os dados satisfazem o critério severo da objetividade forte – são bastante independentes do observador. Em contraste, os místicos e os pesquisadores da meditação estudam o aspecto da consciência na primeira pessoa (experiências sentidas). Precisamos verificar que os dados que estes pesquisadores nos apresentam têm semelhanças, e, portanto, levam a um consenso sobre os estados superiores de consciência. Mas precisamos afrouxar o critério de julgar os dados sob uma objetividade forte (independência do observador: não se aceitam dados subjetivos) e começar a utilizar uma objetividade fraca (invariabilidade em função do observador: os dados devem ser similares de um observador/sujeito para outro). Lembre-se de que, normalmente, em experiências em laboratório de psicologia cognitiva, já aceitamos a objetividade fraca como critério para dados sobre estados ordinários de consciência. Veja ainda que, como disse o físico Bernard D'Espagnat (1983), há muito tempo a natureza probabilística da física quântica é consistente apenas com a objetividade fraca.

A isso, podemos acrescentar mais um quadrante: a experiência intersubjetiva – dados pouco estudados sobre aspectos de relacionamentos experimentados interiormente. E, para fazer com que isso seja simétrico, podemos acrescentar um quarto quadrante, consistente em dados objetivos sobre agrupamentos de pessoas, como em uma comunidade, por exemplo. Deste modo, obtemos o modelo de quatro quadrantes (ver Figura 3.1), graças, em boa parte, ao filósofo Ken Wilber (2000).

Entretanto, na verdade, este golpe fenomenológico pode se parecer com uma abordagem integrada, mas é apenas seu começo. Há dicotomias em cada quadrante; além disso, ainda não se chegou a nenhuma interação real de todos os quadrantes. A posição do filósofo é elitista: não podemos integrar usando a lógica ou a ciência. Para ver a integração, precisamos atingir estados superiores de consciência.

Será possível superar o preconceito do filósofo, segundo o qual a ciência somente se aplica no nível material da realidade e a razão

Figura 3.1. Os quatro quadrantes da consciência segundo Wilber.

nunca pode se estender aos níveis superiores de consciência? Creio que este preconceito tem sua origem na crença do filósofo em um dualismo oculto de consciência e matéria, realidade interior e realidade exterior. O filósofo procura evitar o problema do interacionismo (como a consciência e a matéria interagem?) afirmando que a ciência se aplica apenas ao exterior (matéria), e não ao interior (consciência), de modo que não precisamos nos incomodar com a interação de ambos.

Quando o verdadeiro significado da física quântica é compreendido, fica claro que a consciência não pode ser um mero fenômeno cerebral. Além disso, não há necessidade de tratar a mente e os outros objetos internos como epifenômenos do cérebro ou do corpo. Em vez disso, a física quântica e todas as ciências devem se basear na filosofia do idealismo monista: a consciência é a base de toda existência, na qual a matéria, a mente e outros objetos internos existem como possibilidades. Mas tampouco há motivo para destratar a matéria. Esta, em sua capacidade de representar estados mentais sutis, é tão importante quanto o sutil (não material) que reflete. Em outras palavras, o pensamento quântico nos permite tratar a mente e a matéria, as experiências internas e externas, de igual para igual, estendendo importância e eficácia causal às duas.

Deste modo, filosófica e cientificamente (com teoria e evidências), resolvemos o problema metafísico de qual "ismo" está correto e válido – o idealismo monista. Contudo, o pensamento materialista criou uma ferida na psique coletiva da humanidade que, sem atenção ou cura, vem piorando. Nossa tarefa primária consiste em ajudar a curar essa ferida, compartilhando as mensagens filosófica e científica que estão emergindo em toda a humanidade.

Como modernos, sabemos da veracidade da mente e daquilo que ela processa: significado. Este conhecimento levou a uma participação muito mais expansiva nas aventuras da exploração de significados. Quando o modernismo deu lugar à moléstia pós-moderna do materialismo sem significado, nossas instituições e seu legado progressivo de democracia, capitalismo e educação liberal ficaram abalados. Suas bases estão sendo minadas para se criar um novo tipo de hierarquia, estabelecendo novos limites à liberdade, nem um pouco melhores do que aqueles antes lançados pela Igreja e pela dominação feudal. Desta vez, porém, a restrição está na ciência materialista e no cientismo.

O idealismo monista pode levar a um novo tipo de modernismo que chamo *transmodernismo*, acompanhando o filósofo Willis Harman. O modernismo dualista de Descartes baseou-se no lema "Penso, logo existo". Em outras palavras, se existe um pensamento, deve existir um pensador. Isto libertou a mente pensante para novas explorações, mas especialmente de invenções que visavam à solução de problemas. Invenções exigem criatividade, mas apenas uma versão limitada dela, que chamo *criatividade situacional*, idealizada para solucionar um problema dentro de um contexto conhecido de pensamentos. A criatividade situacional é importante, mas em termos práticos significa mais daquilo que já existe: é "pensar dentro da caixa". O transmodernismo se baseia no lema "Escolho, logo existo". Ele libera o verdadeiro potencial da mente criativa, não apenas da criatividade situacional, como também daquilo que chamo *criatividade fundamental*: a capacidade de mudar os próprios contextos, nos quais o pensamento se baseia, e de escolher novos contextos.

Sob o modernismo, não recebemos apenas os benefícios da democracia e do capitalismo, mas também os males do modernismo: o pensamento que situa o homem acima da natureza, a dominação do pensamento sobre o sentimento, que chamo *mentalização do sentimento*. Sim, criamos indústrias e tecnologias úteis, mas também criamos problemas ambientais que não sabemos resolver.

Precisamos resgatar o espírito modernista e a ênfase sobre a exploração mental, mas sem o lado sombrio de atitudes como homem-sobre-a-natureza ou razão-sobre-sentimento; sem a dependência quase total de hierarquias simples e o isolamento do ego do indivíduo solitário. A nova era do transmodernismo começa com um salto quântico em nossa atitude – do homem sobre a natureza para o homem na natureza, da razão sobre sentimento para a razão integrada ao sentimento, de hierarquias simples para hierarquias entrelaçadas, de separação egóica para ações integradas de ego e consciência quântica/Deus. Apenas assim, estaremos realmente no caminho para o surgimento de uma nova era de vida ética.

Velha e nova ciências: mudança de paradigma

Apresentei o conceito de mudança de paradigma na ciência no Capítulo 1. A antiga ciência se baseia na supremacia da matéria, o monismo material, com seu reducionismo e causação ascendente. O novo paradigma holístico não abre mão do monismo material: tudo é matéria. Mas, no entanto, abre mão da ideia do reducionismo e opta pela filosofia do holismo – o todo é maior do que as partes e não se reduz às partes. Aqui, Deus e a espiritualidade se recuperam no sentido de um Deus imanente – Deus ou uma "consciência Gaia" inseparável à Terra como um todo, com todos os seus organismos. (A teoria ou hipótese Gaia, desenvolvida por James Lovelock, representa tudo o que existe sobre a Terra, coisas vivas ou não, como um complexo sistema de interações que pode ser considerado um único organismo.) Há ainda algo como uma causação descendente, uma autonomia causal de entidades holísticas emergentes em cada nível da organização, que não podem ser reduzidas às partes. Isso é uma causalidade artificial, pois, no final, ela também é determinada por interações materiais, isto é, por uma causação ascendente.

A nova ciência, a ciência dentro da consciência, baseia-se na física quântica e na primazia da consciência (idealismo monista) e inclui o antigo paradigma redutivo. Na ciência dentro da consciência, Deus é um agente real, e causalmente eficaz, intervindo por meio da causação descendente. Na ciência dentro da consciência, podemos até tratar corpos sutis sem os problemas usuais do dualismo da interação; podemos falar cientificamente da evolução da natureza divina, a que as religiões aspiram. Contudo, a antiga ciência permanece válida – em seu próprio domínio. No domínio material da experiência consciente, a consciência escolhe o acontecimento efetivo da realidade manifestada entre as possibilidades quânticas determinadas pela causação ascendente, a partir do substrato material. E, como os efeitos quânticos são relativamente silenciados na matéria densa, o comportamento dessa matéria é aproximadamente determinista.

Na verdade, até os materialistas reducionistas abrem espaço para Deus. Em um livro chamado *Why God won't go away*, Andrew Newberg e Eugene D'Aquili (2001) citaram recentes trabalhos em neurofisiologia para sugerir que Deus e experiências espirituais podem ser explicados simplesmente como fenômenos cerebrais.

De modo similar, os holistas afirmam que Deus e espiritualidade podem ser compreendidos e explorados como fenômenos holísticos emergentes da própria matéria; até o livre-arbítrio e a causação descendente podem ser entendidos como uma aparente autonomia emergente de níveis mais elevados de organização da matéria.

O paradigma explorado e endossado neste livro é muito mais radical do que qualquer uma destas duas abordagens de Deus. Eu postulo que a base da existência é a consciência e não a matéria. Eu postulo que não apenas a matéria, mas também um corpo energético vital mais sutil, um corpo mental ainda mais sutil e um corpo supramental mais sutil ainda, existem como possibilidades quânticas da consciência. Elas se desenvolvem com o tempo, a partir de interações causais em seu domínio respectivo. Também postulo que, por meio da evolução, rumamos para estados manifestos de consciência que são manifestações cada vez maiores da natureza divina – as qualidades de Deus, os arquétipos supramentais. O preço que pagamos pela inclusão do sutil em nossa ciência é o multiculturalismo da teoria e a objetividade fraca na seleção de dados.

Preciso enfatizar, uma vez mais, que o Deus para o qual apresento dados científicos é o mesmo Deus vislumbrado pelos místicos e fundadores de todas as grandes tradições religiosas mundiais, embora os ensinamentos das grandes religiões tenham sido diluídos nas representações populares.

No final do século 19, Friedrich Nietzsche proclamou, por meio de um de seus personagens fictícios, que "Deus está morto". Isso refletia a preocupação dele com a pouca eficácia do cristianismo popular e ingênuo na sustentação da ética e da moralidade, diante da visão materialista de mundo que a ciência estava rapidamente conseguindo espalhar pelo Ocidente. Em outras palavras, Nietzsche percebeu que o Deus cristão, dualista e popular, está morto. Demonstro neste livro, com o emergente paradigma da ciência baseada na primazia da consciência e na física quântica, que Deus vive eternamente como agente de causação descendente, em um papel que se mostraria satisfatório tanto para cientistas quanto para religiosos.

Hoje, independentemente da imagem de Deus que mais o satisfaz, espero que você faça uma avaliação justa das evidências e teorias apresentadas aqui. Afinal, Deus tem sido uma preocupação milenar dos seres humanos, uma preocupação que, segundo suspeito, tem afetado você, ao menos um pouco. Peço-lhe apenas que suspenda seus julgamentos e descrença durante a leitura das partes 2, 3 e 4, onde apresento as evidências.

capítulo 4

deus e o mundo

Nossa antiga ciência nos diz que real é o universo material, do qual cada cérebro é uma parte, e a experiência do ego e de Deus são apenas experiências epifenomenais desses cérebros. Alguns místicos dizem que apenas Deus é real e que o mundo manifesto é irreal. A versão popular do cristianismo nos diz que tanto o universo material como Deus são reais, mas, no entanto, são realidades separadas.

A nova ciência nos diz que o universo, Deus e todos nós, seres humanos, não estamos separados: a separação entre Deus, o mundo e nós é uma aparência, um epifenômeno.

Mas o que é real e o que é epifenômeno? Essa é a questão.

Se nossa consciência não é real, para mim não faz sentido escrever este livro, nem faz sentido para você lê-lo. Por que nós – incluindo os materialistas – lemos, escrevemos, pesquisamos, queremos conhecer a realidade, para não falar de amarmos ou de querermos ser felizes? No fundo do coração, *sabemos* que nossa consciência é real, que tem eficácia causal. Há vitalidade em nossos sentimentos, há significado em nossos pensamentos conscientes, e *há propósito e valor em nossas intuições*. Como Descartes disse, já há muito tempo (usando uma linguagem levemente diferente): podemos questionar a realidade de qualquer outra coisa, menos da nossa consciência.

No mesmo sentido, será irreal a matéria? Se você falasse da irrealidade do mundo material para os mestres Zen do passado, esses conhecedores de estados mais sutis de consciência, eles poderiam puxar sua orelha, e se você reclamasse, poderiam dizer: "Por que você está reclamando de algo que é irreal?"

As perguntas são as seguintes: por que o mundo parece ser algo separado de nós? O que o fato de nos perdermos nessa separação do universo e dos demais tem a ver conosco e com a condição humana? Há algum modo de superar essa dinâmica da separação?

Na nova ciência, vemos que o mundo está aqui por nossa causa, e que estamos aqui por causa do mundo (ver Capítulo 7). A dinâmica da separação é de criação mútua, nosso pré-requisito para participar do jogo em manifestação. Quando compreendemos isso de forma criativa, a dinâmica da separação fica menos intensa. A história do universo é nossa história. Quando nos compreendemos, compreendemos nossa consciência, e também compreendemos nosso relacionamento com o universo e com Deus, e a separação transforma-se em um indicador de que é hora de jogar.

O que acontece com essa sensação de jogo manifesto quando a separação é considerada ilusória? Espero que você esteja curioso para descobrir. Espero que você esteja cansado da velha brincadeira de separação real que nos deu os pesadelos do terrorismo, da crise energética, do aquecimento global e da possibilidade de guerra nuclear. Espero que você esteja pronto para explorar o potencial de uma ciência dentro da consciência, bem como dos potenciais de seu despertar para níveis mais sutis de consciência. Espero que você esteja pronto para apreciar a importância da redescoberta científica de Deus.

Muitas das atuais dúvidas da ciência materialista se parecem com o questionamento medieval sobre quantos anjos podem dançar sobre um alfinete. Será que conhecer cada detalhe de um buraco negro nos dá alguma pista sobre como devemos amar ou perdoar? Hoje, a antiga e fatigada ciência não pode nos dar respostas para os grandes problemas do mundo. Por que há tanto terrorismo e como lidamos com ele? Por que há tanta violência? E como lidamos com o fato de que nossas crianças cometem assassinatos em massa? Por que há tanto desamor? Como reintroduzimos a ética em nossa sociedade e o amor em nossas famílias? A ética é importante? Se é importante, como ensinamos ética e valores para nossos filhos, se nossa atual ciência materialista professa que o mundo não tem valores? Por que hoje o capitalismo sofre altos e baixos econômicos? Como produzimos economias estatais firmes? Como transformamos a economia capitalista para que a lacuna entre ricos e pobres fique menor e não maior, inclusive para que os mais necessitados possam usar a mente para processar significados? Como podemos fazer para que nossos negócios e indústrias se tornem ecologicamente adequados, para que nosso planeta fique protegido do aquecimento global e de outros desastres ecológicos? Por que a política anda tão corrupta? Como podemos defender a democracia do poder do dinheiro, da mídia e dos fundamentalistas? Como podemos deter o aumento crescente dos custos de saúde e medicina?

Assim como a questão da consciência, estas são perguntas difíceis, para não dizer impossíveis, dentro de uma visão de mundo materialista. Mas os materialistas continuam a afirmar que as respostas estão bem aí, uma atitude que o filósofo Karl Popper chamou *materialismo promissivo*. É apenas humano enfiar a cabeça num buraco na areia quando alguém faz perguntas difíceis, e os cientistas materialistas não são exceção. Mas esses cientistas deploram essa "síndrome de George Bush" no caso do aquecimento global, e, no entanto, se viram e exibem a mesma atitude em seu comportamento quando o assunto é admitir que uma mudança de paradigma é necessária e inevitável para incluirmos a consciência em nossa visão de mundo e em nossa ciência.

Enquanto isso, assim como o aquecimento global está colocando em risco o nosso planeta, aumentam os problemas sociais que não podem ser resolvidos com uma postura materialista; na verdade, para a maioria desses problemas, o materialismo é a raiz do erro. E, naturalmente, há ainda essas questões subjetivas tão antigas quanto o homem, que a ciência materialista deixa de fora de sua agenda: qual o significado de minha vida? Como posso amar? Como encontro a felicidade? Qual o futuro de minha evolução? Estas questões também são impossíveis para o materialista, mas, como vou demonstrar, a nova ciência dentro da consciência nos permite começar a encontrar respostas para estas perguntas.

Porém, podemos colocar novamente Deus/consciência em nossos sistemas de conhecimento para mudar nossas sociedades e nosso comportamento a tempo de evitar as catástrofes que nos ameaçam hoje? Sim, podemos.

Vou expor a minha hipótese. Mesmo esses movimentos, que nos levaram a beira de um cataclismo, são parte de um movimento intencional da consciência que já está ocorrendo para evitar essas catástrofes. Enquanto isso, as catástrofes estão tentando nos dizer alguma coisa importante, e temos de decifrá-las. Temos de reconhecer o significado e o propósito dos movimentos da consciência. Depois, a escolha é nossa. As alternativas são: nos alinhamos com o propósito evolutivo desses movimentos, vamos contra eles ou fingimos apatia?

Você também precisa perceber um aspecto comum a cada um dos problemas catastróficos – o conflito. O terrorismo de hoje está enraizado no conflito entre materialismo e religião. Não são apenas os muçulmanos fundamentalistas do Oriente Médio que estão combatendo o império materialista do "Grande Satã" chamado Estados Unidos, mas também fundamentalistas cristãos nesse país. Problemas econômicos e ecológicos devem-se, em pequena parte, ao conflito entre interesses individuais e coletivos, entre valores do ego e do ser. Em última análise, estes também podem ser ligados ao conflito entre materialismo e espiritualidade. Examinando-se mais de perto, vemos que a principal razão para o aumento dos custos de saúde é nosso medo da morte e o conflito entre ignorância e sabedoria – mais uma vez, materialismo e espiritualidade. O declínio da ética e dos valores nas famílias, sociedades e escolas deve-se claramente a esse conflito. Entrar no mundo das verdadeiras soluções é resolver o conflito.

Movimentos individuais e coletivos da consciência

As tradições espirituais do Oriente compreendem perfeitamente os movimentos individuais da consciência e é isso que enfatizam. Viver produz uma identidade individual (ego) sobreposta à consciência-Deus cósmica. Esta é a ignorância que obscurece a sabedoria da unidade. Os orientais acreditam que, por meio de diversas encarnações, a identidade do ego cede lugar à consciência-Deus, e, por saber que é Deus, a pessoa se liberta do ciclo nascimento, morte e renascimento. Vem daí o ditado: *você não pode mudar o mundo, você só pode mudar a si mesmo*. Qualquer que seja a mudança que o mundo sofra, ela só ocorrerá por meio das mudanças individuais.

No Ocidente, porém, a crença em uma única vida solapou o impulso em busca da autorrealização e transformação; a ênfase recaiu sobre a ética: a obediência a determinadas regras de comportamento visando se conseguir o alinhamento com Deus. Mesmo sob a égide do materialismo, o Ocidente desenvolveu uma consciência social na qual há claramente algum imperativo por uma ética social:

A vida é uma só e curta demais;
vamos trabalhar juntos e ganhar mais.

Por isso, hoje temos também ativistas que tentam mudar o mundo, mas que, de modo geral, não têm a ideia espiritual de mudarem a si mesmos. Podemos ver a necessidade dessas duas tendências e integrá-las?

Evolução

Tanto no Oriente como no Ocidente, quer acreditemos em reencarnação ou em uma única vida, a ênfase da espiritualidade tem sido a união com um Deus transcendente. Filósofos espirituais, naturalmente, estão bem conscientes de que Deus também é imanente no mundo, mas, de algum modo, conseguiram minar nossos propósitos no mundo imanente. Até determinado ponto, isso contribuiu para tornar materialista a cultura mundial. Recentemente, as tradições espirituais permitiram que os assuntos do mundo fossem dominados pela ciência materialista, a qual propagou o materialismo pelo mundo sem qualquer obstáculo. Foi apenas nas últimas décadas que aflorou um desafio ao materialismo de dentro da própria tradição da ciência.

Nas culturas dualistas, os filósofos espirituais têm se perguntado porque um Deus perfeito criaria um mundo imperfeito. Nas culturas não dualistas, os filósofos espirituais ocasionalmente se perguntam porque Deus é imanente em um mundo imperfeito se Ele podia ter ficado para sempre na perfeição celestial. A resposta a essas perguntas, naturalmente, é: evolução. Nas duas culturas, os pensadores espirituais deixaram de lado a evolução. Deus se torna manifesto no mundo imanente para manifestar suas possibilidades não manifestadas. O mundo começa a jornada da evolução com a imperfeição, sem dúvida, mas isso é apenas um começo. A consciência evolui em direção à perfeição, em direção à visão de sua perfeita natureza em manifestação.

Devido ao descaso dos assuntos mundiais, de modo geral, não é de surpreender que as tradições espirituais não admitiram que a evolução é um elemento importante no jogo da consciência. Coincidentemente, a ciência materialista que descobriu a evolução (e que a usou como principal elemento de obstrução da influência da religião na sociedade) também não viu a evolução como uma força importante em nossa vida. De algum modo, os biólogos ficaram contentes com uma teoria inadequada de evolução darwiniana lenta e gradual. No darwinismo, diz-se que a evolução acontece em duas etapas. Primeiro, ocorrem variações nos componentes hereditários de espécies vivas (genes); depois, membros das espécies que sobrevivem e se reproduzem em maior número passam seus genes por meio daquilo que é conhecido como *seleção natural*, dando à espécie melhor chance de sobrevivência. Deste modo, embora a evolução seja vista como relevante para nossa sobrevivência, nenhuma outra importância lhe é atribuída. Se melhorasse a chance de sobrevivência da espécie humana com uma menor complexidade, menos orientada para significados e valores, essa direção da evolução seria aceitável para os darwinistas. Em resumo, a evolução trata da sobrevivência física, e não do desenvolvimento espiritual.

Mas isso também está mudando. A persistência empírica das descontinuidades, na forma de lacunas fósseis, deixou claro que o (neo)darwinismo, que prevê a evolução contínua, é uma teoria inadequada, e que devemos evocar a causação descendente e a criatividade biológica para obter uma teoria da evolução mais completa (Goswami, 1997a, 2008). Nessa nova abordagem, a evolução é entendida como dotada de propósito e como uma importante força em nossas vidas.

No último século, dois filósofos/sábios, Sri Aurobindo, no Oriente, e Pierre Teilhard de Chardin, no Ocidente, tiveram o *insight* revolucionário de que a evolução não encerra sua jornada rumo à complexidade crescente com humanos. Segundo Aurobindo, assim como os animais têm sido o laboratório da natureza para o desenvolvimento dos seres humanos, os seres humanos são atualmente o laboratório para o desenvolvimento de super-humanos. E, nos super-humanos, veremos as qualidades celestes que nos esforçamos por alcançar – amor, beleza, justiça, bondade etc. – aflorar e se aperfeiçoar. A meta da evolução é atingirmos o ponto ômega da perfeição, como disse Chardin.

Temos de perceber que a evolução também é um jogo da consciência – um jogo propositado e coletivo. O movimento coletivo rumo à consciência social, que se originou principalmente no Ocidente, é *importante e uma parte do movimento da consciência manifesta* – a evolução da consciência. Aqui, mais uma vez, as visões de vida oriental e ocidental devem se integrar. Precisamos proceder na direção da salvação individual como no Oriente, mas também *temos de contribuir para a evolução*. E contribuímos mais claramente para o movimento da evolução à medida que nos despojamos da identificação com o ego em nossa jornada rumo a Deus.

Precisamos de uma nova forma de ativismo com um novo adágio: você não pode mudar o mundo, mas pode se mudar sempre tendo em mente a perspectiva da *evolução coletiva do mundo* (em outras palavras, a evolução). É isto que chamo *ativismo quântico*, no qual procuramos nos transformar usando o poder da nova física, mas sempre prestando atenção no movimento evolutivo da consciência como um todo, sempre tentando obedecer às suas necessidades.

De modo tradicional, as religiões têm nos incentivado a seguir Deus para a salvação pessoal, para o alívio do sofrimento, para a descoberta da felicidade da vida sem esforços. Mas, hoje, a maioria dos sofrimentos possui antídotos, mesmo temporários. Não está mais muito claro porque deveríamos nos dedicar à árdua jornada de colocar Deus em nossas vidas, de receber mais sofrimentos em nome de alguma fugaz felicidade no futuro. Algumas pessoas, naturalmente, ainda o fazem, e nós nos perguntamos: o que as motiva? Afirmo, aqui, que a motivação para descobrir Deus em nossas vidas vem de uma pressão evolutiva sobre aqueles que estão prontos para ir além de seu ego-fronteira. A própria existência da pressão sugere que estamos ficando prontos para um novo estágio evolutivo. Isto é o que foi previsto por Aurobindo e Chardin.

Qual a nossa resposta à evolução?

Declaro que chegou o momento de aceitar a redescoberta de Deus na ciência. Se for preciso uma mudança de paradigma de nossa ciência, passando da matéria básica para a consciência básica, que assim seja. Também devemos efetivar o potencial divino dentro de nós, na medida da capacidade de cada um, se estivermos interessados no bem-estar do mundo.

Afirmo que você pode fazer muitas coisas para começar a viagem da separação para a unidade, da consciência-ego para a consciência-Deus e da estase para a evolução. Eis alguns pontos:

Pense quântico! Pense em possibilidades!

Explore os potenciais da consciência.

Explore a possibilidade de que sua separação do mundo seja ilusória; estude a natureza de seu condicionamento.

Pratique e realize o poder da liberdade de escolha.

Preste atenção em suas experiências interiores e em seus corpos sutis, além do exterior e do denso.

Resolva conflitos e integre pedaços de sabedoria parciais (e conflitantes) para que se transformem em um todo.

Prepare-se para despertar para a não localidade da consciência.

Reconheça a importância de se esforçar para se transformar e aceite a evolução da consciência (o movimento do todo). Preste atenção nos movimentos da consciência como se pertencessem às nossas instituições sociais.

Passe do mundo dos problemas impossíveis (ciência materialista) para o mundo das soluções possíveis (a ciência dentro da consciência).

O plano do livro

Espero que a Parte 1 do livro tenha lhe dado uma boa introdução sobre Deus, aquele que estamos redescobrindo na ciência, e que tenha lhe mostrado de que modo o Deus científico é diferente do Deus das religiões populares. Mas observe, por favor, que nos fundamentos mais básicos – causação descendente, existência de corpos sutis e importância do divino – há concordância. Esta concordância é muito importante, e espero que estimule novos diálogos entre a (nova) ciência e as religiões dualistas populares.

Como prometido no Capítulo 1, as partes 2, 3 e 4 apresentam as novas evidências que apoiam a existência de Deus.

Na Parte 2, apresento a natureza das assinaturas quânticas do divino em detalhes e falo da comprovação experimental da causação descendente, da não localidade quântica, da descontinuidade e da hierarquia entrelaçada na psicologia e na biologia, o que inclui a explicação da diferença entre consciente e inconsciente, entre vida e não vida. A Parte 2 termina com uma discussão da evolução criativa – uma teoria da evolução baseada em Deus que explica as lacunas fósseis e o *porquê* e o *como* do desígnio inteligente.

A Parte 3 consiste da teoria e da prova experimental da existência dos corpos sutis: esses aspectos do tema que nos permitem uma ampliação bastante apropriada da ciência para lidar com problemas "impossíveis" das ciências biológicas e psicológicas. Nestes problemas estão incluídas questões relativas à natureza e origem do sentimento de se estar vivo, da validade da homeopatia e da acupuntura e do valor de fenômenos divinatórios como, por exemplo, a radiestesia.

A Parte 3 também fala da nova psicologia e do modo como ela explora "a mente de Deus". Explico porque temos tanto experiências interiores como exteriores, e porque ambas são importantes para que a ciência comprove e demonstre o conceito de que "a casa de meu pai tem muitas moradas" (*Bíblia*, João 14,2). Estará Deus lá em cima, apenas aqui na imanência ou lá embaixo? Perguntas como essas lançam novas luzes sobre o modo de se investigar e conhecer Deus. Dados sobre sonhos, estados de consciência, reencarnação, ética e altruísmo nos falam da alma.

Criatividade e amor, transformação e cura são examinados como exemplos de causação descendente divina na Parte 4. Todos se mostraram como evidências irrefutáveis para a existência de um Deus transcendente.

A Parte 5 trata do ativismo quântico, daquilo que podemos fazer para evoluirmos e promover a evolução da sociedade segundo a agenda evolutiva da consciência. Nesta parte, falo sobre como podemos liberar o poder transformador da física quântica em nossa jornada do ativismo quântico.

O livro termina com dois epílogos especiais. O primeiro se dirige ao jovem cientista, confuso com as afirmações da ciência materialista que não soam bem. O segundo mostra que Jesus, pai do cristianismo, estava bem sintonizado com as lições da física quântica. Ele sabia.

Em resumo

Há aspectos do mundo fenomênico que não podemos tratar debaixo de uma visão materialista da ciência (apenas um nível da realidade – material – e apenas uma fonte de causação – a ascendente).

É impossível produzir o colapso de ondas de possibilidade quântica para eventos manifestados.

É impossível explicar a mensuração quântica – o colapso da onda de possibilidade quântica em um evento manifestado.

É impossível explicar a descontinuidade em termos apenas de operações contínuas.

É impossível gerar a não localidade apenas com interações locais.

É impossível produzir hierarquias circulares, entrelaçadas, a partir de hierarquias lineares, simples.

É impossível distinguir entre consciência total da percepção-consciente (a divisão sujeito-objeto de uma experiência) e a inconsciente (não há percepção-consciente da divisão sujeito-objeto).

É impossível distinguir vida de não vida.

É impossível explicar a experiência interior (o subjetivo na primeira pessoa) em termos do exterior (o objetivo na terceira pessoa).

É impossível explicar o processamento do significado em termos de capacidade de processamento de símbolos.

É impossível explicar sentimentos apenas com a capacidade de processamento de símbolos.

É impossível explicar as leis da física apenas com o movimento material.

A incompletude e a inadequação do paradigma dominante na ciência atual aparecem claramente quando encontramos fenômenos e mais fenômenos nos quais acontecem coisas materialisticamente impossíveis. Eles constituem lacunas extraordinárias e reais em nossa compreensão, algo que uma ciência materialista nunca poderá esconder, sequer em princípio. Deus é redescoberto nessas lacunas impossíveis de se explicar.

Parafraseando Shakespeare, há mais coisas entre o céu e a terra, ó materialista, do que sonha sua filosofia. Admita!

Isso me lembra uma história sobre o Mulla Nasruddin, personagem do século 13 e tema de histórias do Oriente Médio. Ele estava trabalhando vigorosamente em um balde de água, batendo dentro dele com as mãos, amassando-o, criando um verdadeiro espetáculo. Alguém perguntou: "Mulla, o que você está fazendo? Por que tanta confusão?"

E o mulla respondeu: "Estou fazendo iogurte".

A pessoa ficou chocada: "Mulla, não dá para fazer iogurte com água!"

Mas ele insistiu: "E se funcionar?"

A diferença entre a lacuna quase sempre existente entre a teologia e a abordagem científica apresentada aqui, é, naturalmente, que não estamos contentes apenas por sugerir Deus como uma explicação para as lacunas na ciência materialista. Em lugar disso, construímos uma nova ciência comprovável, baseada na hipótese de Deus e com evidências experimentais.

Como podemos afirmar que Deus foi redescoberto na ciência? Podemos afirmar porque agora temos uma teoria científica baseada na hipótese de Deus, que explica com todos os detalhes científicos como o impossível se torna possível, como as lacunas são preenchidas. E mais importante ainda: algumas das previsões cruciais desta teoria já foram comprovadas nos meios científicos experimentais. Nos próximos anos, poderemos esperar muitas outras comprovações dessa nova ciência em laboratório.

Assim, será que consegui apresentar evidências científicas suficientes sobre a existência de Deus? Para algumas pessoas, em especial os fundamentalistas religiosos, a menos que você esteja apresentando evidências para o Deus deles, satisfazendo sua teologia, nenhuma evidência será suficiente. Do mesmo modo, o materialista radical não será persuadido por qualquer quantidade de novos dados ou de novas previsões comprováveis, novas explicações para velhos enigmas ou novas soluções para paradoxos impossíveis. Mas, entre os dois extremos, há muitas pessoas, leigos e profissionais, cientistas ou não, que apreciarão aquilo que mostrei – pelo simples motivo de que, antes, nunca foi possível fazer uma integração de conceitos e campos científicos díspares com tão poucas premissas novas, sendo a principal a de Deus como consciência quântica.

Se você leu este livro até aqui, você é uma dessas pessoas. Então, caberá a você julgar se este livro o ajudou em sua jornada na direção de Deus, da evolução ou de ambos. Fiz o melhor que pude para lhe oferecer conceitos para pesquisar e internalizar, mapas para acompanhar a jornada, questões para serem ponderadas, intenções para se chegar e trabalhos para serem feitos.

PARTE 2

A EVIDÊNCIA DA CAUSAÇÃO DESCENDENTE

Em 1979, encontrei minha física "alegre" – o problema da "mensuração quântica" ou de como as possibilidades quânticas tornam-se eventos manifestados na experiência de um observador no simples processo de contemplar o fato. Sempre que pensava no problema e em sua possível solução, ficava intrigado. Mas, estranhamente, ele me deixava feliz. Tinha certeza de que estava fazendo algo que "abalaria o universo".

O famoso físico John von Neumann nos deixara com uma pista: é a consciência do observador que modifica as ondas de possibilidade de um objeto quântico e as transforma em eventos manifestados, ou seja, as partículas que podemos ver. Mas, o que é a consciência?

Ninguém sabia. As maneiras convencionais de imaginá-la resultavam em paradoxos quando aplicadas ao problema da mensuração. Um aluno da pós-graduação de física sugeriu que eu deveria procurar os psicólogos, pois eles estudam a consciência. Assim, durante alguns anos, colaborei com um professor de psicologia e aprendi a perspectiva psicológica da consciência.

Não apareciam respostas que resolvessem meus paradoxos. O físico David Bohm estava se destacando naquela época. Comecei a ler seus livros e descobri que Bohm conversava com o místico J.

73

Krishnamurti. O que eu teria a perder? Comecei a me ocupar com o misticismo.

Em maio de 1985, estava visitando um amigo em Ventura, na Califórnia, e fomos a uma palestra de Krishnamurti em Ojai, perto dali. Depois da palestra, nos sentamos na sala de estar da casa desse amigo com um místico chamado Joel Morwood.

Em pouco tempo, o tema tornou-se a ciência da Nova Era e eu estava explicando a Joel como era paradoxal o fato da consciência, sem dúvida um fenômeno emergente do cérebro, conseguir causar o "colapso" de ondas de possibilidade quântica de todos os objetos que vemos, inclusive aqueles presentes no cérebro.

E Joel provocava: "Será a consciência anterior ao cérebro ou o cérebro anterior à consciência?"

Eu sabia que os místicos situam a consciência antes de qualquer outra coisa. Por isso, disse cuidadosamente: "Estou falando da consciência como sujeito de experiências".

"A consciência é anterior à experiência", disse Joel. "Ela não tem objeto e não tem sujeito."

Eu também conhecia essas frases. Não fazia muito tempo, tinha lido um livro do místico e filósofo Franklin Merrell-Wolff (1995) chamado *The philosophy of consciousness without an object*.

Por isso, respondi: "Claro, isso é misticismo antigo, mas para mim você está falando do aspecto não local da consciência".

Foi então que Joel me deu uma pequena palestra emocional sobre o fato de eu usar "viseiras científicas", suas palavras exatas. Ele encerrou com a frase sufi: "Não existe nada senão Deus".

Eu já tinha lido ou escutado essas palavras muitas vezes antes, em diferentes contextos e diferentes tradições, mas nessa enésima vez eu as compreendi, e um véu foi retirado de meus olhos. Subitamente, percebi que os místicos estão corretos – a consciência é a base de toda existência, inclusive da matéria e do cérebro, e a ciência deve ser fundamentada nessa metafísica, e não na metafísica materialista tradicional.

Foram necessários quatro anos para publicar meu primeiro trabalho (Goswami, 1989) com uma solução sem paradoxos do problema da mensuração quântica. Nesse trabalho, tomei o cuidado de não mencionar a mística ou livros místicos, e muito menos "Deus", pois tinha medo de que os cientistas rejeitassem minha tese.

Quatro anos depois, quando estava escrevendo meu livro *O universo autoconsciente*, não me preocupei tanto. E, quando Jacobo

Grinberg me convidou para ir à Universidade do México, em 1993, e pude conhecer sua montagem experimental e seus dados enquanto escrevíamos o texto sobre suas experiências, eu compreendi. Compreendi que estávamos redescobrindo Deus na ciência.

capítulo 5

as assinaturas quânticas
do divino

Jesus lamentou que o reino de Deus estava por toda parte, mas as pessoas não o viam. A evidência é sutil; é fácil as pessoas comuns deixarem de vê-lo. Mas os cientistas são pessoas especiais; são especialistas em decifrar evidências sutis. Por que não perceberam as assinaturas do divino?

O físico Richard Feynman, ganhador do prêmio Nobel, expressou essa miopia dos cientistas atuais quando escreveu esta advertência contra a imaginação desenfreada. Ele disse: "A imaginação científica é a imaginação sem camisa-de-força". A camisa-de-força que Feynman e outros da mesma índole materialista usam é a camisa-de-força do sistema de crenças chamado *materialismo científico*, ao qual já me referi. E a doutrina que mais cerceia é a exclusividade da doutrina reducionista da causação ascendente.

Este livro inteiro é um exercício sobre como podemos tirar a camisa-de-força do materialismo de nossas costas. No Capítulo 1, disse que a física quântica está nos mostrando o caminho, nos dando a causação descendente e seu agente: Deus agindo por meio do observador. Na física newtoniana, os objetos são coisas determinadas. Na física quântica, porém, os objetos são possibilidades à escolha da consciência. Quando uma pessoa vê, sua consciência escolhe entre as possibilidades quânticas e causa o colapso de uma manifestação da experiência.

No entanto, como isso serve de evidência para a existência de Deus? É como os quadrinhos do Pogo*: procuramos Deus, O encontramos – e Ele somos nós! Talvez os antigos hindus estivessem certos ao afirmar que havia 330 milhões de deuses. Hoje, graças à inflação, são 6 bilhões. Se somos Deus, por que vivemos como vivemos? Por que temos tanta dificuldade para manifestar qualidades divinas como a não violência e o amor?

As evidências de Deus estão dentro de nós, mas para vê-las precisamos ser sutis. Para vivenciá-las, precisamos crescer.

Criamos nossa própria realidade, mas...

Foi na década de 1970 que o físico Fred Alan Wolf (1970) criou a evocativa frase "criamos nossa própria realidade". As imagens que a frase traz à lembrança levaram, porém, a muitos desapontamentos. Algumas pessoas tentaram manifestar Cadillacs, outros tentaram criar jardins verdejantes em ambientes desérticos, e outros ainda procuraram criar vagas para estacionar seus carros em áreas movimentadas das cidades. Todos se sentiram inspirados pela ideia da criação quântica da realidade, sem dúvida; porém, as tentativas de criação produziram uma mistura de resultados porque os possíveis criadores não estavam cientes de uma sutileza.

Criamos nossa própria realidade, mas há uma sutileza. Não criamos a realidade em nosso estado ordinário de consciência, mas sim em um estado não ordinário de consciência. Isso fica evidente quando você analisa o paradoxo do amigo de Wigner. Eugene Wigner foi o físico ganhador do prêmio Nobel que imaginou esse paradoxo. Aqui, apresento o paradoxo com um exemplo simples.

Imagine que Wigner esteja se aproximando de um semáforo quântico, com duas possibilidades, vermelha e verde; no mesmo tempo, seu amigo está se aproximando do mesmo semáforo na rua transversal. Como os dois são norte-americanos atarefados, ambos escolhem a luz verde. Infelizmente, suas escolhas são contraditórias; pois se as duas escolhas se materializassem ao mesmo tempo, seria o pandemônio. Obviamente, apenas uma dessas escolhas pode valer, mas, de quem?

Após muitas décadas, três físicos, em lugares e épocas diferentes – Ludwig Bass (1971) na Austrália, eu (Goswami, 1989, 1993) em Ore-

---

* Pogo era um personagem da tira de quadrinhos (1948-1975) homônima, criada por Walt Kelly, com críticas políticas e sociais. [N. de T.]

gon, e Casey Blood (1993, 2001) em Rutgers, Nova Jersey – descobrimos a solução do paradoxo de maneira independente: a consciência é uma só, não local e cósmica, por trás das duas individualidades locais de Wigner e de seu amigo. Ambas escolhem, mas apenas de maneira figurativa: a consciência una escolhe para os dois, evitando qualquer contradição. Isto permite o resultado ditado pelos cálculos de probabilidade quântica, segundo os quais, se Wigner e seu amigo chegassem ao mesmo semáforo em ocasiões diferentes, veriam a luz verde em 50% das vezes; contudo, em cada passagem, fica aberta para cada um uma oportunidade criativa para a luz verde.

Em 2003, recebi um convite para dar uma palestra em Londres, numa conferência científica sobre a consciência. Após a palestra, um repórter da BBC me perguntou: "Sua teoria prova a existência de Deus?" Na hora, percebi a armadilha na pergunta. Se dissesse que sim, ele teria uma manchete espetacular para sua matéria: *Físico quântico apoia a ideia de Deus sentado em um majestoso trono no céu, emitindo ordens de causação descendente.* Por isso, respondi cautelosamente: "Sim e não". Ele pareceu um pouco desapontado por eu não ter caído em sua armadilha. Prossegui. "Não, pois o Deus redescoberto pela física quântica não é o Deus simplista das religiões populares. Deus não é um imperador no céu, emitindo ordens de causação descendente ou julgando quem vai para o céu e quem está fadado ao inferno. Sim, pois o autor da criação quântica, o agente livre da causação descendente, transcende nosso ego cotidiano, é universal e cósmico, exatamente como o Deus criador postulado por todas as tradições esotéricas da espiritualidade. Pode chamá-Lo de consciência quântica, mas Seu toque é unicamente aquele a quem as tradições dão o nome de Deus".

A unidade da consciência que escolhe é resultado da questão que postulamos: que natureza da consciência lhe permite ser o agente livre da causação descendente sem qualquer paradoxo? É que a consciência precisa ser unitária, uma e apenas uma para todos nós. Essa unidade da consciência, portanto, é uma previsão da teoria.

Quando meu trabalho (Goswami, 1989) foi publicado, proclamando esta previsão em um desconhecido jornal de física, um neurofisiologista da Universidade do México, Jacobo Grinberg-Zylberbaum, prestou atenção nele. Jacobo estava fazendo alguns experimentos com pares de sujeitos humanos e estranhas transferências de atividade elétrica do cérebro entre eles. Ele intuiu que minha teoria poderia ter algo importante para se somar à interpretação de seus experimentos. Assim, recebi seu animado telefonema. Para encurtar a história, voei até seu laboratório na Universidade do México, analisei a montagem de seu experimento e os dados e o ajudei a interpretá-los. E, pouco depois, Grinberg-Zylberbaum e três colaboradores (1994) escreveram o primeiro texto proclamando a moderna comprovação científica da ideia de unidade da consciência.

O experimento da boa notícia: nós somos um

A boa novidade é que, agora, não apenas um, mas quatro experimentos separados estão mostrando que a consciência quântica, o autor da causação descendente, é não local, é unitivo, é Deus.

Como mencionei anteriormente, o primeiro desses experimentos provando-o inequivocamente (com máquinas objetivas e não com experiências subjetivas com pessoas) foi realizado pelo neurofisiologista Grinberg-Zylberbaum e seus colaboradores na Universidade do México. Vamos a alguns detalhes.

A física quântica nos oferece outro princípio fantástico – a não localidade. O princípio da *localidade* diz que toda comunicação deve proceder por meio de sinais locais, que têm um limite de velocidade. Einstein estabeleceu este limite de velocidade como sendo a velocidade da luz (a enorme, mas finita, velocidade de 299.792.458 m/s). Assim, o princípio da localidade, uma limitação imposta pelo pensamento einsteiniano, exclui a comunicação instantânea por meio de sinais. Contudo, os objetos quânticos conseguem influenciar-se mutuamente de forma instantânea, após interagirem e se correlacionarem pela *não localidade* quântica. Este fato foi demonstrado pelo físico Alain Aspect e seus colaboradores (1982) para um par de fótons (*quanta* de luz). Os dados não são vistos como uma contradição com o pensamento einsteiniano, desde que aceitemos a não localidade quântica como uma interconexão sem sinal, fora do espaço e do tempo.

Em 1993, Grinberg-Zylberbaum estava tentando demonstrar a não localidade quântica entre dois cérebros correlacionados. Duas pessoas meditam juntas visando estabelecer comunicação direta (sem sinal e não local). Após 20 minutos, elas são separadas (embora ainda continuem a meditar em sua intenção) e colocadas em gaiolas de Faraday individuais (câmaras impermeáveis ao eletromagnetismo), onde cada cérebro é ligado a uma máquina de eletroencefalograma (EEG). Mostram a um dos sujeitos uma série de flashes de luz, que produzem em seu cérebro uma atividade cerebral que é registrada na máquina de EEG. Deste registro, se extrai um "potencial evocado" com a ajuda de um computador (após se retirar o ruído cerebral). Vê-se que o potencial evocado, de algum modo, foi transferido para o cérebro do segundo sujeito, conforme indica o seu EEG, o que revela (após se retirar o ruído) um potencial similar em fase e força ao potencial evocado no primeiro sujeito, o que é mostrado na Figura 5.1. Sujeitos de controle (que não meditam juntos ou que não conseguem manter meditativamente a intenção de comunicação sem sinal durante a experiência) não mostram nenhum potencial transferido (Figura 5.2).

O experimento demonstra a não localidade das respostas do cérebro, mas demonstra também algo ainda mais importante – a não localidade da consciência quântica. Como poderíamos explicar como

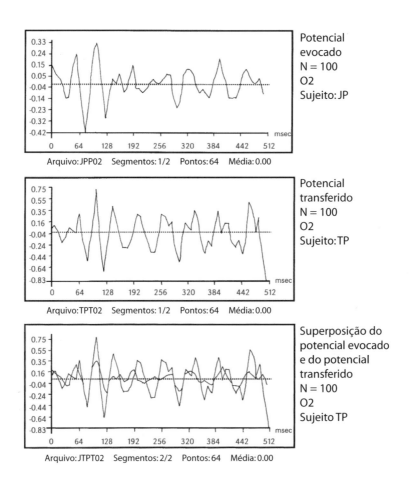

Figura 5.1. Potencial evocado (superior) e transferido (intermediário). A curva inferior mostra uma superposição entre ambas da ordem de 71% (de Grinberg-Zylberbaum et al., 1994).

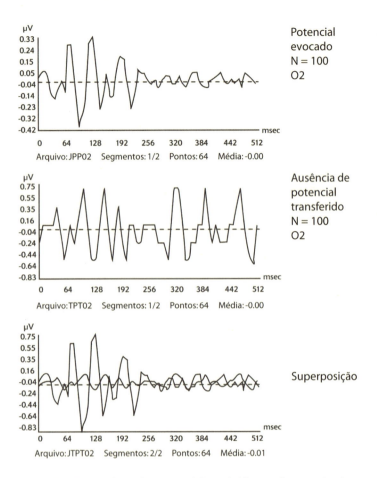

Figura 5.2. Sujeitos de controle: nenhum potencial transferido. Perceba como é muito menor o potencial observado para o segundo sujeito (curva intermediária; preste atenção na escala vertical). Além disso, a curva inferior não mostra superposição apreciável.

a escolha forçada da resposta evocada no cérebro de um sujeito levou à escolha livre de uma resposta (quase) idêntica no cérebro do parceiro correlacionado? Como disse antes, a experiência foi refeita diversas vezes desde então – primeiro, pelo neuropsiquiatra Peter Fenwick e seus colaboradores (Sabell *et al.*, 2001) em Londres; segundo, por Jiri Wackermann *et al.* (2003); e terceiro, pela pesquisadora da Bastyr University Leana Standish e seus colaboradores (Standish *et al.*, 2004).

A conclusão desses experimentos é radical. A consciência quântica, que precipitou a causação descendente da escolha das possibilidades quânticas, é aquilo que as tradições esotéricas espirituais chamam Deus. Redescobrimos Deus dentro da ciência. E mais: esses experimentos provocam um novo paradigma da ciência, baseado não na primazia da matéria, como a velha ciência, mas sim na primazia da consciência. A consciência é a base de toda existência, que agora podemos aceitar como aquilo que as tradições espirituais chamam Divindade (cristianismo), Brahman (hinduísmo), Ain Sof (judaísmo), Shunyata (budismo) etc.

A nova ciência integra. Enquanto a maioria dos termos indicados anteriormente que denotam a base da existência – como Divindade, por exemplo – indicam plenitude, o termo budista Shunyata indica vazio, nada. Contraditório? A nova ciência explica: a base da existência é, ao mesmo tempo, plena de possibilidades, sim, mas as possibilidades não são "coisas", e por isso também podem ser chamadas de nada.

O poder da intenção

Um dos mais importantes aspectos de experimento de Grinberg-Zylberbaum é demonstrar o poder de nossa intenção. Seus sujeitos tinham a intenção de fazer com que sua conexão não local se manifestasse. O parapsicólogo Dean Radin (1999, 2006) fez mais alguns experimentos demonstrando o poder da intenção.

Um de seus experimentos tirou proveito do julgamento de O. J. Simpson em 1994-1995. Na época, muita gente estava assistindo ao julgamento pela TV, e Radin formulou a hipótese acertada de que a intenção das pessoas na observação televisiva do julgamento flutuaria muito em função do drama no tribunal estar intenso ou entediante. Por um lado, ele tinha um grupo de psicólogos que elaborou um gráfico da intensidade dramática do julgamento (e, portanto, da intensidade das intenções das pessoas) como função do tempo real. Por outro, em laboratório, mediu o desvio do acaso daquilo que chamamos *geradores de números aleatórios* (que traduzem eventos quânticos radioativos e aleatórios em sequências aleatórias de zeros e uns). Ele descobriu que os geradores de números aleatórios desviavam no máximo do acaso no momento exato em que esses momentos de drama no tribunal estavam mais intensos. O que isso significa? Disse o filósofo Gregory Bateson, "o oposto da aleatoriedade é a escolha". Assim, a correlação prova o poder criativo da intenção.

Em outra série de experimentos, Radin descobriu que geradores de números aleatórios desviam do acaso em salas de meditação quando pessoas meditam juntas (mostrando forte intenção), mas não em uma reunião de diretoria!

Sem dúvida, o leitor curioso irá perguntar como se pode desenvolver o poder da intenção. O fato é que todos nós tentamos manifestar coisas por meio de nossas intenções; às vezes elas funcionam, mas muitas vezes não. Agora, vemos que isso ocorre porque estamos no ego quando temos alguma intenção. Porém, como podemos alterar essa situação?

Essa é uma excelente pergunta. Uma intenção deve começar no ego; pois é nele que normalmente estamos – locais, individuais e egoístas. No segundo estágio, temos a intenção de que qualquer um consiga realizar aquilo que queremos realizar, ou seja, vamos além do egoísmo. Não precisamos nos preocupar, não perdemos nada; quando dizemos "qualquer um", isso nos inclui também. No terceiro estágio, permitimos que nossas intenções se transformem em prece: "Se minha intenção está em harmonia com a intenção do todo, de Deus, que se torne real". No quarto estágio, a prece deve silenciar, tornando-se meditação. Isto é importante porque apenas no silêncio as possibilidades podem crescer.

Se você praticar com seriedade, não espere resultados do dia para a noite. Hoje, com nosso estilo de vida agitado, é difícil silenciar. Cultive o silêncio. Desacelere seu ritmo de vida. Abra espaço para novas possibilidades. Depois, manifeste sua intenção de forma descontínua. Este é o verdadeiro segredo da manifestação.

Descontinuidade e salto quântico

A causação descendente acontece em um estado não ordinário de consciência que chamamos *consciência-Deus*. Contudo, não estamos cientes disso. Por que não estamos cientes? Os místicos têm falado da unidade da consciência-Deus e de nossa consciência ordinária há milênios, mas a maioria não ouve. Por quê?

Os *Upanishads* dos hindus dizem enfaticamente: "Você é Aquilo", significando que você é Deus! Jesus disse, com a mesma ênfase: *Vocês são filhos de Deus*. Temos uma chave. Somos filhos de Deus; temos de crescer para realizar nossa consciência-Deus. Há mecanismos (veja a seguir) que obscurecem nossa divindade, dando origem à nossa separação cotidiana, que chamamos ego. Esse ego cria uma barreira que nos impede de ver a unidade com Deus e com os demais. Crescer espiritualmente significa superar o ego.

Um ponto-chave é que a causação quântica descendente da escolha é exercida descontinuamente. Se a escolha fosse contínua, um modelo matemático, pelo menos um algoritmo de computador, poderia ser elaborado para ela. Assim, o resultado da escolha seria previsível e seu autor seria redundante, e não mais poderia ser chamado Deus. Nosso estado ordinário de consciência em vigília, dominado pelo ego, suaviza a descontinuidade, obscurecendo nossa liberdade de escolha, limitando-a apenas ao que é conhecido. Estar consciente de que escolhemos livremente é superar o ego dando um salto descontínuo – que pode ser chamado salto quântico.

Se você tiver dificuldade para imaginar um salto quântico descontínuo, uma ideia de Niels Bohr pode ajudar. Bohr propôs um modelo do átomo em 1913. Ele sugeriu que os elétrons apenas podem se mover de determinadas maneiras. Os elétrons giram em volta do núcleo atômico em órbitas contínuas. Entretanto, quando um elétron salta de uma órbita para outra, o faz de forma muito descontínua; e, dessa maneira, nunca segue o espaço entre as órbitas. Ele desaparece de uma órbita e reaparece na outra, fazendo com que *quanta* de energia seja emitido ou absorvido, dependendo da direção do salto. Esse salto é um *salto quântico*.

Como a consciência quântica cósmica, não local, Deus, se identifica com um indivíduo, torna-se individualizada? Ou como um indivíduo vivencia sua própria consciência-Deus? Como a continuidade do mundo material obscurece a descontinuidade? De maneira primária, pela observação, e depois pelo condicionamento.

Antes da observação, a consciência-Deus é uma e indivisa em meio às suas possibilidades. A observação implica uma divisão sujeito-objeto, uma cisão entre o *self* que observa e o mundo que é observado. O sujeito ou *self* que experimenta o mundo é unitário e cósmico na experiência primária de um estímulo. Nessa experiência primária, a consciência-Deus escolhe sua resposta ao estímulo a partir das possibilidades quânticas com total liberdade criativa, sujeita apenas às leis da dinâmica quântica da situação.

Com experiências adicionais do mesmo estímulo, experiências que levam ao aprendizado, as respostas do ego ficam prejudicadas em favor de respostas passadas ao estímulo. É isto que os psicólogos chamam *condicionamento* (Mitchell & Goswami, 1992). A identificação com o padrão condicionado de respostas a estímulos (hábitos do caráter) e o histórico das lembranças de respostas passadas dá ao sujeito/

self uma individualidade local aparente, o ego. (Para mais detalhes, ver Goswami, 1993.)

Quando operamos a partir do ego e de nossos padrões individuais de condicionamento, nossas experiências, sendo previsíveis, adquirem uma aparente continuidade causal. Por isso, desenvolvemos um senso mais intenso de *self* pessoal. Assim, nos sentimos separados de nosso *self* íntegro e unitário e da consciência-Deus. É então que nossas intenções nem sempre produzem o resultado desejado.

A questão do livre-arbítrio

A síntese do condicionamento é que à medida que a consciência vai se identificando com o ego, vai perdendo liberdade. No limite do condicionamento infinito, a perda de liberdade é de 100%. Nesse ponto, a única escolha que nos resta, em termos metafóricos, é de sabores de sorvete: chocolate ou baunilha, uma escolha entre alternativas condicionadas. Não que queiramos depreciar o valor dessa mísera liberdade, mas, com certeza, não é uma liberdade de verdade. Neste limite, o behaviorismo justifica muita coisa; é o chamado limite do *princípio de correspondência* da nova ciência. (O *princípio de correspondência* da teoria quântica foi formulado por Bohr em 1923 e, segundo ele, as teorias quântica e newtoniana tendem a concordar em algumas situações, como, por exemplo, no domínio macroscópico da realidade. As condições sob as quais a física quântica e a física clássica concordam são chamadas *limite de correspondência* ou *limite clássico*.)

Mas não precisa ter medo. Nunca chegamos tão longe no condicionamento. Mesmo o ego retém alguma liberdade. Um aspecto muito importante da liberdade que retemos é a liberdade de dizer "não" ao condicionamento, uma liberdade que nos permite ser criativos de vez em quando.

Existem dados experimentais a favor de tudo o que dissemos. Na década de 1960, os neurofisiologistas descobriram o chamado *potencial P300 relacionado a eventos*, que sugeriu nossa natureza condicionada. (Em síntese, P300 ERP é uma onda elétrica breve – 300 milissegundos – no eletroencefalograma [EEG] de uma pessoa. O P300 é usado como indicador de atividade mental, uma medida que nos revela como as ondas cerebrais discriminam entre estímulos potencialmente importantes e os não importantes. A amplitude da onda P300 aumenta com estímulos imprevisíveis, improváveis ou altamente significativos.)

Suponha que, como demonstração de seu livre-arbítrio, você declare sua liberdade de erguer seu braço direito e seguir em frente. Conhece a novidade? Analisando máquinas ligadas ao seu cérebro, um neurofisiologista pode facilmente prever, segundo a aparência da onda P300, que você irá erguer o braço. Que tipo de livre-arbítrio é esse, se sua decisão pode ser prevista?

Dessa maneira, será que o behaviorista tem razão? O ego não tem livre-arbítrio. Quem sabe os místicos tenham razão. O único livre-arbítrio é a vontade de Deus, à qual devemos nos submeter. Surge, daí, um paradoxo: como nos submetemos à vontade de Deus, se não temos liberdade para isso?

Uma vez mais, não há nada para temer. O neurofisiologista Benjamin Libet (1985) fez um experimento em que resgata um mínimo de livre-arbítrio, até para o ego. Libet pediu aos seus sujeitos que negassem a ação no instante em que que tivessem consciência de que podiam desejar levantar os braços livremente. Nesse caso, os neurofisiologistas ainda poderiam prever, a partir do P300, que o sujeito ergueria o braço, mas, acima do esperado, os sujeitos de Libet conseguiram resistir à vontade e não levantaram o braço, demonstrando que preservaram o livre-arbítrio de dizer "não" à ação condicionada de erguer o braço.

Evidências experimentais da descontinuidade

Há muitas situações em que a análise deixa um pouco ambíguo o fato de que elétrons dão saltos quânticos rotineiramente, não apenas situações nas quais os átomos emitem luz como resultado desses saltos. Podemos citar, por exemplo, o fenômeno da radioatividade, no qual os elétrons saem às vezes dos núcleos do átomo radioativo. A análise mostra que os elétrons "penetram uma barreira de energia" para verem a luz do dia do mundo exterior. Mas como um elétron pode penetrar uma barreira de energia se sequer possui energia para saltar sobre ela? Alguns físicos utilizam o termo "tunelamento" para descrever esse fenômeno. O elétron passa pela barreira de energia dando um salto quântico, sem percorrer o espaço para fazer seu tunelamento. Agora, ele está deste lado da barreira; no outro instante, ele está do outro lado, no estilo do salto quântico.

Porém, a análise ainda é teórica; há algum experimento que "realmente" mostre que os elétrons não estão passando por uma barreira de energia, mas dando saltos quânticos descontínuos sobre ela? Há. O mesmo tipo de fenômeno de tunelamento é encontrado em determinados transistores. Nesse caso, os pesquisadores mostraram que os elétrons fazem a transição de um lado para outro da barreira de energia numa velocidade maior do que a velocidade da luz. Como a teoria da relatividade, comprovada em experimentos, menciona que os elétrons não podem se mover no espaço numa velocidade superior à da luz, os elétrons devem estar se movendo instantaneamente sem passar pelo espaço. Em outras palavras, na verdade, estão dando um salto quântico.

Com relação às ondas de possibilidade, o experimentador causa o colapso da onda de possibilidade do elétron deste lado da barreira – logo depois, o elétron é novamente uma onda de possibilidade: uma de suas possíveis facetas é que esteja do outro lado da barreira de energia. Quando nossa observação causa o colapso da onda de possibilidade do outro lado, como não passa tempo algum entre as duas observações, concluímos que o colapso quântico é descontínuo.

Mas há uma longa distância entre um elétron submicroscópico e um corpulento ser humano. Como mostramos que a descontinuidade é relevante para eventos pertencentes à consciência humana, de maneira que todos possam perceber? Haveria uma indelével assinatura divina do salto quântico nos assuntos macroscópicos do mundo? Sim.

A criatividade é um salto quântico?

Espero que a dúvida sobre se a criatividade é um salto quântico não traga imagens de pessoas criativas como Newton, Michelangelo e Martha Graham saltando grandes barreiras físicas sem qualquer esforço. Como você percebe, sem dúvida, no plano físico os efeitos quânticos tendem a ser suavizados no nível macro (ver Capítulo 1). Precisamos analisar o plano mental, pois é lá que reside a criatividade.

O que é a criatividade? Uma breve análise vai lhe revelar que o trabalho que chamamos criativo consiste na descoberta de novos significados mentais e envolve uma grande mudança na forma como processamos o significado.

Veja o caso da relatividade de Einstein. Quando era adolescente, entrou em conflito por causa de duas teorias da física. Por um lado, havia uma teoria de Isaac Newton; por outro, uma teoria de James Maxwell – ambas ótimas teorias, ambas comprovadas no âmbito da intenção de seu originador. No entanto, os âmbitos parecem ter se superposto, surgindo conflitos no âmbito da superposição. Einstein trabalhou dez longos anos tentando solucionar o conflito; fez algum progresso, mas a solução completa não aparecia – até que acordou uma manhã com a brilhante mudança de contexto de todo o seu pensamento. O contexto do problema era o fato de haver duas teorias conflitantes na física, mas o contexto de sua solução era o modo como analisamos o tempo.

Antes de Einstein, todos pensavam que o tempo era absoluto, que tudo acontecia no tempo e que os relógios seguiam sem serem afetados por outros movimentos. Isso está incorreto, disse o *insight* criativo de Einstein. O tempo é relativo ao movimento. Um relógio que se move, como um relógio dentro de uma espaçonave, move-se mais devagar. Esse novo contexto da abordagem do tempo solucionou o conflito entre a teoria de Newton e a teoria de Maxwell, e permitiu a Einstein desenvolver uma nova mecânica, a partir da qual veio a maravilhosa ideia do $E = mc^2$. Este é um exemplo da criatividade. Mas, seria ela descontínua?

Precisava ser assim, pois não existia nada manifesto no pensamento de nenhuma pessoa, publicado ou sendo debatido cientificamente, de onde Einstein pudesse ter tirado a ideia de que relógios em movimento podiam ficar mais lentos. Nenhum algoritmo poderia ter lhe sugerido isso. Segundo ele: "Não descobri a relatividade apenas com o raciocínio".

Hoje, a seu favor, muitos cientistas concordam com a ideia de que *insights* criativos são saltos quânticos no significado mental, dados descontinuamente. Em parte, isso se deve ao fato de as pesquisas sob criatividade terem estabelecido solidamente, graças ao estudo de diversos casos, que os *insights* criativos em qualquer área são repentinos. De que outro modo poderíamos ser capazes de explicar que um dos poucos mitos estabelecidos da ciência trata de um evento criativo – a descoberta da gravidade, por Newton? Claro, a história da maçã.

O cólera apareceu em Cambridge em 1666, e Isaac Newton, professor de física desta cidade, na época com 23 anos, foi para a fazenda de sua mãe em Lincolnshire. Lá, enquanto relaxava uma manhã sob uma macieira no jardim, viu uma maçã caindo. E *bingo*, a ideia da gravitação universal, segundo a qual todos os objetos se atraem devido à força de gravidade, coube a Newton.

Mas será que tudo ocorreu exatamente assim? Alguns historiadores pensam que a sobrinha de Newton, que estava visitando a França, deu início à toda essa história. Mas como esse episódio passou a fazer parte do folclore se a maioria dos membros da comunidade da física acreditava, até recentemente, que a ciência é feita por meio de tentativa e erro – o método científico – lógica e racional?

Dizem que a mitologia é a história de nossa alma. Porém, quando as interpretações tradicionais do processo de descoberta científica, como resultado da contínua aplicação do método de tentativa e erro, não estavam fazendo justiça à alma, o que aconteceu? Criou-se um mito.

Na realidade, saltos quânticos de criatividade não acontecem apenas na ciência. São muitas as evidências de saltos quânticos descontínuos na ciência, nas artes, na música, na literatura, na matemática e em muitas áreas do conhecimento. Você pode encontrar as evidências em muitos estudos de caso compilados por pesquisadores da criatividade (leia Briggs, 1990, por exemplo). E também pode encontrar as evidências em testemunhos pessoais. Eis dois exemplos a seguir.

> Finalmente, há dois dias, tive êxito, não devido aos meus dolorosos esforços, mas sim pela Graça de Deus. Como um súbito lampejo, o enigma foi solucionado. Nem mesmo posso dizer qual foi o fio condutor que ligou aquilo que eu conhecia antes com aquilo que tornou possível meu sucesso. (O matemático Karl Fredrick Gauss, citado em Hadamard, 1939, p. 15.)

> De modo geral, o germe de uma composição futura surge de maneira súbita, inesperada... Ele percorre o caminho com extraordinária força, brota pela terra, espalha ramos e folhas e, finalmente, floresce. (O compositor russo Tchaikovsky, citado em Harman e Rheingold, 1984, p. 45.)

Acredito que a melhor prova da descontinuidade dos saltos quânticos da criatividade são as experiências de infância com o aprendizado de novos contextos de significado. O filósofo Gregory Bateson classificou o aprendizado de duas maneiras. A primeira, é o aprendizado sem um contexto fixo de significado; por exemplo, no aprendizado básico você memoriza. Mas existe o aprendizado II, segundo Bateson, que envolve uma mudança de contexto. Este dá um salto quântico.

Quando tinha três anos, minha mãe me ensinou os números. No início, memorizei os números até cem. Não foi muito divertido, mas consegui porque minha mãe me tomava a lição. Ela deixou interessante o contexto. Os números não tinham significado para mim. Depois, ela começou a falar de conjuntos de dois – dois lápis, dois gatos – ou conjuntos de três – três rúpias, três camisas. Isso prosseguiu durante algum tempo, até que, um dia, sem esperar, eu compreendi. A diferença entre dois e três (e todos os outros números) ficou clara para mim. Implicitamente, eu tinha compreendido os números dentro de um novo contexto – o conjunto –, claro que não utilizando essa linguagem. E foi uma experiência extremamente feliz. (Perdoem-me o comentário, mas o conceito de conjunto estava implícito, e não explícito, na minha consciência quando essa experiência aconteceu. Nessa época, os conjuntos ainda não faziam parte da educação infantil.)

No mesmo sentido, você pode se lembrar da experiência de compreender o significado conexo da primeira vez em que leu uma história; ou a experiência de compreender o propósito da álgebra; ou de compreender como cada nota, adequadamente reunida, podia fazer a música ganhar vida. Nossa infância está repleta de saltos quânticos de experiências desse tipo.

Até os golfinhos são capazes de dar saltos quânticos de aprendizado. Gregory Bateson (1980) relata a história do treinamento de um jovem golfinho sob sua orientação.

O animal passava por uma série de sessões de aprendizado. Em cada uma, sempre que o golfinho fazia algo que o treinador queria que repetisse, ele soava um apito. Se o golfinho repetisse o comportamento, era premiado com comida. Este é o treinamento normal para golfinhos de espetáculos.

Bateson introduziu uma regra adicional: o golfinho nunca poderia ser recompensado por um comportamento já recompensado em uma sessão anterior. Na prática, porém, o treinador nunca conseguia manter a regra de Bateson. O golfinho ficava muito zangado por errar e não ganhar peixes!

Nas primeiras 14 sessões, o golfinho repetia o comportamento que antes era premiado e obtinha peixes imerecidos caso ficasse muito desapontado. De vez em quando, ele fazia alguma coisa nova, aparentemente por acaso.

Contudo, entre a 14º e a 15º sessão, o golfinho pareceu muito excitado. Quando começou a 15º sessão, ele fez uma demonstração complicada e claramente proposital com oito comportamentos, entre os quais quatro completamente novos, nunca observados antes nesse tipo de animal. Do ponto de vista do animal, ocorreu um salto [quântico], uma descontinuidade (Bateson, 1980, p. 337).

Hierarquia entrelaçada

Talvez você não tenha percebido, mas existe outra maneira de ver um paradoxo no efeito do observador. O observador escolhe, entre as diversas possibilidades quânticas apresentadas pelo objeto, o evento manifestado da experiência. Mas, antes mesmo do colapso de possibilidades, o próprio observador (seu cérebro) consiste de possibilidades e não se manifestou. Assim, podemos postular o paradoxo como uma circularidade: o observador (cérebro) é necessário para causar o colapso da onda de possibilidade quântica de um objeto; porém, o colapso é necessário para a manifestação do observador (cérebro). Em síntese, não há colapso sem um observador e não há observador sem um colapso.

Se ficarmos em um nível, o nível material, o paradoxo não terá solução. A solução da consciência apenas funciona porque postulamos que a consciência causa o colapso das ondas de possibilidade tanto do observador (seu cérebro) como do objeto da realidade transcendente da base da existência que a consciência representa.

O pesquisador de inteligência artificial Douglas Hofstadter (1980) nos deu uma pista para compreender o que está acontecendo. Essas circularidades, segundo comentou, são chamadas *hierarquias entrelaçadas*. O mais interessante é que a autorreferência, uma divisão sujeito-objeto, emerge dessas circularidades.

Vamos pensar num exemplo dado por Hofstadter. Pense no *paradoxo do mentiroso*, expresso na frase *eu sou mentiroso*. Perceba a circularidade: se eu sou mentiroso, então estou dizendo a verdade; se estou dizendo a verdade, então estou mentindo, e assim por diante. Essa é uma hierarquia entrelaçada porque a eficácia causal não reside totalmente no sujeito ou no predicado, mas flutua incessantemente entre eles. Essas oscilações infinitas tornaram a frase muito especial – a frase *fala de si mesma, separada do resto do mundo do discurso.*

Mas essa aparente separação do *self* da frase e seu mundo depende de nossa compreensão e de permanecermos dentro das regras da gramática. A circularidade da frase desaparece para uma criança que pergunte ao emissor da frase: "Por que você é mentiroso?" A criança não percebe o entrelaçamento e não se envolve nele, pois as regras de linguagem são obscuras para ela. Mas, se conhecermos e obedecermos a essas regras de linguagem, estaremos vendo a frase de dentro e não poderemos fugir do entrelaçamento. A gramática, embora seja a causa real, está implícita, transcendendo a frase.

De modo análogo, no efeito do observador, a razão que levou a nós, físicos, a tardar a decifrar a situação, foi que a escolha consciência-Deus está implícita, não explícita; é transcendente, e não imanente. O colapso é uma hierarquia entrelaçada, dando a aparência de autorreferência, ou de divisão sujeito-objeto. O eu-observador, o aparente sujeito do colapso, surge em co-dependência com o objeto.

Sempre que existe o colapso de uma onda de possibilidade quântica, há uma hierarquia entrelaçada em sua mensuração. Junto com a não localidade e a descontinuidade, a hierarquia entrelaçada é outra assinatura quântica indelével da causação descendente de Deus.

Assim, o conceito de mensuração quântica e hierarquia entrelaçada é o passo final que nos dá uma solução completamente livre de paradoxos para o problema da mensuração quântica que intrigou os físicos por décadas. Além disso, esta ideia ajuda a solucionar vários grandes mistérios da realidade.

Na década de 1980, estava conversando com um físico chileno sobre a ideia de consciência originar o colapso da onda de possibilidade quântica. Ele levantou uma questão na hora: "No instante da criação 'quente' do universo, o Big Bang, obviamente não havia nenhum observador consciente por perto. Então, por favor, diga-me, quem causou o colapso do universo para que este se tornasse algo manifestado?" Quando ri e lhe mostrei a solução (ver Capítulo 7), ele serenou.

Há ainda o problema da origem da vida, que, até hoje, assusta os biólogos. Aplique as lições da teoria da mensuração quântica ao problema: a solução surge (ver capítulos 7 e 8).

O conceito de inconsciente foi introduzido por Sigmund Freud na psicologia. A partir daí, a ideia foi comprovada experimentalmente. Apesar de todos os sucessos recentes da psicologia cognitiva, é fato que esses cientistas não conseguem explicar como se distingue o inconsciente e o consciente, e como surge a divisão sujeito-objeto da consciência total da percepção-consciente. Esses problemas também são resolvidos utilizando-se a ideia de mensuração quântica e hierarquia entrelaçada (ver Capítulo 6). E, em todas as soluções de alguns dos mais sérios problemas da pesquisa científica, encontramos evidências incontroversas e respaldo para a hipótese do Deus quântico.

capítulo 6

causação descendente na psicologia: diferença entre inconsciente e consciente

Segundo todos os relatos, Freud foi ateu. Ele ridicularizava as experiências espirituais como exemplos de uma postura indefesa e infantil. Rompeu com Carl Jung, seu mais promissor discípulo, devido às tendências de Jung de levar a religião a sério. Então, por que a teoria fundada por Freud, a psicanálise, é ridicularizada por um materialista ganhador do Nobel, o físico Richard Feynman? Eis o que disse Feynman (1962):

> A psicanálise não é uma ciência: na melhor hipótese, é um processo médico, e talvez seja até uma feitiçaria. Tem uma teoria sobre aquilo que causa doenças – um monte de 'espíritos' diferentes etc.

Portanto, Feynman parece dizer que a psicanálise tem um monte de conceitos, como o inconsciente, que lembram os "espíritos" do xamã. Os materialistas não gostam do inconsciente porque, dentro do materialismo, é quase impossível distinguir entre consciente e inconsciente. Em 1962, quando Feynman escreveu esses comentários, disse ainda mais: "A psicanálise não foi conferida cuidadosamente por experiências". Agora, porém, o inconsciente, a ideia mais importante da psicanálise, foi plenamente confirmado sob vários ângulos diferentes. E isto abriu outra questão impossível para os materialistas.

Assim, será que a hipótese de Deus e da causação descendente pode nos ajudar a diferenciar inconsciente e consciente? Pode apostar que sim.

Mensuração quântica no cérebro e a diferença entre inconsciente e consciente

Como percebemos um estímulo que envolve sua medida? Como o medimos? O ponto decisivo aqui é perceber que, em todo evento de percepção e sua mensuração quântica, não apenas medimos o objeto que percebemos, mas também o estado de nosso próprio cérebro. Antes de medirmos, o objeto é uma onda de possibilidade, mas o estímulo que o cérebro recebe de um objeto de possibilidade é um estímulo em possibilidade. E, ao receber este estímulo, o cérebro também se torna uma onda de possibilidade, um feixe de possíveis estados cerebrais. Quando escolhemos o estado que manifesta o objeto que estamos observando, precisamos escolher também entre os possíveis estados cerebrais.

Enfrente os fatos. Temos um paradoxo. O cérebro (e o objeto/estímulo) permanece como possibilidade até que se faça uma escolha entre seus possíveis estados. Mas, sem um cérebro, não podemos dizer que existe um observador, um eu/sujeito (embora na consciência unitária) que está fazendo a escolha. Esta é uma circularidade que chamaríamos *hierarquia entrelaçada*, um conceito que introduzi no capítulo anterior.

A hierarquia simples você já conhece: ocorre quando um nível de uma hierarquia controla de modo causal o outro. Observe a Figura 1.1: ela apresenta uma hierarquia simples. Para compreender uma *hierarquia entrelaçada*, examine o desenho de Escher, "Desenhando-se" (Figura 6.1). É uma hierarquia entrelaçada porque a mão esquerda desenha a mão direita, mas a mão direita desenha a mão esquerda. O controle causal oscila. (É uma versão da velha história sobre quem veio primeiro, o ovo ou a galinha.) O entrelaçamento pode ser visto claramente, e também solucionado "pulando para fora do sistema", "pensando fora da caixa", percebendo que nenhuma das mãos desenha a outra, e sim Escher desenha ambas. Não podemos ver a hierarquia entrelaçada se ficarmos dentro do sistema infinitamente oscilante. Em vez disso, ficamos presos e pensamos que estamos *separados do resto do mundo*. Deste modo, a hierarquia entrelaçada dá a impressão de ser autorreferente (Hofstadter, 1980).

Assim, a mensuração quântica envolvendo o cérebro é uma hierarquia entrelaçada. A recompensa é ganharmos a capacidade de autorreferência, a capacidade de nos vermos como um "*self*", que experimenta o mundo como algo isolado de nós. O problema é

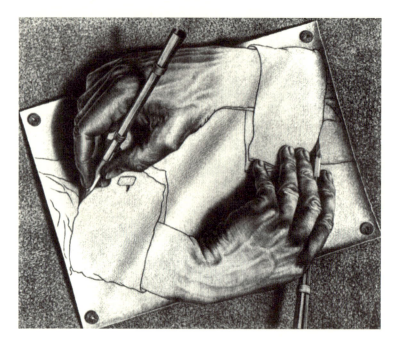

Figura 6.1. "Desenhando-se", de M. C. Escher. Exemplo de hierarquia entrelaçada.

que não percebemos que nossa separação é ilusória, proveniente de uma hierarquia entrelaçada na mensuração quântica, no colapso quântico.

A mensuração quântica no cérebro é especial por causa desta hierarquia entrelaçada, que envolve a passagem do micro para o macro no processamento neurofisiológico de um estímulo externo que leva à percepção.

Os neurofisiologistas tentam em vão decifrar os estágios nos quais um estímulo é processado. Veja o estímulo óptico, por exemplo. Um fóton do objeto chega até a retina de um olho, depois percorre um nervo na forma de estímulo elétrico até um centro cerebral etc. Os neurofisiologistas conseguem fazer essa análise durante algum tempo; mas, depois, tudo fica confuso. O cérebro é complexo demais.

Podemos, no entanto, perceber aquilo que está envolvido na etapa final. Para que ocorra uma mensuração quântica no cérebro, deve existir uma série de aparatos que processam e amplificam o estímulo, levando-o da escala microscópica para a macroscópica. Em algum ponto dessa passagem, do nível micro para o nível macro, a hierarquia entrelaçada é criada porque há um *loop* de *feedback* infinito que é impossível de ser decifrado ou dividido em etapas. Não podemos acompanhar as etapas de maneira lógica, mas podemos mostrar o resultado final – a autorreferência, como se vê na Figura 6.2. Finalmente, o que percebemos é o objeto que enviou o estímulo; porém, não percebemos o estado cerebral, a representação cerebral do objeto; a consciência unitária se identifica com o estado cerebral memorizado, que resultou do colapso, e se experimenta como o sujeito do objeto cujo colapso causou.

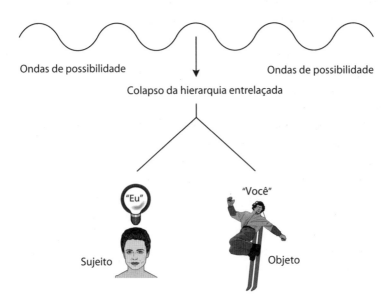

Figura 6.2. A mensuração quântica em hierarquia entrelaçada de um objeto/estímulo no cérebro produz não apenas a experiência do objeto, mas também a experiência do sujeito em nossa consciência.

Sempre que houver a hierarquia entrelaçada em uma situação de mensuração quântica, há autorreferência: o sujeito que percebe (sente) e o objeto que é percebido (sentido) surgem co-dependentemente.

Assim, qual a diferença entre inconsciente e consciente? Inconsciente: existe processamento, mas não colapso. Objetos de possibilidade interagem com outros objetos de possibilidade no inconsciente, expandindo as possibilidades. Há consciência e processamento, mas não percepção-consciente. A isso damos o nome processamento inconsciente, ou seja, processamento sem colapso, sem percepção-consciente sujeito-objeto. E ainda há o consciente, quando existe o colapso e a percepção-consciente da divisão sujeito-objeto.

Podemos fazer essencialmente análise similar para um objeto mental de significado. Percebemos que o objeto mental não pode causar seu próprio colapso, que não existe divisão micro-macro na arena da mente, não há aparato de mensuração da hierarquia entrelaçada. No entanto, o significado mental pode se correlacionar com um objeto físico. Quando o objeto físico entra em colapso, o mesmo acontece com o significado mental correlacionado. Deste modo, a memória cerebral, que resulta de um evento de colapso específico, é não apenas uma lembrança do objeto físico, como também, por associação, do significado mental, uma vez que a evocação da lembrança irá, ao mesmo tempo, evocar o significado mental correlacionado. Podemos dizer que o cérebro fez uma representação do significado mental.

Mas, vamos voltar a Freud e seu conceito de inconsciente. Freud criou um pouco de confusão com sua linguagem. Aquilo que ele chamava "inconsciente", deveria ter chamado "não consciente". Quando aceitamos que a consciência é primária, também percebemos que a consciência está sempre presente. Ela é a base de toda existência, e, sendo assim, para onde ela iria se existe um inconsciente?

O conceito freudiano de inconsciente é, na verdade, muito mais estreito do que a física quântica indica. A consciência quântica, que causa o colapso de um estímulo original de um objeto – mental e/ou físico –, é experimentada em sua glória plena, criativa e incondicionada. O processamento inconsciente, que precede o colapso, também é irrestrito, ilimitado por condicionamentos. Tudo isso mais se parece com o conceito de inconsciente coletivo que Jung introduziu na psicologia. (Este conceito, que depois Jung chamou *psique objetiva*, é o conjunto de modos típicos de sentimento, pensamento, expressão e memória que parecem inatos ao ser humano.) Em contraste, aquilo que Freud chamava originalmente inconsciente pode ser chamado como nosso *inconsciente pessoal*.

Vamos ver com mais clareza a diferença. As memórias se acumulam no cérebro quando experimentamos e aprendemos nossos estímulos. Cada vez mais, como nosso inconsciente processa nossa memória, a tendência é processarmos cada estímulo segundo aquilo que lembramos de nossas experiências anteriores de estímulo. Em pouco tempo, desenvolvemos um padrão de hábitos no modo como usamos a mente para dar significado às nossas experiências, um padrão que chamamos *caráter*. Este caráter, somado ao acúmulo de nossas lembranças e histórico, é a versão da física quântica para aquilo que os psicólogos chamam *self pessoal*, ou *ego*. O ego também subverte a hierarquia entrelaçada das experiências primárias em uma hierarquia simples (um nível controla de modo causal o outro), na qual o ego escolhe entre seus "programas" aprendidos.

Agora, vamos falar do conceito freudiano do inconsciente pessoal. Algumas de nossas experiências são traumáticas, a ponto de relutarmos muito para experimentá-las novamente. Contudo, são obtidas por nossa memória, assim como toda nossa experiência. Neste sentido, desenvolvemos uma resistência enorme contra a recuperação daquela lembrança. Mesmo no ego condicionado, mantemos o poder da intenção, o poder de dizer não para o colapso de uma possibilidade. Deste modo, conseguimos recusar as possibilidades que queremos evitar experimentar. Infelizmente, o processamento inconsciente daquilo que suprimimos prossegue, mas sem nosso controle. Com isso, a lembrança reprimida afeta o processamento geral de novas possibilidades, produzindo às vezes reações que causam o que chamamos comportamento desviante, irracional ou neurótico, mentalmente doentio. A descrição de Freud era mais simples, mas bastante objetiva: o id inconsciente atua como uma força que faz com que nos comportemos de maneira que não podemos explicar por meio de uma análise consciente de nosso comportamento. Nosso comportamento tornou-se irracional.

No pensamento materialista, tudo está no jogo das forças da causação ascendente. Não há espaço para a força de um id inconsciente, que causaria o caos no mundo da psicologia comportamental, a psicologia do comportamento condicionado. Desta forma, a análise de Freud é um anátema, a psicologia vudu para o materialista.

E, apesar de Freud ter sido ateu, a psicologia que ele criou, a psicologia do inconsciente, hoje chamada psicologia profunda, nos oferece evidências incontrovertidas da causação descendente ou de seu agente, Deus. O poder causal do id inconsciente origina-se do poder divino da causação descendente que preservamos, embora em sentido limitado, mesmo em nosso ego condicionado.

O inconsciente coletivo

Embora a descoberta do inconsciente pessoal, por parte de Freud, tenha identificado um filete do poder potencial da causação descendente, na conceituação junguiana do inconsciente coletivo esse riacho tornou-se um rio poderoso. O inconsciente coletivo preserva nossa memória coletiva não local, segundo Jung. Seus movimentos, dos quais não temos consciência, irrompem em nossa percepção-consciente na forma de experiências arquetípicas na criatividade e em "grandes" sonhos. (Jung usou o termo "grande sonho" para se referir a um sonho de importância universal, que é importante devido à universalidade de suas imagens arquetípicas.) Eles também precipitam eventos de sincronicidade, nos quais os arquétipos do inconsciente coletivo mostram sua natureza "psicóide": o fato de que afetam causalmente tanto eventos na psique quanto eventos fora da psique, na própria realidade física.

O conceito de sincronicidade implica nada menos do que o poder de causação descendente da consciência (Deus) mediando entre matéria e psique. Não é à toa que quando alguém perguntou uma vez a Carl Jung: "O que você acha de Deus?", ele respondeu: "Eu não acho. Eu sei". E Jung também disse: "Mais cedo ou mais tarde, a física nuclear [leia-se quântica] e a psicologia do inconsciente se aproximarão, quando ambas, independentemente uma da outra e desde direções opostas, adentrarem um território transcendente, aquela com o conceito do átomo, esta com o do arquétipo" (*Aion*, 1951).

Faz-se necessário um pequeno esclarecimento sobre a terminologia. Aquilo que Jung chamou *inconsciente coletivo* é aquilo que podemos identificar como *consciência não manifestada*, a maior parte da qual pertence ao domínio supramental. Os arquétipos junguianos são as representações mentais dos arquétipos platônicos (formas ou ideias supramentais, segundo as quais todas as coisas são construídas, e compreendidas, por *insight*, como numa recordação, e não por percepções sensoriais) que definem o movimento no domínio supramental. Desde tempos pré-históricos, os seres humanos intuíram esses arquétipos e os rotularam; são os deuses e deusas de nossas mitologias.

Enquanto a visão freudiana da causação descendente é míope, lidando apenas com a patologia, a visão de Jung é de longo alcance: trata do potencial humano que, segundo Jung, serve "para tornar consciente o inconsciente", para tornar manifesto o não manifesto. Para Jung, o potencial humano culminará quando tivermos representado e integrado todos os arquétipos de nosso inconsciente e efetivado nosso *Self*. Então, estaremos "individuados".

A nova ciência concorda com Jung e, assim, esboça um caminho evolutivo para os humanos que anseiam pela individuação.

Evidências diretas do processamento inconsciente

Atualmente, percebemos muitas evidências diretas do inconsciente e do processamento inconsciente. O primeiro desses dados consiste em um fenômeno notável chamado *visão cega* (Humphrey, 1972). Há pessoas que têm cegueira cortical (perderam a visão por causa de alguma anormalidade do córtex visual do cérebro), mas que processam a visão em seu rombencéfalo ou encéfalo posterior, algo inconsciente por completo. (O rombencéfalo é, basicamente, uma continuação da espinha dorsal; recebe mensagens em primeira mão e controla as funções do sistema nervoso autônomo, como respiração, pressão sanguínea e batimentos cardíacos.) Em outras palavras, uma pessoa com visão cega pode "ver" por meio do rombencéfalo (inconscientemente) e se comportar de acordo com essa "visão", mas como não enxerga com o córtex visual (conscientemente), diz que não viu nada. Em um experimento típico, pediu-se a essas pessoas, aparentemente cegas, que caminhassem em uma linha reta que continha um obstáculo. Os dados demonstram que essas pessoas sempre contornavam os obstáculos, mas quando os realizadores da experiência perguntavam o motivo pelo qual se desviavam da linha reta, ficavam intrigados. Diziam: "Eu não sei". É claro que estavam processando ou "vendo" os obstáculos inconscientemente, mas sem estarem conscientes disso.

Assim como o processamento do romboencéfalo, o processamento pelo hemisfério cerebral direito também é inteiramente inconsciente. Foram realizados experimentos com pacientes com cérebros divididos, ou seja, com hemisférios esquerdo e direito desconectados cirurgicamente (ou seja, o elo principal, o *corpus callosum*, havia sido cortado), exceto pelas conexões cruzadas nos centros do rombencéfalo, relacionados com o processamento de emoções e sentimentos. Em um experimento, o organizador projetou as imagens de um modelo masculino nu no hemisfério cerebral direito de uma mulher, em meio a uma sequência de padrões geométricos. A mulher corou, mas quando lhe perguntaram a razão, não soube explicar. A observação da imagem do nu masculino e o sentimento de vergonha por vê-la devem ter sido processadas inconscientemente.

Os melhores dados disponíveis sobre processamento inconsciente, na opinião deste autor, estão associados a experiências de quase morte. Algumas pessoas, após uma parada cardíaca, morrem clinicamente (segundo indica a leitura plana em um EEG), mas são revividas um pouco depois devido às maravilhas da medicina moderna (Sabom, 1981). Alguns desses sobreviventes dizem que viram suas próprias cirurgias, como se estivessem flutuando sobre a mesa de operações. Conseguiram fornecer detalhes específicos e extraordinários de suas operações, o que não deixa dúvidas de que disseram a verdade, por mais difícil que seja racionalizar sua visão autoscópica durante a experiência de quase morte. Na verdade, eles não estão "vendo" com seus olhos locais, com sinais – isso está claro – e até os cegos falam dessa visão autoscópica durante um coma de quase morte (Ring & Cooper, 1995). Esses pacientes estão "vendo" com sua habilidade não local de visão remota, usando os olhos de outras pessoas envolvidas com a cirurgia: médicos, enfermeiros etc. (Goswami, 1993). Mas esta é apenas metade da surpresa que os dados revelam.

Tente compreender como eles conseguem "ver", mesmo não localmente, enquanto estão "mortos", inconscientes e incapazes de causar o colapso de ondas de possibilidade. Por meio do processamento inconsciente, é claro, como as pessoas que têm visão cega, só que, diferentemente destas, os sobreviventes de experiências de quase morte têm lembranças daquilo que foi processado durante o período de inconsciência (Van Lommel *et al.*, 2001). Uma cadeia de possibilidades que não entraram em colapso pode fazê-lo retroativamente no tempo, o que já foi comprovado em laboratório por meio do experimento da escolha retardada (ver Capítulo 7). Para o sobrevivente da quase morte, o colapso "retardado" ocorre no momento da volta das funções cerebrais, como se vê no EEG que causa um monte de colapsos retroativos no tempo.

Os dados de quase morte podem ser os mais impressionantes; porém, a evidência mais importante do processamento inconsciente ocorre no fenômeno da criatividade.

Processamento inconsciente no processo criativo

Já falamos anteriormente do salto quântico descontínuo da criatividade. É importante perceber que a descontinuidade da criatividade não é um evento isolado. Se fosse, um estudo científico a seu respeito seria relativamente infrutífero em virtude de uma total falta de controle. Felizmente, não é este o caso.

Agora, está bastante claro que o processo criativo consiste de quatro estágios diferentes (Wallas, 1926): preparação, processamento inconsciente, *insight* e manifestação. O primeiro e o último são óbvios: a preparação consiste em arranjos e familiarização com aquilo que já é conhecido, e a manifestação é o aproveitamento da nova ideia, obtida por *insight*, no desenvolvimento de um produto. Esses estágios transcorrem de maneira mais ou menos contínua, e com muito controle; mas os dois processos intermediários são mais misteriosos. São análogos aos dois estágios da dinâmica quântica – o espalhamento da onda de possibilidade e o colapso descontínuo.

Como já disse, o processamento inconsciente é o processamento ao longo do qual nos mantemos perceptivos, mas não conscientes. Na criatividade, o processamento inconsciente é responsável pela proliferação da ambiguidade no pensamento. É o equivalente ao espalhamento da onda de possibilidade quântica entre mensurações. O *insight* criativo, naturalmente, é repentino e descontínuo. Como já abordei no Capítulo 5, o *insight* criativo é análogo ao salto quântico do elétron de uma órbita para outra, sem passar pelo espaço entre órbitas. *Insight* é um salto quântico descontínuo do pensamento, sem que este percorra as etapas intermediárias. O processamento inconsciente produz diversas possibilidades; o *insight* é o colapso de uma *gestalt* dessas possibilidades (uma nova) em experiência manifestada. (Irei falar mais sobre isto no Capítulo 17.)

Deste modo, o processo criativo é uma mistura inegável de continuidade e descontinuidade. Não podemos controlar a descontinuidade, mas podemos controlar a continuidade, o que torna a criatividade um fenômeno cientificamente detectável.

Os parâmetros da nova ciência

Quero fazer uma observação importante. Todo novo paradigma da ciência produz algumas modificações dos antigos padrões de mensuração. Bem antes da física lidar com o estudo de objetos submicroscópicos, o padrão de observação era estritamente o "ver para crer", "mostre-me". Porém, os objetos submicroscópicos, como um elétron, não podem ser vistos como antes, a olho nu. Assim, tivemos de modificar aquilo que constitui uma observação para incluir a visão por meio de aparatos amplificadores. Depois vieram os quarks, que não existem à luz do dia, apenas em confinamento. Agora, nosso conceito de visão na física ficou ainda mais flexível e inclui a visão de efeitos indiretos de objetos quânticos.

Na criatividade, o criador (aquele que escolhe o *insight*) é a consciência quântica objetiva. No entanto, a representação mental do *insight* é feita no ego subjetivo, e por este meio entra a subjetividade. Será que isso significa que não podemos estudar *insights* criativos de forma científica? Não, mas não podemos aplicar o critério de objetividade forte – que os eventos precisam ser independentes dos observadores ou independentes dos sujeitos. Em vez disso, precisamos utilizar a objetividade fraca – os eventos teriam de ser invariáveis com o observador, mais ou menos semelhantes para diferentes sujeitos, independentemente de um sujeito específico. Como observou o físico Bernard D'Espagnat (1983), a física quântica já impõe sobre nós a objetividade fraca. E mesmo experiências em psicologia cognitiva/behaviorista não podem manter uma regra fixa da objetividade forte.

Anteriormente, encontramos mais uma quebra de protocolo da nova ciência. Na velha ciência, exigimos total controle e total poder de previsão. Na nova ciência, nos satisfazemos com um controle parcial, e, portanto, com um poder limitado de previsão. Porém, apesar desses novos protocolos, a ciência pode nos orientar de maneira adequada, e essa orientação é o valor singular da ciência.

capítulo 7

como deus cria o universo e a vida que há nele

Quem já não ouviu falar do Big Bang, o explosivo começo de nosso universo, segundo a cosmologia moderna? Há ótimas evidências empíricas desse começo explosivo, há uns 15 bilhões de anos, na forma de um remanescente "fóssil", uma radiação de fundo em microondas que permeia o universo. Além disso, o Big Bang se encaixa satisfatoriamente com o fato de que nosso universo está em expansão, um fato que a teoria da relatividade geral de Einstein previu e o astrônomo Edwin Hubble observou.

Quando tentamos incorporar o Big Bang à estrutura teórica que Einstein nos apresentou para a estrutura em grande escala do universo – a relatividade geral, na qual a gravidade é vista como a curvatura do espaço-tempo –, ele parece ser um evento singular. Isso, na década de 1960, desencadeou uma reação imediata de teólogos e astrônomos: em sua singularidade, o Big Bang deve ser uma assinatura do divino, da criação divina. Mas a coisa não é tão simples assim.

Cosmologia quântica

Pensar na origem do universo como um evento da criação não satisfaz inteiramente. Conta-se uma história sobre Santo Agostinho, que costumava dar sermões sobre Deus criando o céu, a terra e todas as coisas. Um dia, após o sermão, um dos clérigos da Igreja o provocou: "Agostinho, você sempre diz que Deus criou o céu e a terra. Então, diga-me uma coisa: O que Deus estava fazendo antes de criar o céu e a terra?" Dizem que, embora Agostinho tenha ficado espantado durante alguns instantes, logo se recuperou e respondeu: "Ele estava criando o inferno para aqueles que fazem essas perguntas".

A verdade é que, sem um início singular, podemos sempre perguntar: "O que existia antes da singularidade?" Além disso, a singularidade não é um aspecto em particular desejável da teoria da relatividade geral. É que, quando se trata da singularidade, as quantidades envolvidas na teoria, como, por exemplo, a densidade energética do universo, tendem a atingir valores infinitamente grandes, o que significa que a validade da própria teoria pode ser questionável sob estas circunstâncias.

Alguns cosmólogos trataram da questão daquilo que existiria antes da criação do universo em um Big Bang, e suas ideias levaram a muitos conceitos elegantes, como a inflação cósmica. Entre todas as ideias propostas, destaca-se a do físico Stephen Hawking (1990). É a ideia de que, no início, o cosmos devia consistir de possibilidades quânticas. O universo deve ter sido uma superposição de muitos "universos-bebês" em possibilidade.

A motivação de Hawking para essa cosmologia quântica era evitar o início singular no tempo. Não houve início, e sim apenas possibilidades. Mas, agora, precisamos perguntar: "Como a superposição de possibilidades se transformou no universo manifestado em que nos encontramos?"

E, então, surge um paradoxo quando pensamos em um universo de possibilidades e como essas possibilidades podem sofrer um colapso e podem se transformar em um evento manifestado, o universo manifesto. Sabemos que, para causar o colapso das possibilidades quânticas, é necessário a atuação da consciência quântica na forma de um observador senciente. É difícil, para não dizer impossível, imaginar que havia observadores conscientes durante os quentes dias iniciais do universo! Sendo assim, como ficamos?

Será que o universo está aqui por nossa causa, quando nós nem mesmo estávamos presentes para saudá-lo por ocasião de sua criação no Big Bang? Será que estamos colocando o carro na frente dos bois? Será que foi o contrário? Será que estamos aqui por causa do universo?

Acaso e necessidade? Ou estamos aqui por causa do universo?

Muitos materialistas pensam que estamos aqui absolutamente por acaso, devido a algum acidente cósmico. No raciocínio materialista, não existe significado em parte alguma do universo, e isso nos inclui. "Quanto mais o universo parece compreensível, mais parece sem sentido", disse Steven Weinberg (1993), físico ganhador do prêmio Nobel.

Eis o modelo materialista da forma como o universo evoluiu. Aproximadamente 1 bilhão de anos após o Big Bang, flutuações estatísticas fizeram com que as galáxias se condensassem. Porém, as galáxias também evoluíram, passando da nuvem esférica de gases inicial para uma forma de disco, às vezes com braços espiralados. Depois, as estrelas começaram a se condensar, mas essas estrelas da primeira geração não tinham todos os elementos necessários para criar a vida da forma como a conhecemos. Em poucos bilhões de anos, essas estrelas da primeira geração tornaram-se supernovas, uma explosão que levou a elementos mais pesados. Agora, condensaram-se as estrelas da segunda geração, a partir dos detritos das supernovas, bem como os planetas. Alguns desses planetas (entre os quais a Terra) têm tanto um núcleo sólido quanto uma atmosfera apropriada, exatamente o que precisamos para a evolução da vida.

O jogo do acaso continua, afirma o materialista. Flutuações estatísticas e a dinâmica de energia da atmosfera, trabalhando completamente ao acaso, fizeram os aminoácidos (os elementos formadores das proteínas) e/ou moléculas dos nucleotídeos (elementos constitutivos do DNA e de outras moléculas de ácido nucléico). Como você sabe, proteínas e o DNA são moléculas "vivas", por assim dizer; são os principais ingredientes de uma célula viva e possuem a tendência para sobreviver, mantendo sua forma. Agora, segundo o cenário dos biólogos materialistas, surge um novo ingrediente: a necessidade de sobrevivência. Se a princípio havia apenas o acaso movendo a evolução da vida em um planeta como a Terra, agora há o acaso e a necessidade, como na teoria de Darwin. O resto é história.

De início, este quadro foi apoiado pelo famoso experimento Urey-Miller de 1953, no qual Stanley L. Miller e Harold C. Urey simularam as condições presentes na Terra primitiva e testaram a possibilidade de evolução química. A experiência demonstrou que moléculas de aminoácidos podem se formar espontaneamente em uma solução aquosa dos átomos básicos (carbono, hidrogênio, nitrogênio e oxigênio) se a energética da atmosfera terrestre primitiva for corretamente simulada. Mais tarde, o biólogo Sol Spiegelman demonstrou em laboratório que macromoléculas "vivas", como, por exemplo, o RNA (ácido ribonucléico) tendem a preservar sua forma em meio a reações químicas, enquanto moléculas comuns não possuem essa tendência.

Mas ainda havia problemas. A enorme lacuna de produção entre o aminoácido inicial e as macromoléculas "vivas" de proteínas nunca foi preenchida. E, de modo simples, cálculos teóricos desafiam a ideia de que o acaso possa formar uma macromolécula como a de uma proteína, a partir de seus ingredientes básicos – os aminoácidos; a probabilidade é tão pequena que levaria mais tempo do que a duração do universo para essa formação ocorrer (Shapiro, 1986). Além disso, as probabilidades não melhoram muito, mesmo quando incluímos a necessidade de sobrevivência na equação.

Se a evolução não se deu por acaso ou necessidade, terá sido o desígnio? Será que o universo tem propósito, que foi formado de modo a causar inevitavelmente a possibilidade das sensações? Hoje, por incrível que pareça, muitos astrônomos e astrofísicos propõem essa ideia. É o chamado *princípio antrópico*.

O princípio antrópico

Em sua frágil versão (Barrow & Tipler, 1986), o princípio antrópico declara que os valores observados de todas as quantidades físicas e cosmológicas não são igualmente prováveis. Em vez disso, assumem valores restritos pela exigência de que existam pontos onde a vida baseada no carbono possa se desenvolver, e pela exigência de que o universo seja antigo o suficiente para que isto já tenha acontecido.

A versão frágil do princípio antrópico é ainda mais enfática, pois implica uma relação entre o universo e a vida que existe nele. Diz (Barrow & Tipler, 1986):

O universo deve ter essas propriedades que permitem que a vida se desenvolva nele em algum estágio de sua história.

O princípio antrópico seria simples filosofia? Não, há muitas evidências por trás dele. Ele explica muitas coincidências estranhas. Apresento dois exemplos.

Você sabe que o universo se expande com o tempo. Se a força de gravidade fosse um pouquinho mais forte, a expansão se transformaria rapidamente em colapso, de modo que nunca haveria tempo suficiente para que a vida se desenvolvesse. Se a gravidade fosse um pouco mais fraca, o universo continuaria a se expandir, mas não haveria galáxias, estrelas ou planetas para tornar o ambiente adequado para a vida. E mais: se a força elétrica entre os elétrons fosse um pouco diferente, a vida, como a conhecemos, seria impossível.

Exemplos como esses, de ajuste fino do universo, podem preencher páginas. O meu favorito fala da física do núcleo atômico – como três núcleos de átomos de hélio se fundem para formar um único núcleo de carbono, o importantíssimo elemento da vida baseada no carbono. O conhecimento convencional das reações de fusão nuclear nos ensina que a probabilidade dessa reação ocorrer deve ter sido muito pequena; na verdade, pequena demais para ser eficiente e gerar a quantidade de carbono que existe no universo. Mas sabe de uma coisa? A sabedoria comum se engana. A frequência com que os três núcleos de hélio vibram ao se juntar se ajusta exatamente a uma das frequências naturais de vibração do núcleo de carbono. O efeito desse ajuste de frequência é chamado *ressonância*, e produz uma enorme amplificação do processo de reação, assim como os soldados que marcham em uníssono em uma ponte podem destruí-la.

Como é que os três núcleos de hélio saberiam dançar uma das poucas peças do repertório selecionado de danças que seis prótons e seis nêutrons do núcleo de carbono sabem dançar? Isso apenas seria possível se houvesse um desenhista que criasse os dois grupos e as leis de toda a física nuclear para que essa ressonância acontecesse.

O princípio antrópico, tanto na versão frágil como na visão forte, sugere de maneira decidida que o universo tem propósito e foi projetado por um desenhista com o objetivo de criar a vida. A vida está aqui, e nós, por implicação, estamos aqui por causa do universo. Mas um experimento da física quântica sugere, com igual intensidade, que o universo está aqui por nossa causa, os observadores (a seguir).

Permita-me acrescentar mais uma ideia e alguns comentários sobre ela. A resposta materialista ao princípio antrópico é a *teoria do multiverso*, que especula que nosso universo não seria único, mas um entre muitos outros. A ideia é que, se existem muitos universos, deve também existir boas chances de que um deles tenha as condições ideais para a produção da vida. Entretanto, este argumento não é sólido, por dois motivos.

Primeiro, é apenas uma teoria: até os cosmólogos admitem que é uma teoria muito especulativa. Vamos aguardar alguma confirmação. Não é preciso dizer que até agora ninguém sabe sequer como comprovar a existência de outros universos!

Segundo, o argumento apresentado por teóricos sérios do desígnio inteligente (Behe, 1996) diz que a vida tem uma "complexidade irredutível", o que torna impossível criar a vida a partir da matéria apenas por conta do acaso. Usando a física quântica, tornei este argumento à prova de erros, como você verá.

O experimento da escolha retardada

O físico John Wheeler sugeriu um experimento para demonstrar que a escolha consciente é fundamental na formação da realidade manifesta. É chamado experimento da escolha retardada e foi devidamente comprovado em laboratório (Helmuth *et al.*, 1986).

No experimento da escolha retardada, dividimos um feixe de luz em dois – um feixe *refletido* e um *transmitido* – de igual intensidade, usando um espelho semi-revestido M_1 (Figura 7.1). (O espelho semi-revestido, também conhecido como divisor de feixe, reflete 50% da luz e permite a passagem de 50% da luz.) Depois, os dois feixes de luz são reunidos novamente em um ponto de cruzamento P, utilizando-se dois espelhos comuns, como mostra a Figura 7.1.

Se colocarmos detectores além do ponto de cruzamento, como mostrado no canto inferior esquerdo da figura, cada detector irá detectar um fóton (*quantum* de luz) 50% do tempo. Cada evento de detecção define um caminho localizado do fóton detectado. O fóton mostra seu aspecto *partícula*, pois seu caminho foi determinado pela disposição da experiência.

Mas, suponha que possamos colocar um segundo espelho semi-revestido M_2 na posição P no canto inferior direito. O que irá acontecer? Dividindo cada um dos dois feixes novamente em um feixe refletido e outro transmitido de igual intensidade, *o segundo espelho semi-revestido força não um, mas dois feixes, a operar em cada lado de P*. Agora, dois feixes operam juntos e interferem um com o outro, como ondas; assim, você tem a oportunidade de comprovar a natureza *ondulatória* dos fótons. Sem dúvida, podemos dispor os detectores de maneira que *as duas ondas interfiram construtivamente no ponto detector de um lado* (A). Nesse ponto, certamente, o detector será ativado. Mas, no outro ponto de detecção, do outro lado de P, as duas ondas acabam se destruindo,

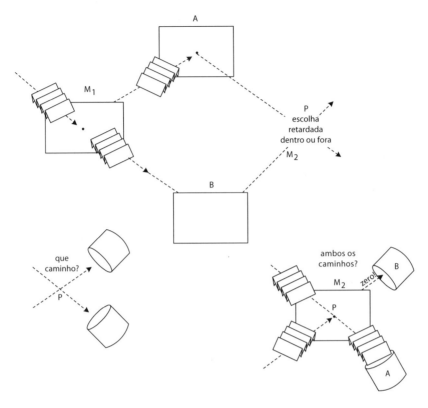

Figura 7.1. Experimento da escolha retardada.

pois saem juntas de fase (B). Aqui, o detector não recebe nada, e nunca é ativado! Como é possível? Para compreender o experimento, devemos nos garantir de que os fótons não estão mais percorrendo caminhos localizados como antes; agora, *estão percorrendo os dois caminhos até serem detectados, em possibilidade, como ondas de possibilidade.*

O que você testemunhou é um experimento que demonstra que a luz é (e que, com efeito, todos os objetos quânticos são) tanto onda quanto partícula. Como onda, todo objeto quântico é uma onda transcendente de possibilidade; como partícula, é um evento imanente da experiência manifestada.

Mas, vamos introduzir outra variante à experiência. A luz leva um lapso de tempo de alguns nanossegundos (um nanossegundo é um bilionésimo de segundo) para ir de M_1 a M_2. Suponha que iremos inserir o segundo espelho semi-revestido em P, dentro do lapso de tempo indicado anteriormente, após a luz já ter se dividido no primeiro espelho. O que irá acontecer? Se você pensa que os fótons já terão começado a percorrer o caminho designado e que irão continuar exibindo sua natureza de partícula, pense mais uma vez. Os fótons respondem até mesmo à nossa escolha "retardada" de inserir um segundo espelho semi-revestido em P e se comportam como ondas, viajando pelos dois caminhos.

No entanto, e se estivéssemos no *meio do experimento de detecção de onda e os dois espelhos* M_1 *e* M_2 já estivessem em suas posições, e fizéssemos a escolha retardada de remover o espelho em P no último nanossegundo, o que aconteceria? Mais uma vez, os fótons responderiam até a nossa escolha retardada e *percorreriam um dos dois caminhos*.

Peço desculpas, mas, aqui, não há paradoxo algum. Você precisa educar sua mente para que ela registre que a luz é uma onda de possibilidade até ser observada! O caminho do objeto permanece uma possibilidade até nossa observação manifestá-lo *retroativamente*. Sim, recuando no tempo.

Talvez você já tenha escutado a história dos três juízes de beisebol que estão comparando o modo como conduzem o jogo, com a intenção de provar sua capacidade. O primeiro juiz diz: "Decido o lance tal como foi", como diria um cientista newtoniano. O segundo é um pouco menos egoísta; talvez holista: "Decido o lance tal como o vi", diz ele. Mas o terceiro é um juiz quântico de carteirinha. Ele diz: "Não houve lance enquanto eu não disser que houve um lance".

O mesmo acontece com o universo. Não há nada, não há universo manifesto, apenas possibilidades, até causarmos o colapso: até um ser senciente aparecer como possibilidade em uma de suas possíveis ramificações e observar segundo uma hierarquia entrelaçada. Aí, sim, há o universo manifesto.

O experimento da escolha retardada no mundo macro

Muitos cientistas ficam extremamente impressionados com o experimento da escolha retardada, e isso ajudou a mudar sua atitude para com o efeito do observador e a importância do princípio antrópico. Porém, ainda há alguns teimosos que relutam em aceitar a mensagem da experiência porque ela se aplica ao mundo micro. "Vamos acreditar no potencial do observador quando você demonstrar a escolha retardada no mundo macro em que vivemos. Não antes disso". O experimento da escolha retardada no mundo macro foi realizado, e com sucesso, pelo físico e parapsicólogo Helmut Schmidt e seus colaboradores (1993).

De modo original, Schmidt esteve pesquisando durante muitos anos a psicocinese, a movimentação da matéria com a intenção consciente, com relativo sucesso. Alguns desses experimentos envolviam os geradores de números aleatórios, já mencionados, que geram sequências aleatórias de zeros e uns, usando elementos radioativos.

Sua experiência de 1993 é revolucionária, pois, com tremenda engenhosidade, Schmidt conseguiu combinar seus experimentos de psicocinese com geradores de números aleatórios e a ideia do experimento da escolha retardada. Nesse experimento, a desintegração radioativa foi detectada por contadores eletrônicos, resultando na geração computadorizada de sequências de números aleatórios gravadas em disquetes. Tudo foi realizado longe do olhar humano, meses antes da ocasião em que os paranormais entraram em cena. O computador imprimiu os resultados e, com o máximo cuidado para que ninguém o visse, o impresso foi selado e enviado para um observador independente, que manteve os selos intactos.

Passados alguns meses, o pesquisador independente instruiu os paranormais para que tentassem influenciar os números aleatórios gerados em uma direção específica, para produzir mais uns ou mais zeros. Os paranormais começaram suas tentativas de influenciar a sequência aleatória de números na direção proposta pelo observador independente. Apenas depois disso é que o observador independente abriu o envelope selado para conferir o impresso e ver se havia um desvio na direção instruída.

Foi encontrado um desvio estatisticamente significativo. De algum modo, os paranormais conseguiram influenciar até mesmo um impresso macroscópico de dados que, segundo a sabedoria convencional, fora produzido meses antes. A conclusão é inevitável. Não "existe" nada até um observador ver algo, e todas as coisas permanecem como possibilidades, até coisas macroscópicas, enquanto a consciência não escolher uma entre essas possibilidades e ocorrer um evento de colapso. Neste momento, tudo se manifesta, até mesmo de forma retroativa.

De volta à hierarquia entrelaçada do colapso quântico

A lição do experimento da escolha retardada é profunda. O problema da mensuração da cosmologia quântica – como o universo, visto como uma onda de possibilidade, pode se manifestar, pois obviamente o ambiente inóspito de um evento de criação como o Big Bang exclui todos os observadores? – pode ser resolvido agora. O universo é uma onda de possibilidade, uma superposição de universos, e permanece assim até que se desenvolva a sensibilidade humana em uma de suas possíveis ramificações. Quando o primeiro ser senciente desenvolvido é capaz de observar, o universo se manifesta retroativamente, voltando no tempo a partir do momento do colapso.

Assim, é fato que estamos aqui por causa do universo e de seu propósito, mas também é fato que o universo está aqui por nossa causa. Existe uma circularidade, uma ruptura da lógica, e isso é crucial. O colapso quântico causa tanto o colapso do observado quanto do observador. Em especial, este co-surgimento dependente decorre da circularidade da cadeia lógica (ver a seguir).

Há ainda uma questão importante: "O que constitui um observador?" Estamos acostumados a pensar em nós, seres humanos, como observadores. Será que o universo de possibilidades espera no limbo, enquanto o observador humano não entra em cena? Isto confirmaria a ideia bíblica de que Deus criou o universo imanente há aproximadamente 6 mil anos.

Contudo, isso entra em conflito com as evidências fósseis. Mas será que os fósseis não teriam sido criados retroativamente desde o tempo do colapso, há 6 mil anos, quando Adão (em sua consciência-Deus) olhou pela primeira vez? Infelizmente, para o aficionado pela *Bíblia*, isso também contradiz os dados fósseis. A manifestação retroativa dos fósseis explicaria apenas os da linhagem humana. Os fósseis contém muitas outras linhagens, outros reinos e filos além do reino animal e do filo cordado do qual os humanos fazem parte.

Espero que a lição combinada de cosmologia quântica, do princípio antrópico, do experimento da escolha retardada e dos dados fósseis tenha ficado clara. A vida, na forma da primeira célula viva, é o primeiro observador.

O que é a vida?

Os biólogos não têm uma definição objetiva da vida. Nos livros de referência, apresentam ao estudante uma longa lista de propriedades compartilhadas por sistemas vivos. A física quântica pode salvar os biólogos desse problema peculiar de não saberem definir o mais básico daquilo que estudam. Se dissermos, "um sistema vivo tem a capacidade de observação", termina o constrangimento do biólogo.

Na verdade, o biólogo chileno Humberto Maturana (1970) chegou muito perto de nos presentear com a definição de vida que acabei de dar. Ele caracterizou a vida como a capacidade de cognição. Pense um pouco e veja que conhecer exige um conhecedor, pensar exige um pensador, perceber exige quem perceba – novamente, o observador.

O observador e a circularidade

Veja! O papel do observador na mensuração quântica é claramente circular. O observador, o sujeito, escolhe o estado manifesto do(s) objeto(s) em colapso; mas sem os objetos colapsados manifestos, que incluem também o observador, não há experiência do sujeito. Esta lógica circular do co-surgimento dependente do sujeito e do objeto é chamada *hierarquia entrelaçada*.

Como já mencionado, a ideia de hierarquia entrelaçada e de como conduz à autorreferência ou à divisão sujeito-objeto foram explicadas pelo pesquisador de inteligência artificial Doug Hofstadter (1980).

Assim nos resta perguntar: e como surge a autorreferência na célula viva? Graças à mensuração quântica na hierarquia entrelaçada. Existe um aparato de mensuração quântica na célula viva? Sim – é o assunto do próximo capítulo.

capítulo 8

o desenho, o desenhista e as matrizes do desenho

O biólogo convencional está bloqueado e reage de uma única maneira a qualquer menção a desenho. Para ele, desenho suscita o espectro de um Deus criador à maneira do Livro do Gênesis da *Bíblia*. Deste modo, a conversa sobre desenho não é politicamente correta para um biólogo.

Mas não tema! A aplicação da física quântica à situação da origem da vida mostra prontamente que o modelo do Gênesis de Deus e da criação está incorreto: é muito simples e linear. No atual debate criacionismo-evolucionismo, até jornalistas sem credenciais científicas torturam os criacionistas perguntando: "Quem criou o criador?" Porém, a criação da vida e do universo por parte do Deus quântico é uma barbada: todo o universo material aguarda em possibilidade até a primeira vida ser intuída e o circuito de mensuração quântica autorreferente ficar pronto. (O físico John Wheeler deu a isso o nome de conclusão do "circuito de significado". É espantoso como Wheeler se aproxima das ideias exploradas aqui.) A circularidade causal nos livra para sempre da questão:"Quem criou o criador?".

Assim, aqui não existe o risco de sucumbirmos à parte literal das ideias bíblicas criacionistas. Desígnio inteligente, sim; evolucionismo, sim; criacionismo, não. E podemos relaxar.

Já falei do experimento Urey-Miller no capítulo anterior. Seu êxito na criação de aminoácidos, a partir de ingredientes atômicos básicos, inspirou muitos biólogos a gastar anos na vã esperança de manufaturar vida no laboratório. A ideia era produzir vida com reações químicas passo-a-passo, moléculas cada vez mais complexas, e eventualmente terminar em uma célula viva. Mas isso não aconteceu. E nunca acontecerá. Por isso, agora, os biólogos se contentam em teorizar como estes processos podem ter ocorrido; mas nenhuma dessas teorias é convincente e não existe consenso.

A situação muda, de maneira drástica, quando colocamos a causação descendente na equação da vida – a criatividade de Deus. A verdade é que para a criação quântica da vida Deus não precisa seguir esse processo de etapas concebidas por seres humanos. O cenário de etapas é uma concepção da mente newtoniana que não consegue enxergar além da continuidade. Deus é uma consciência quântica; Deus trabalha com a criatividade, para a qual a palavra-chave é *salto quântico descontínuo*. "Que haja vida", e a vida se fez.

Contudo, Deus, a consciência quântica, que redescobrimos, é válido até determinado ponto em nossa conceituação. Até os atos de Deus precisam seguir o processo criativo usual codificado pelos pesquisadores da criatividade. E até mesmo um Deus criador, a consciência quântica, precisa lidar com a questão da probabilidade: é fato que, como muitos biólogos mostraram, a criação da vida é um evento de probabilidade muito pequena. O modo de lidar com pequenas probabilidades, a julgar por nossas próprias experiências criativas, é ter a ajuda de uma espécie de matriz.

O desenhista precisa de uma matriz: campos morfogenéticos

Diz o Gênesis que Deus criou o homem (a mulher) à Sua própria imagem, o que significa que podemos extrapolar alguns poderes de Deus analisando nosso próprio poder. Quando o assunto é a criatividade, a coisa fica ainda mais fácil. Na criatividade, estamos usando o poder de Deus, que é nosso próprio agente criativo da causação descendente. E como é que *nós* criamos?

Pense em um arquiteto construindo uma casa. Tudo começa com uma ideia, uma primeira etapa. No segundo estágio, o arquiteto realiza um projeto da ideia, elabora uma planta. Depois é que ele irá se dedicar a criar, de fato, a casa física, começando por reunir os elementos concretos.

A consciência quântica, Deus, segue o mesmo procedimento na criação da vida. Ele começa com a possibilidade de uma ideia que pertence ao domínio supramental; as matrizes da vida pertencem a um compartimento de possibilidades chamado *corpo de energia vital*. Ao mesmo tempo, Deus começa a processar (inconscientemente, é claro) as possibilidades materiais para uma representação física das possibilidades vitais (Figura 8.1).

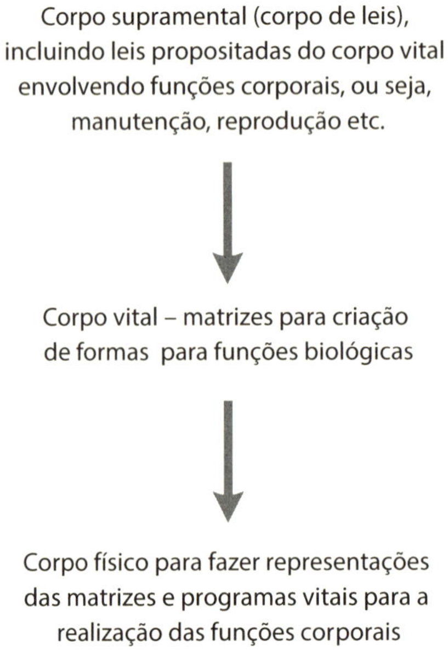

Corpo supramental (corpo de leis),
incluindo leis propositadas do corpo vital
envolvendo funções corporais, ou seja,
manutenção, reprodução etc.

Corpo vital – matrizes para criação
de formas para funções biológicas

Corpo físico para fazer representações
das matrizes e programas vitais para a
realização das funções corporais

Figura 8.1. Como um contexto supramental de vida é representado no físico por meio da matriz vital – o campo morfogenético.

No século 19, e mesmo no início do século 20, o corpo vital era considerado uma parte essencial do pensamento biológico. Por exemplo, o filósofo Henry Bergson via a vida como uma expressão do *elã vital*, da essência vital (energia?), aquela sensação especial de vida que vem do íntimo. A filosofia de Bergson era bastante popular entre os biólogos. Mas a situação mudou de modo radical após a descoberta da biologia molecular na década de 1950. A imagem de uma célula contendo DNA para reprodução e proteínas para diversas funções de manutenção parece conter todos os ingredientes explicativos do funcionamento biológico. Isto e a teoria da evolução de Darwin, embrulhada em uma nova síntese chamada neodarwinismo, tornou-se o novo paradigma da biologia. O conceito de energia vital foi considerado excesso de bagagem e abandonado. De qualquer maneira, soa como dualismo, e cientista nenhum gosta disso. Adeus – pelo menos o pensamento se foi!

Em 1960, porém, biólogos como Conrad Waddington (1957) já estavam sinalizando para uma nuvem no horizonte: o problema da criação da forma biológica, ou, formalmente, da *morfogênese* – como a forma é criada a partir de um embrião monocelular. Uma célula faz mais de si mesma mediante a divisão celular, criando uma réplica exata de si, exatamente com o mesmo DNA. Mas, então, por que uma célula do fígado de um corpo desenvolvido se comporta de maneira tão diferente da célula do cérebro? Como células pertencentes a órgãos diferentes se diferenciam?

De maneira óbvia, as células de órgãos diferentes devem produzir proteínas diferentes, ativando conjuntos de genes diferentes, o que se chama *diferenciação celular*. Programas diferentes ativam os genes das células que pertencem a órgãos diferentes. A fonte desses programas é chamada *campo morfogenético*, segundo se especula.

Mas o que são esses campos morfogenéticos? Por volta da década de 1980, não parecia muito promissora uma origem genética ou mesmo epigenética desses programas. A situação continua igual até hoje. Diz o biólogo Richard Lewontin (2000) sobre os modelos genéticos da morfogênese:

> Os processos de diferenciação de uma célula não especializada em uma forma madura e especializada não foram compreendidos. Contudo, a diferenciação celular está na base de todo desenvolvimento [da forma adulta a partir do embrião]... Está correto dizer que determinados genes possam ser transcritos em determinadas células sob a influência da transcrição de alguns outros genes, mas a pergunta mesmo da geração da forma é como a célula 'sabe' onde está no embrião.

Espero que você consiga ver o jogo da não localidade aqui. Pelo menos um biólogo, Rupert Sheldrake, já tinha visto isso no início da década de 1980. Sheldrake (1981) escreveu um livro intitulado *Uma nova ciência da vida*, no qual propôs que as fontes, as matrizes dos programas genéticos de diferenciação celular, os campos morfogenéticos, são não locais; e dessa maneira apenas podem ser não físicos.

Analogicamente, Sheldrake pensou que esses campos morfogenéticos comunicassem suas instruções para a célula assim como um transmissor de rádio faz com o receptor, mas sem as ondas eletromagnéticas locais para se comunicar. Sheldrake chamou este mecanismo *ressonância mórfica*, a constituição ressonante da forma.

A imagem de Sheldrake é dualista, sem dúvida; um campo morfogenético não físico, embora não local, não pode interagir, por ressonância ou não, com uma célula física sem um mediador que correlacione ambos. Na época, Sheldrake estava relutante para introduzir o conceito de um programador (desenhista) que usa as matrizes para transcrever os programas de forma no cenário.

O pensamento quântico pode fazer tudo isso sem o dualismo. As matrizes (campos morfogenéticos), os genes programáveis e a forma que eles criam permanecem em *potentia* até Deus – consciência quântica – encontrar algo que se enquadre (como na ressonância) e causar o colapso da experiência manifestada (Goswami, 1997).

Agora vemos claramente qual é essa experiência manifestada. A manifestação física é a forma, o órgão – isto o biólogo aceita e todos podem comprovar. Mas existe ainda o campo morfogenético manifesto na percepção-consciente dentro da psique de todo ser vivo. Esta percepção-consciente interior é o sentimento de se estar vivo, que Bergson chamou *elã vital*.

Assim, vamos reunir isso tudo à terminologia antiga e reviver, sem nos envergonharmos, o termo *corpo vital* como reservatório dos campos morfogenéticos. O movimento do corpo vital é chamado *energia vital*, e é o que sentimos sempre que efetivamos um órgão biológico funcional e seu programa.

Observe, também, que a forma, o órgão, é feito inicialmente na consciência-Deus, mas quando a criação da forma termina, ao começarmos a usar a forma, nossa experiência de nos sentirmos vivos reflete mais e mais o efeito do condicionamento, a continuidade condicionada.

De volta ao modo como Deus cria a vida

Regressemos ao início da vida. A probabilidade de sintetizar em laboratório os componentes básicos de uma célula viva – a proteína e o DNA – individualmente, a partir de aminoácidos e nucleotídeos, é minúscula (Shapiro, 1987). Há ainda uma circularidade aqui: os componentes do DNA – os genes – têm o código para que os aminoácidos se reúnam em proteínas. Mas são necessárias proteínas para fazer o DNA. Sabemos também que, até o presente, a elaboração de uma teoria adequada da forma como o DNA, as proteínas etc., são reunidas em uma célula, a começar pelos ingredientes básicos e não vivos que se acham disponíveis, tem se esquivado aos biólogos. Sendo assim é muito improvável que essa teoria seja desenvolvida ou que se chegue a um consenso a respeito.

Mas será que precisamos de um processo contínuo do início ao produto final? Vamos invocar a descontinuidade da criatividade para a conclusão do sistema de mensuração quântica da hierarquia entrelaçada na primeira célula viva. O desenhista, a consciência quântica – Deus – identifica a combinação proteína-DNA em possibilidade, embora seja pequena a possibilidade, porque Ele conhece o conjunto propósito-eu-reprodução e a automanutenção. Deus tem a matriz de possibilidades para que a célula viva se guie. A matriz codifica o conhecimento de que para criar uma célula viva e autorreferencial, é preciso um sistema de replicação (DNA), gerentes de manutenção (proteínas), comunicadores entre DNA e proteína (RNA), citoplasma para mobilidade e uma parede celular para confinamento.

Porém, na efetiva produção física da célula viva, a partir das possibilidades quânticas dos ingredientes microscópicos (aminoácidos, nucleotídeos, lipídeos etc.), na transição entre micro (possibilidade) para macro (possibilidade) e para macro (experiência manifestada), há uma descontinuidade; e, na verdade, precisa haver. A descontinuidade provém do fato de que, excetuando-se a célula viva efetivada, nenhum estado macro intermediário de ingredientes microscópicos satisfaz os requisitos de uma hierarquia entrelaçada. Como disse anteriormente, a hierarquia entrelaçada e a descontinuidade constituem o preço necessário para a autorreferência ou divisão sujeito-objeto, e apenas a criatividade de Deus pode resolver esse paradoxo. Isto envolve um elevado nível de criatividade, que pode dar um salto quântico sobre a continuidade habitual dos meios mecânicos de montagem; e, para isso, é necessário um desenhista inteligente.

Deus faz a humanidade à Sua própria imagem. O matemático John von Neumann (1966), trabalhando com aquilo que chamamos *autômatos celulares* (fragmentos de coisas programadas), deduziu teoricamente os papéis do sistema replicador e mantenedor na produção de um sistema efetivamente reprodutor, antes mesmo de Francis Crick e James Watson descobrirem esses papéis no laboratório.

Entretanto, Von Neumann não percebeu a autorreferência da vida, e seu modelo é compatível com o materialismo; ele não viu a necessidade de invocar Deus e o salto quântico na produção original da vida. Como reconhecemos a importância da autorreferência, estamos descobrindo como Deus deve ter criado a primeira vida, e que apenas a consciência-Deus e o salto quântico descontínuo podem ter realizado, efetivamente, o trabalho de criar vida a partir da não vida!

Biólogos holísticos, como Humberto Maturana e Francisco Varela, percebem o problema dos materialistas e propõem o holismo, segundo o qual o todo é maior do que suas partes: a vida é uma propriedade emergente de uma célula viva que não pode ser reduzida às suas partes. Mas, considerando o que conhecemos sobre como sistemas simples formam sistemas complexos, como átomos formando moléculas, sem irredutibilidade (pois sabemos que as moléculas podem ser reduzidas a átomos e suas interações), a afirmativa dos holistas parece ridícula.

O biólogo Michael Behe (1996) intui de maneira aproximada a mesma coisa sobre o holista quando introduz o conceito de *complexidade irredutível*: aspectos biológicos tão complexos que apenas um superdesenhista inteligente, Deus, poderia imaginar. Talvez a linguagem seja melhor, mas não mais plausível.

Mas, agora, compreendemos o que os holistas estão tentando dizer, o que Behe está tentando dizer. A hierarquia entrelaçada do desenho da vida é que é irredutível, irredutivelmente complexa.

A magia da vida nasce de três coisas: 1) a causação descendente de Deus, criando 2) a hierarquia entrelaçada na organização da célula viva, nos oferecendo o colapso quântico autorreferencial na célula, com a ajuda de 3) a matriz vital, da qual a célula faz a representação física. A magia na criação da vida é o salto quântico de criatividade; ela não pode ser sintetizada ou reduzida a uma evolução contínua, passo-a-passo, por meio matemático, computação mecânica ou reações bioquímicas em laboratório.

As pessoas dizem que a vida é um milagre; isso não é um clichê. A vida é, literalmente, um presente milagroso e criativo que Deus nos oferece.

Para saber se o pudim ficou bom, é preciso prová-lo

Em última análise, diremos o seguinte: existe um fruto comprovável e tangível dessa teoria criativa da origem da vida? Se existe um pudim, depois de cozinhá-lo (teorizar), podemos prová-lo, e nossa dúvida sobre a autenticidade da culinária desaparece. Do mesmo modo, precisamos de dados experimentais para comprovar a validade da teoria. Do contrário, ela será magia, pseudociência.

O modelo materialista é francamente desprovido de propósito. A vida não tem propósito, a origem da vida não tem propósito, a evolução não tem propósito. Com efeito, os biólogos substituíram a palavra *teleologia* – intencionalidade – por *teleonomia*, aparência de intencionalidade.

Há um mistério insolúvel nesse tipo de pensamento: por que a evolução leva sistemas biológicos a uma complexidade cada vez maior? Segundo a biologia convencional, a evolução ocorre por meio de mecanismos darwinianos de variação do acaso e de seleção natural. É conhecido que o acaso pode seguir qualquer sentido, tanto o da complexidade quanto o da simplicidade. E a seleção natural favorece a fecundidade, a capacidade de gerar prole em quantidade, e não a complexidade.

No entanto, se Deus criou a vida e a fez evoluir, o fez com um propósito, qual seja, o propósito de ver Suas possibilidades se manifestarem em representações físicas. Nesse cenário, a evolução da vida é a evolução de representações cada vez mais complexas das matrizes de vida contidas no corpo vital, para que Deus possa observar suas possibilidades e encontrar expressões cada vez melhores.

Às vezes, chamamos esse impulso da vida para evoluir na direção da complexidade crescente *flecha biológica do tempo*. E somente podemos explicá-lo em uma teoria na qual Deus é o criador da vida original e Deus é o impulso causal por detrás da evolução da vida (em virtude de saltos quânticos subsequentes, como se verá no Capítulo 9).

Por falar nisso, a dupla darwiniana de acaso e necessidade nos oferece uma teoria da *adaptação das espécies* (como uma espécie se adapta a um ambiente em mutação), mas não da evolução (como uma espécie se torna outra espécie), e em especial não da *macroevolução* (evolução envolvendo uma grande mudança de traços de personalidade). As famosas lacunas fósseis entre linhagens de espécies são bastante conhecidas. Se os mecanismos darwinianos – lentos e contínuos – se aplicassem a toda evolução, não haveria lacunas fósseis.

Behe (1996) afirma o mesmo sobre a inadequação do modelo neodarwiniano de evolução, considerando a bioquímica de diversas "pequenas etapas" da evolução por meio do acaso e da necessidade darwiniana. E Behe chega à igual conclusão. Seriam o acaso e a necessidade suficientes para todas as etapas da evolução? Não. Será a evolução da vida também o produto de um desenhista dotado de propósito? Sim.

E acrescento: Deus é um desenhista criativo que guia a evolução por meio de saltos quânticos criativos. As lacunas fósseis evidenciam a descontinuidade desses saltos quânticos. Apresentei todas essas ideias em detalhes em outro trabalho (Goswami, 2008). No capítulo seguinte, exponho um vislumbre.

capítulo 9

o que essas lacunas
fósseis provam?

Todos conhecem as lacunas fósseis – a aparente falta de evidências geológicas de transições entre distintas formas de vida superior. Ao contrário das expectativas de grande número de biólogos desde Darwin, essas ainda não foram preenchidas com milhares e milhares de formas de vida intermediárias previstas. A maioria das lacunas é real. Mas, o que significam? O que provam?

Os neodarwinistas – e a maioria dos biólogos estão inseridos nessa categoria – ainda insistem que as lacunas nada significam. Eles adotaram um *evolucionismo promissivo* – a ideia de que, mais cedo ou mais tarde, as lacunas serão preenchidas.

Os oponentes mais ativos dessa postura são os seguidores da criação descrita no Gênesis bíblico, ou criacionismo, a ideia de que Deus criou a vida literalmente conforme está na *Bíblia*, ou seja, tudo de uma vez. Segundo eles, não existiu evolução. Os fósseis não querem dizer nada significativo e as lacunas fósseis são a prova viva (ou deveríamos dizer "morta"?) disso.

Segundo o criacionismo, não pode haver intermediários. Dessa forma, hoje, os biólogos exibem os poucos intermediários que são encontrados nos dados fósseis como evidências a favor da evolução e do darwinismo, o que é muito enganador. É verdade que a existência de intermediários entre as duas linhagens fósseis (répteis e aves) refuta o criacionismo e prova o evolucionismo, mas o evolucionismo não é sinônimo de darwinismo, o que exigiria milhares e milhares desses intermediários para se comprovar.

Um grupo menos radical, que qualquer um dos dois já descritos, adere a uma filosofia chamada *desígnio inteligente*. Como os criacionistas, eles (pelo menos, a maioria) também acredita (desnecessariamente) que as lacunas fósseis não significam a evolução. Segundo eles, as espécies não mudam muito e um desenhista inteligente criou todas de uma vez. De modo implícito, presume-se que o desenhista inteligente seja Deus, mas não se faz referência alguma à *Bíblia*.

É fácil criticar os criacionistas e os teóricos do desígnio inteligente. O relato bíblico da criação do mundo e da vida, se analisado de maneira literal, é simplesmente errôneo; os dados geológicos e radioativos sobre a idade da Terra concluem o contrário. Em parte, os proponentes do desígnio inteligente também estão enganados. Há inúmeras evidências de que as espécies evoluem das espécies mais antigas: temos muito em comum com os macacos, os macacos têm muito em comum com mamíferos inferiores na escala evolucionária, e assim por diante. Se você analisar o início do desenvolvimento do embrião de uma espécie "superior", verá que os estágios lembram o desenvolvimento de criaturas inferiores de uma era anterior. Os darwinistas compreenderam isso corretamente! As espécies posteriores evoluem a partir dos ancestrais anteriores; e sobre isso não há dúvidas.

No entanto, os neodarwinistas estão totalmente enganados quando dizem que não há significado e propósito na evolução, que não existe papel da inteligência no desenho da vida e de seu desenvolvimento, que não há criaturas "inferiores" ou "superiores". Sua insistência em dizer que a evolução é um processo material devido ao acaso cego e à necessidade de sobrevivência é miopia pura. Como disse Abraham Maslow: "Suponho que seja tentador, se você só tem como ferramenta um martelo, tratar tudo como um punhado de pregos". Os neodarwinistas são materialistas; o martelo de que dispõem é que tudo é feito de matéria mediante a causação ascendente, e que a vida é o jogo de genes que levam informações hereditárias. Não há espaço nessa filosofia para se falar de significado, de propósito ou de desígnio inteligente, exceto pelo valor de sobrevivência da espécie que essas ideias possam ter.

Vejamos a questão do significado. Para que o significado evolua, como um valor de sobrevivência por adaptação, a matéria precisa ser capaz de processar o significado. Na gramática, porém, há uma diferença entre sintaxe e significado. O processamento de símbolos na matéria, na forma de um computador, é semelhante ao processamento da sintaxe; assim, a ideia de processamento do significado pela matéria sempre foi um pouco suspeita (Searle, 1980, 1994). E pesquisas recentes (Penrose, 1989) confirmaram que os computadores, e, portanto, a matéria, nunca podem processar significados (ver Capítulo 12). Como a natureza pode selecionar uma qualidade da matéria que ela mesma não pode processar?

Esta falha na tentativa de explicar qualidades inteligentes como a adaptação evolucionária fica ainda mais óbvia quando perguntamos "como surge nossa capacidade de descobrir uma lei científica?" Esta descoberta tem valor para a sobrevivência: isso não se questiona. A pergunta é: "Será que o conhecimento das leis científicas pode, de algum modo, estar codificado na matéria? Podem surgir do movimento aleatório da matéria?" As tentativas de provar que esse é o caso não tiveram sucesso.

A questão de como a consciência pode se desenvolver na matéria é outro problema. "Será que a matéria pode codificar a consciência?" é uma pergunta difícil. Como objetos que interagem podem produzir uma percepção-consciente da divisão sujeito-objeto? Se as interações materiais nunca podem produzir a consciência, pensar na consciência como um valor que se desenvolveu por adaptação não faz sentido algum.

Assim, os defensores do desígnio inteligente acertaram? Ou não?

Não, exatamente. A prova científica conclusiva de que existe propósito na criação de Deus é que existe uma flecha biológica do tempo. Analisando dados fósseis, você consegue saber a direção do tempo, ou seja, que o tempo foi do passado, da época em que os dados fósseis mostram apenas formas de vida relativamente simples, para períodos posteriores, quando os dados fósseis mostram formas de vida cada vez mais complexas. E apenas os dados fósseis mais recentes mostram a nós, seres humanos, a mais complexa das criaturas vivas. Assim, o propósito da evolução é criar complexidade, e a flecha biológica do tempo se desloca da simplicidade para a complexidade dos organismos vivos.

Todo criacionista e a maioria dos teóricos do desígnio inteligente negam a evolução e justificam essa negação, pois uma evolução em complexidade vai contra a flecha do tempo da entropia e, aparentemente, viola a lei da entropia – a entropia sempre aumenta. Ao negarem a evolução, esses teóricos estão deixando de ver uma das melhores evidências de Deus. E os evolucionistas acabam deixando de ver o propósito e o desígnio na vida.

Continuando, o que as lacunas fósseis evidenciam? À parte o lento ritmo de evolução sugerido por Darwin e aceito pelos neodarwinistas, há um ritmo rápido da evolução – tão rápido que não há tempo para a formação de fósseis. Este ritmo acelerado é que produz as lacunas fósseis. Em outras palavras, a evolução é como um texto em prosa com pontuação; há sinais de pontuação descontínuos em meio à prosa que, no mais, é contínua (Eldredge & Gould, 1972). Os proponentes da ideia são chamados *pontuacionistas*.

Outra classe de biólogos, chamados *biólogos desenvolvimentistas* (ou teóricos do organismo por enfatizarem o papel do organismo), tem apoiado essa ideia de um ritmo diferente porque acreditam que a evolução importante, no nível macro, deve envolver o desenvolvimento de um novo órgão. No entanto, um órgão complexo não pode se desenvolver pouco a pouco. Um fragmento de olho não pode ver. Assim, essa "macroevolução" deve ser descontínua, exigindo um ritmo acelerado. Mas, como nunca houve uma sugestão plausível de um mecanismo para um ritmo rápido, a ideia não encontrou aceitação geral na comunidade biológica. Os cientistas não gostam de viver em um vácuo de explicações; se não houver uma teoria do ritmo rápido, vamos proclamar que a teoria de Darwin cobre toda a evolução e explica todas as lacunas fósseis!

Há biólogos que indicam um outro dado importante para sugerir a descontinuidade. Antes de toda grande época criativa e evolucionária da macroevolução, sempre acontece algum tipo de catástrofe que leva a uma extinção maciça de espécies biológicas (Ager, 1981). Essas catástrofes limpam o cenário biológico para uma nova evolução das espécies. E, como a nova espécie evoluída não precisa lutar pela sobrevivência, mais uma das ideias prediletas de Darwin acaba indo para o ralo.

Eis a minha intuição. Os dados fósseis são algumas das melhores provas da existência de Deus, da criatividade de Deus. A criatividade ocorre por saltos quânticos, e não toma tempo. Afirmo que este é o novo mecanismo para o ritmo acelerado da evolução! A seguir, vou mostrar que essa teoria integra o pensamento de todos: dos teóricos do desígnio inteligente, pois o desígnio ao qual se chega pela criatividade é inteligente, obviamente, e também porque o desenhista é Deus; e dos biólogos desenvolvimentistas, pois, na realidade, é fundamental a criatividade, um salto gigantesco, para "ver" todas as possibilidades corretas para a elaboração de um novo órgão e, depois, para a formação do órgão. Essa teoria satisfaz os pensadores da catástrofe, pois a morte faz parte da criatividade, a destruição antes da criação. A destruição também é necessária para abrir terreno para a ação de novas criações. A metáfora apropriada para Deus, nesse aspecto da criatividade, é aquilo que os hindus chamam dança de Shiva (Figura 9.1). Nesse aspecto especial de Shiva, o rei dos dançarinos, Deus é, primeiro, um destruidor e, depois, um criador. A ideia de evolução criativa deveria agradar até o darwinista de mente aberta: o mecanismo lento de Darwin é o limite condicionado da causação descendente e criativa de Deus – chame-a *criatividade situacional*.

Figura 9.1. A dança de Shiva – a destruição antes da criação.

Processamento inconsciente

O maior problema da macroevolução biológica é que um passo tão amplo exige tantas mudanças no nível genético, tantas mutações ou variações! Por exemplo, o desenvolvimento de um olho, a partir do nada, exige milhares e milhares de novos genes. Mas, cada mutação ou variação genética, segundo o neodarwinismo, é selecionada individualmente. A probabilidade de ser algo individual e benéfico (que traz ao organismo alguma função benéfica em nível macro) é bastante pequena; na verdade, as variações genéticas costumam ser justamente o oposto, daninhas à sobrevivência do organismo. Assim, são grandes as chances de que uma seleção individual eliminaria a maior parte das variações genéticas. Isso considerado, torna-se simples perceber que deve ter levado um longo tempo, muito maior do que a escala de tempo geológica, no decorrer da qual a evolução se processa, para acumular tantas variações genéticas benéficas, imprescindíveis para a macroevolução.

Contudo, essa situação de macroevolução se salva devido à ideia do processamento *inconsciente*, que faz parte do processo criativo. É o processamento *consciente* que ocupa tempo demais, já que é guiado pela tentativa e erro. No pensamento quântico, porém, as variações genéticas já são possibilidades quânticas (Elsasser, 1981). Biólogos pensam da maneira clássica, presumindo que as variações genéticas quânticas entrariam em colapso sem qualquer ajuda da consciência. Mas conhecemos a verdade: o colapso quântico exige a consciência e seu poder de causação descendente. E, qualquer gene que não estiver expresso na criação de um traço de personalidade macroscópico não entra em colapso, mesmo de uma geração para outra. A consciência não causa o colapso das variações genéticas não expressadas – todas elas, possibilidades quânticas – até que uma sua configuração forme um novo órgão quando expressada. A consciência espera o momento adequado, da mesma forma como fazemos em nosso processo criativo.

O fundamental é que a consciência tem a matriz vital do órgão, dando-lhe inconscientemente um parâmetro aproximado daquilo que precisa processar. Quando há um ajuste, um ajuste que Rupert Sheldrake chamou *ressonância mórfica*, ocorre um salto quântico e a consciência realiza uma representação física (órgão) da matriz morfogenética, expressando de uma única vez todos os genes necessários e que não entraram em colapso (Goswami, 1997a, 1997b). *Não há registro fóssil para os estágios intermediários porque não há estágios intermediários!*

Deste modo, percebe-se claramente que as lacunas fósseis são evidências da criatividade biológica, de saltos quânticos na evolução. E nos proporcionam uma das mais espetaculares evidências para a existência de Deus (como consciência quântica) e da criatividade de Deus.

E o que dizer do intermediário ocasional que aparece na natureza? As matrizes morfogenéticas são representações vitais de funções arquetípicas. Às vezes, na jornada da descoberta criativa, dois arquétipos se envolvem e suas representações físicas ocorrem em conjunto, originando um intermediário.

Uma pergunta, porém, ainda precisa ser respondida. A criatividade humana consiste no ato do indivíduo criativo que dá um salto quântico na direção de Deus (consciência quântica), tornando possível o colapso quântico criativo. E, claro, esse indivíduo tem um papel a cumprir. Qual o papel do organismo na criatividade biológica? Mais adiante, iremos voltar a esta questão.

Sincronicidade

Hoje, existe um consenso de que a extinção dos dinossauros há quase 65 milhões de anos foi provocada por uma surpreendente chuva de meteoros. Esta constatação abriu espaço para a importante e explosiva evolução dos mamíferos, que já estavam presentes, mas não como personagens importantes e que, mais tarde, levou à evolução do ser humano.

Teria sido a evolução dos humanos na Terra causada puramente pelo acaso desprovido de significado? Se foi assim, como podemos sustentar a intencionalidade da evolução biológica se a intencionalidade de Deus careceu da ajuda de um evento aleatório?

Não há contradição com o cenário da criatividade e do propósito biológico. As contingências do acaso costumam ser importantíssimas na história de um ato criativo, exceto que nós as vemos como componentes de eventos de sincronicidade.

Veja o caso da descoberta da penicilina, por Alexander Fleming. Quando Fleming estava de férias, um micologista, que trabalhava no andar inferior do seu laboratório, isolou uma forte cepa de mofo da penicilina, que acabou sendo levado pelo vento até uma placa de Petri no laboratório de Fleming. Uma frente fria, incomum naquela época do ano, ajudou os esporos do mofo a se desenvolverem, mas impediu que isso ocorresse com as bactérias. Quando a temperatura aumentou, as bactérias se espalharam por toda parte, menos na placa de Petri. A mente de Fleming deu um salto quântico na forma de uma pergunta: O que existe nessa placa de Petri que impede que as bactérias cresçam nela?

De modo análogo, um evento externo ao cenário material (a chuva de meteoros) e um evento interno do cenário biológico (o ato de criatividade biológica) ocorreram simultaneamente, e significado e propósito emergiram na evolução de muitos novos mamíferos. Esse tipo de coincidência de eventos é o que o psicólogo Carl Jung (1971) chama *sincronicidade*.

Na verdade, como dizem os teóricos da catástrofe, os eventos de sincronicidade são importantes porque abrem o cenário evolucionário para o macroorganismo recém-criado. Eles também proporcionam um senso de sobrevivência e urgência para a evolução dos organismos que sobreviveram à catástrofe. Uma mudança repentina de ambiente exige um salto evolucionário igualmente rápido. Não há tempo a perder imaginando que a lenta evolução darwiniana produziria adaptações.

O papel do organismo

Agora, podemos verificar o papel do organismo na criatividade biológica, responsável pelo ritmo acelerado da evolução biológica. No neodarwinismo, o organismo não desempenha nenhum papel, fato que é muito questionado pelos biólogos organísmicos, que afirmam que o desenvolvimento do organismo, na verdade o próprio organismo, deve desempenhar um papel.

No cenário já mencionado, que sugere como o salto quântico acontece, fica claro que o desenvolvimento (de um órgão) tem um papel realmente vital. Podemos enunciar também o papel do organismo quando consideramos as catástrofes que precedem a evolução quântica.

Toda pessoa criativa sabe que a criatividade humana exige uma motivação e uma necessidade urgente, quase sempre uma questão ardente. Do ponto de vista da consciência quântica ou Deus, existe a motivação da evolução propositada (veja mais a respeito logo adiante). Quando uma catástrofe ambiental acontece, esta motivação evolucionária chega a cada organismo rapidamente, porque coincide com a necessidade de sobrevivência.

Suspeito, ainda, que os organismos biológicos possuem conexões não locais ao longo do cenário vital, os chamados campos morfogenéticos. Em virtude do domínio da mente, essa não localidade vital é um pouco obscura para nós, humanos. Mas o resto do mundo biológico, sendo não mental, pelo menos em sua maioria, não possui essa limitação. Assim, essa conexão não local do corpo vital atua como uma consciência das espécies (um ego generalizado das espécies). Creio que é esta consciência das espécies que deseja a evolução em resposta às rápidas mudanças ambientais, e a consciência quântica/Deus reage a este chamado evolucionário.

Vinculação com o neodarwinismo

O que acontece entre os saltos quânticos da evolução quântica? E fácil verificar que o lento mecanismo darwiniano é suficiente para acompanhar lentas mudanças ambientais. Lentamente, forma um conjunto de genes já adaptados ambientalmente para toda a espécie, um conjunto que agora pode lidar com as necessidades de adaptação da espécie, diante de mudanças ambientais periódicas, sem a necessidade de desenvolver novos genes.

Perceba, ainda, que os saltos criativos expressam uma gama de novos genes. Em alguma combinação, esses genes formam órgãos específicos. Porém, um gene pode ser – e é – usado em mais de uma combinação e em mais de um contexto. Desse modo, fica fácil verificar que os saltos criativos da evolução também contribuem para a formação cumulativa do conjunto de genes.

Na criatividade humana, a capacidade de adaptação às necessidades sociais, inventando novas combinações de velhas ideias, é chamada criatividade situacional, diferente da criatividade fundamental da descoberta (Goswami, 1999). Logo, o modelo darwiniano da evolução pode ser compreendido como o caso especial da evolução criativa, envolvendo a criatividade situacional.

Um bom exemplo é o famoso caso da mariposa-cigana, existente em Londres, Birmingham e outros grandes centros industriais, cuja cor mudou de marrom para preto em meados do século 19 em resposta à poluição ambiental. O "gene preto" já estava no conjunto genético. As mariposas, que nasceram com esse "gene preto", tinham vantagens seletivas sobre as mariposas da antiga cor porque ficavam mais camufladas quando pousadas sobre árvores enegrecidas pela fuligem. Por isso, as mariposas pretas sobreviveram aos ataques de aves predadoras, enquanto as outras não. Assim, rapidamente, a seleção natural eliminou as mariposas marrons e favoreceu as pretas.

Finalmente, como concluíram Stephen Gould e outros (inclusive os teóricos do desígnio inteligente), os dados fósseis também mostram grandes épocas de estase virtual na história evolucionária de todas as espécies. Esta constatação corresponde ao limite da existência condicionada, quando não é necessário criatividade, situacional ou fundamental.

A flecha biológica do tempo e o futuro da evolução

Como já mencionado, existe uma nítida flecha biológica do tempo: organismos biológicos evoluem da simplicidade para a complexidade. Aquilo que define "complexidade" também deveria estar claro com nosso relato anterior sobre evolução criativa. A complexidade consiste de novos órgãos, sejam mais sofisticadas expressões de funções biológicas expressadas anteriormente, sejam expressões de funções biológicas inteiramente novas, ainda não representadas no físico.

O neodarwinismo não pode explicar uma flecha do tempo. Suas duas etapas, a produção de variações do acaso e a seleção natural, não têm preferência maior pela complexidade ou pela simplicidade. O acaso, naturalmente, é outro sinônimo para a aleatoriedade e, por isso, uma variação aleatória pode levar ao mais simples ou ao mais complexo. No final, a seleção natural também seleciona segundo a fecundidade, a capacidade de se produzir maior prole, e não a complexidade.

Em contraste, a evolução criativa possui uma propensão intrínseca para produzir novos órgãos de complexidade. Ela soluciona o problema da flecha biológica do tempo: a evolução segue a direção da produção de expressões cada vez mais sofisticadas de mais e mais funções biológicas.

Ainda podemos perguntar: qual é o objetivo último da evolução? Para onde vai? Ou ainda mais básico: se a evolução é a criatividade de Deus, qual o propósito de Deus na evolução? Por que criar organismos sofisticados? Qual o significado desse maravilhoso universo biológico evolutivo, repleto de encantos?

Como você sabe, quase sempre os teólogos cristãos são contrários à evolução. Mas, uma exceção notável a esta regra geral é um padre jesuíta do século 20, Pierre Teilhard de Chardin (1961). Ele não apenas apoiou a evolução, como viu que a evolução surge contra a marcha da entropia, criando complexidade e ordem cada vez maiores, primeiro a *biosfera* e depois a *noosfera* – a esfera da mente em evolução. Ele também propôs que o futuro da evolução está no *ponto ômega*: uma época em que o divino se torna predominante. É simples verificar aqui um paralelo à ideia da Segunda Vinda.

Algo comum na história das ideias criativas é que, de modo comum, uma ideia realmente criativa se expressa não localmente por meio de mais de um visionário. Um segundo visionário a intuir isso, antes de Teilhard de Chardin, foi o místico e filósofo hindu Sri Aurobindo (1996), na primeira metade do século 20.

Em sua perspectiva da evolução, o hinduísmo é bem diferente do cristianismo. Os *puranas* (textos narrando a história do universo) hindus na mitologia dos *avatares* – manifestações de Deus na forma biológica – já podem ser entendidos como representações da evolução. Segundo os *puranas*, o primeiro avatar de Deus surgiu na forma de um grande peixe. O segundo, de uma grande tartaruga. O terceiro foi um javali. O quarto, um homem-leão. O quinto foi um homem-anão. Do sexto ao nono, temos a evolução do ser humano, desde a mente primitiva, extremamente emocional, até Buda, homem de maturidade mental e equanimidade emocional. O décimo avatar ainda está por vir, aludindo novamente a algo como a Segunda Vinda dos cristãos (que, para os hindus, trata-se da Décima Vinda).

Como não poderia deixar de ser, do outro lado do hinduismo temos uma visão geral do mundo manifesto como algo ilusório e efêmero, indigno da atenção criativa das pessoas, considerando-se a evolução ou não. Apenas a realização do permanente, da realidade imutável sob a manifestação, da consciência como a base da existência, devem ser a mais elevada meta à qual a vida humana deve se dedicar.

Assim, a filosofia de Aurobindo foi desenvolvida sobre essa base. Contudo, a novidade foi que Aurobindo integrou as duas forças do pensamento da Índia com a ideia de que antes houve uma *involução* e, depois, a *evolução* da consciência. Ken Wilber (1981) colocou mais músculos no esqueleto do trabalho de Aurobindo, e eu também o fiz (Goswami, 2001). A Figura 9.2 é a versão desenvolvida.

Por que involução? Aurobindo previu a necessidade de entender a evolução em termos de uma ciência dentro da consciência, começando pela consciência, não dualista, como base da existência. Todas as possibilidades estão lá – passadas, presentes e futuras. Assim, não existe tempo: o tempo é uma realidade imutável, verdadeiramente eterna – nada acontece. Para que alguma coisa aconteça são necessárias limitações. Daí a involução, a imposição de uma série progressiva de limitações.

O jogo é proposto, um jogo de expressões, expressões de tudo que se pode expressar "para tornar consciente o inconsciente". Quando você participa de um jogo, a primeira coisa que faz é estabelecer regras. Um jogo sem regras é o caos. Deus faz o homem à Sua própria imagem. O que está em baixo é como o que está em cima.

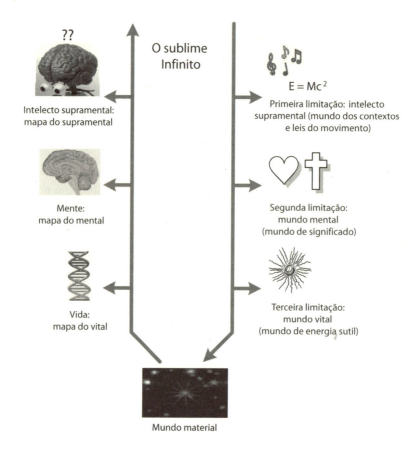

Figura 9.2. Involução e evolução da consciência.

A primeira involução consiste em criar uma limitação de regras, contextos e arquétipos de todos os movimentos e mudanças que irão surgir, o que inclui as regras da física quântica; daqui para frente, todas as possibilidades permitidas serão possibilidades quânticas. Assim, agora temos o mundo *supramental* de possibilidades quânticas.

O estágio seguinte da involução é a limitação ainda maior da significância. De todas as possibilidades quânticas, iremos nos limitar àquelas significativas, e isto nos irá oferecer o mundo *mental* de significados.

O próximo nível da involução cria as possibilidades do mundo *vital*, o conjunto de campos morfogenéticos que ajuda a criar as formas biológicas específicas que irão fazer parte do jogo. O sutil não pode causar o colapso de si mesmo, pois o colapso requer aparatos de mensuração quântica de hierarquia entrelaçada, que somente aparecem quando o micro produz o macro.

A limitação final da involução, portanto, é o físico, feito em um desenho especial de micro e macro para poder, primeiro, causar o colapso das possibilidades quânticas em experiências manifestadas e, depois, para poder fazer uma representação em *software* daquilo que ocorreu antes: os mundos sutis vital, mental e supramental.

A evolução começa pela criação da primeira célula viva. Ela atravessa diversos estágios, dirigida para maior complexidade e maior ordem, com o propósito de criar representações cada vez mais elaboradas de mais e mais funções biológicas, cujas matrizes são os campos morfogenéticos. Isto é a evolução da vida.

Mais cedo ou mais tarde, o neocórtex do cérebro desenvolve-se nos seres biológicos e, agora, a mente pode ser mapeada. A evolução torna-se a evolução das representações do significado mental. Aqui, a história evolucionária é contada nas pesquisas científicas da antropologia, sociologia e psicologia. Sem dúvida, há sinais de evolução, de estágios manifestados, em todas essas pesquisas.

Dessa maneira, nesse retrato, qual é o futuro da evolução? Já é possível vê-lo com bastante clareza. A evolução mental culmina com aquilo que Jung chamou *individuação* – quando seres humanos aprendem em massa a representar mentalmente e a integrar, em seu comportamento, todos os arquétipos supramentais. E, assim, inclui a integração de sentimentos e significados, prestando-se atenção nos contextos arquetípicos de todos eles. Aurobindo chamou esta etapa *sobremente*. A etapa seguinte é inimaginavelmente gloriosa. Consiste no desenvolvimento da capacidade de representar em nosso corpo todas as possibilidades dos arquétipos supramentais do pensamento mental – amor, beleza, justiça, bondade e tudo aquilo que chamamos divino. Aurobindo, de forma poética, chamou esse estágio *supermente*, que traz o divino para o nível terreno.

E agora?

Como iremos do ponto onde estamos para um ponto mais distante, como iremos avançar para explorar o supramental em manifestação? Apenas podemos especular. Já me dediquei a esta especulação em outros trabalhos (Goswami, 2001, 2004). Neste livro, quero seguir um caminho diferente; pretendo examinar o que podemos fazer, no momento presente, para propiciar o curso da evolução. Em síntese, estou propondo o *ativismo quântico*. Você já vislumbrou a ideia na Parte 1. A ideia será mais desenvolvida na Parte 5.

A evolução da criação de representações mentais está paralisada. Esta realidade está evidenciada por toda parte: na política, na economia e nos negócios, na educação e na religião, não ocorre mais o processamento de significado. Deve existir mais de um motivo para esse revés temporário. No entanto, duas razões se destacam. Uma é que não integramos sentimentos em nosso processamento de significados. A outra é o atual paradigma materialista, um assassino de significados.

Logo, é imperativo que toda pessoa pensante examine a teoria e os dados apresentados para redescobrir Deus e a espiritualidade em nossos paradigmas e em nossas vidas. Espero que isso já seja convincente. Mas haverá muito mais quando discutirmos as evidências dos corpos sutis e de outras assinaturas quânticas nesse contexto. Esse é o tema das partes 3 e 4.

Mais um breve comentário: a visão evolucionária da criação divina soluciona um problema que tem preocupado muitas pessoas: por que um Deus bom permite que o mal se manifeste? A evolução tem início com representações bastante primitivas e imperfeitas do divino, mas, com o tempo, essas representações vão sendo aprimoradas. Assim, no início, o que acontece na criação parece ser imperfeito, maléfico; com o tempo, com a melhoria das representações, o bem prevalece cada vez mais sobre o mal. Uma análise sem preconceitos da evolução da humanidade, ao longo da história, vai mostrar rapidamente a veracidade dessa declaração. Com o tempo, com o passar do tempo, ficamos menos violentos e mais amáveis. Temos muito a fazer, sem dúvida, mas a existência das imperfeições de hoje não devem desencorajar ninguém a aceitar Deus.

PARTE 3

A EVIDÊNCIA DOS CORPOS SUTIS

Uma noite, em 1994, eu estava sonhando. Ouvi algo. Era como uma voz. A voz foi ficando cada vez mais alta. Não demorou para que se tornasse uma advertência, e pude ouvi-la claramente: "O *livro tibetano dos mortos* está certo, seu trabalho será provar isso". A advertência foi tão intensa que acordei.

Eu levei este sonho muito a sério. Mas a tarefa mostrou-se bastante difícil. *O livro tibetano dos mortos* – um guia para as experiências da consciência entre a morte e o renascimento – trata da sobrevivência após a morte. Dizem que quem sobrevive são os corpos "sutis"; mas o que são estes corpos?

Os *Upanishads* (escrituras hindus) e a Cabala me ensinaram que o corpo sutil consiste do corpo de energia vital, a mente e um corpo supramental de temas arquetípicos. No entanto, se esses corpos fossem imateriais, como *O livro tibetano dos mortos* deixa subentendido, ninguém poderia saber como interagem com o corpo físico denso.

Uma coisa me encorajava muito. Naquela época, eu lia avidamente pesquisas científicas que mostravam deficiências na abordagem materialista da ciência, e conheci o trabalho de John Searle e Roger Penrose que provava que os computadores não podem processar significado; afinal, havia espaço para a mente não material. Eu também conhecia o trabalho de Rupert Sheldrake sobre os campos morfogenéticos; dessa forma, para mim ficou claro que o antigo corpo vital nada mais era do que o reservatório de campos morfogenéticos.

Ficou esclarecido que a mente não material processa significado, e que um corpo vital não material, cujos movimentos sentimos, guia a criação da forma biológica. Mas, como esses corpos interagem com a matéria sem aquela temível palavra, dualismo?

Um dia, estava conversando com uma estudante universitária cujo namorado havia morrido. Estava tentando dizer a ela, com a intenção de consolá-la, que talvez o corpo sutil de seu namorado – o mental, o vital e toda sua essência – tivesse sobrevivido à sua morte. Quem sabe, a morte não seria tão irremediável como pensamos hoje, em função da hipnose da ciência materialista. De repente, ocorreu-me um pensamento: suponha que a essência dos corpos mental e vital consista de possibilidades, possibilidades quânticas. Será que isso não resolveria o problema do dualismo, bem como o da sobrevivência? Senti-me exultante.

capítulo 10

o interior da psique

Analisar o mundo material, com a ajuda de todas as explicações e manipulações científicas existentes hoje, sem dúvida faz com que você pense que a hipótese de Deus não é necessária. Na melhor das possibilidades, você acaba concluindo que Deus deve estar se comportando como um benevolente guardião do jardim que Ele criou (uma filosofia chamada deísmo). Contudo, assim que você olha para sua psique, fica muito mais fácil acreditar em Deus, malgrado a psicologia materialista, behaviorista e cognitiva.

É que na psique nós experimentamos sentimentos para os quais ninguém conseguiu construir um modelo mecânico, como, por exemplo, um computador de sentimentos; não sabemos nem como começar. Os outros aspectos de nossa experiência "interna" da psique são o pensamento e algo que chamamos intuição, embora haja muitos mal-entendidos a seu respeito. Será a hipótese de Deus necessária para compreendermos sentimentos, pensamento e faculdades intuitivas? O sentimento, o pensamento e a intuição são problemas realmente impossíveis dentro da abordagem materialista?

Hoje, encontramos programas para computadores na categoria de "vida artificial" que podem realizar algumas das funções mais comuns da vida – automanutenção e auto-reprodução, talvez, quem sabe, até alguma evolução rudimentar. Que teste de vida você pode dar a essas vidas programadas no qual elas não passam?

Quando você entra em um restaurante e, por um instante, é tomado pela beleza de uma planta decorativa, como descobre se ela é natural ou artificial? Você pode tentar decidir sensorialmente, tocando a planta. Se você for sensível à energia vital, não precisará tocá-la. Se a planta for natural e viva, você conseguirá perceber a "sensação" dela, mesmo à distância. Como isto é possível? Com certeza, graças à consciência não local das energias vitais da planta viva.

Nenhum pesquisador de vida artificial pode dizer que os mecanismos da vida artificial oferecem esta sensação. Tampouco um biólogo materialista conseguiu explicar a origem e a natureza de sentimentos que experimentamos, exceto murmurar algo sobre a possibilidade de que seus sentimentos tenham evoluído porque teriam algum valor evolucionário para a adaptação.

Há ainda os pesquisadores de inteligência artificial que afirmam que o pensamento nada mais é do que computação, e que é possível projetar programas que simulam o pensamento. Embora possa haver alguma aparente substância nesta afirmativa, no final ela é enganosa. Há um aspecto essencial do pensamento – o significado – que até hoje os materialistas não aceitaram. O significado é um problema impossível para os materialistas, e, como veremos depois, exige a hipótese de Deus para sua inclusão na equação de nossa existência experiencial.

Como disse anteriormente, a intuição costuma ser mal compreendida, mas quando separamos o joio do trigo, o que sobra é o talento da intuição para se vincular com os contextos de sentimento e pensamento que Platão chamava *arquétipos*, como amor, beleza e justiça. Nossa intuição dos contextos arquetípicos de sentimento e de significado dão valor a essas experiências.

Modelos materialistas para as experiências arquetípicas são terrivelmente ineptos. Há, por exemplo, um livro chamado *O gene egoísta* (Dawkins, 1976), que tenta estabelecer uma teoria biológica para o altruísmo, dizendo que o altruísmo que você sente por outra pessoa depende da quantidade de material genético que você e essa pessoa possuem em comum. Essa teoria não seria tão ruim se o autor não afirmasse que essa "preocupação" resume o altruísmo. Preciso dizer mais alguma coisa? Às vezes, os materialistas falam como programas de computador.

Entretanto, sentimentos que intuímos, como o amor, sempre foram considerados qualidades divinas. Será? Isto é tema de um capítulo posterior.

O mais notável sobre nossas experiências de sentimento vital, significado mental e contextos arquetípicos de sentimento e significado é que, às vezes, ocorrem com tanta profundidade e proximidade que todas as dúvidas desaparecem. Nesses momentos, sabemos tanto que existe Deus quanto também sabemos que nós somos Ele. Estou, naturalmente, falando de experiências místicas que levam os místicos a nos dizer para procurar por Deus em nosso interior. "O reino de Deus está dentro de vocês", disse Jesus. Os místicos afirmam que essas experiências também são experiências da verdadeira natureza de nosso *self*; quando estamos situados nesse *self* interior, podemos sentir diretamente que somos filhos de Deus.

Quando analisamos nossas experiências de sentimento, significado e contextos arquetípicos de sentimento e significado, por meio das lentes conceituais da nova ciência – ciência dentro da consciência – vemos que existem amplas provas experimentais de que elas não são provenientes do corpo físico. Na verdade, elas ocorrem em conjunção com o corpo, mas não são do corpo físico. Elas vêm de Deus, ou, mais precisamente, da Divindade; nós as escolhemos em nosso próprio potencial divino. Em outras palavras, nenhum místico precisa nos dizer que Deus é nosso "pai". Cada um de nós já possui essa intuição. A nova ciência está apenas comprovando essa intuição.

Outro problema impossível para o paradigma materialista é sua completa incapacidade de distinguir a percepção-consciente interior da exterior. Esse paradigma da realidade é totalmente baseado no mundo material que experimentamos fora de nós. Nessa visão de mundo, tudo que experimentamos em nosso interior são epifenômenos materiais sem significado, coisas do cérebro. Precisa ser assim ou irão causar paradoxos. Assim, os materialistas denigrem a experiência interior como subjetiva, indigna de confiança e sem consequência causal. Porém, admitem ser possível existir nelas algum valor adaptativo para que possam evoluir por meio da seleção natural.

Será que colocar novamente Deus na ciência nos permitirá compreender porque algumas de nossas experiências são exteriores, enquanto outras são interiores? Sim. A psicologia, a ciência de nossa psique, de nossas experiências interiores, ficou marginalizada sob a influência de crenças materialistas que apenas são trabalhadas sob o estreito domínio cognitivo/comportamental da psicologia. Em termos literais, faz-se necessária uma re-visão científica de Deus para trazer novamente o restante das forças da psicologia para seu pleno posicionamento acadêmico.

A diferença entre interior e exterior

Por fim, chegamos ao problema quintessencial deste capítulo – a diferença entre interior e exterior em nossa percepção-consciente. Os materialistas não possuem uma explicação possível para a experiência interior e, por isso, desejam que ela seja um epifenômeno subjetivo que não precisa de explicação. Porém, os filósofos idealistas, que valorizam a experiência interior, não estão obtendo muito sucesso nesta questão. Eles fazem da natureza interior da psique uma questão de verdade metafísica, *a psique é assim mesmo*. Mas, na filosofia idealista, a consciência é a base da existência; todas as coisas estão dentro da consciência, matéria e psique. Assim, por que experimentamos uma como exterior e a outra como interior?

A natureza quântica da matéria da psique, a mente, o corpo vital, o supramental, oferece a resposta para a interioridade dessas experiências. Objetos quânticos são ondas de possibilidade, expandindo em *potentia* sempre que não causamos seu colapso. Quando ocasionamos o colapso de uma onda de significado mental, um significado específico é escolhido e nasce um pensamento. Contudo, assim que paro de pensar, a onda de possibilidade se expande novamente. Portanto, entre o meu pensamento e o seu pensamento, a onda de significado se expande tanto, tornando-se inúmeras possibilidades, que é pouco provável que você cause o colapso do mesmo pensamento que eu. (Uma exceção ocorre quando estamos correlacionados, como na telepatia mental. E uma outra exceção ocorre quando duas pessoas, com um condicionamento similar, conversam.) Assim, de modo geral, os pensamentos são experimentados como algo privado, e, portanto, interior.

Agora, compare a situação com objetos materiais. Existe uma diferença fundamental entre os corpos sutis e o corpo material denso, motivo pelo qual inúmeros nomes são dados. Os corpos sutis – vital, mental e supramental – são uma coisa; são indivisíveis. Mas, como admitiu Descartes, a matéria é *res extensa*, corpos com extensão. A matéria pode ser subdividida. No reino material, a micromatéria forma conglomerados de macromatéria.

Logo, embora a física quântica governe os dois domínios da matéria, micro e macro, há uma diferença espetacular que surge quando consideramos a macromatéria como conglomerados maciços de micromatéria. Uma onda de possibilidade maciça de um macrocorpo torna-se muito lenta.

Suponha que seu amigo e você estão observando uma cadeira. Se você causar o colapso da onda de possibilidade da cadeira para poder vê-la, tudo bem. Você o fez e pode ver a cadeira ali, perto da janela. Pouco depois, seu amigo também olha. Entre o colapso que você causou e o colapso de seu amigo, a onda de possibilidade da cadeira se expandiu, sem dúvida, mas apenas pouco. Por isso, quando seu amigo causou o colapso, a nova posição da cadeira é minimamente diferente do ponto de sua observação, imperceptível sem a ajuda de um instrumento a laser. Por isso, os dois pensam que estão vendo a cadeira no mesmo lugar e que a experiência está sendo compartilhada; logo, a cadeira deve ser externa a vocês dois.

O mundo material macro é formado assim. E isso é útil, pois, do contrário, não poderíamos usá-lo como ponto de referência. Se o seu corpo físico estivesse sempre mostrando as incertezas do movimento quântico, quem você seria?

Além disso, se a natureza quântica da macromatéria não fosse discreta, como poderíamos usar a matéria para fazer representações? Imagine-se escrevendo seus pensamentos em um quadro branco com uma caneta onde as letras se movem em eventos de colapso subsequentes. O que isso faria com nossa capacidade de fazer representações?

Por fim, a matéria necessita de uma divisão micro-macro a fim de ter aparatos de mensuração quântica de hierarquia entrelaçada, nos quais o processo de amplificação do micro para o macro é entrelaçado, contendo uma complexidade irredutível (ver capítulos 6 a 8).

Assim, tanto matéria quanto mente estão dentro de nós, mas a divisão micro-macro do mundo material camufla a natureza quântica da matéria. O mundo macro da matéria – tudo que podemos ver diretamente – comporta-se quase como um objeto newtoniano, nos dando a ilusão de uma realidade compartilhada, a ilusão da objetividade. A ciência materialista cresceu nessa ilusão, mas esse é o lado negativo. O lado positivo é mais importante. Podemos usar a matéria para fazer representações da psique.

A psicologia moderna começou com o estudo da psique; de início, a experiência interior e sua introspecção eram o que formava a psicologia. A meta era compreender as experiências interiores, como a consciência total da percepção-consciente e o *self*, que parecia organizar a experiência consciente. Além disso, desde o início, uma das principais aplicações da psicologia era clínica, para a saúde mental. Apenas no século 20 é que John B. Watson e B. F. Skinner, sob a égide da filosofia materialista, começaram a solapar a experiência interior a favor de estudos do comportamento (behaviorismo). O cérebro era a caixa preta desses primeiros estudos, e as experiências interiores e a psique eram relegadas ao papel de epifenômenos secundários. Mais tarde, a neurofisiologia, a ciência cognitiva e as pesquisas de inteligência artificial foram acrescentadas aos estudos comportamentais, tornando o assunto mais interessante. Infelizmente, a remodelagem da psicologia afastou cada vez mais esta ciência de seu objetivo de compreender a experiência interior, essencial para aliviar o sofrimento das pessoas.

Nossa análise, com a nova ciência, tem mostrado que a ciência comportamental-cognitiva e a neurofisiologia, dedicadas ao estudo dos aparatos de elaboração de representação e às representações, está buscando uma meta complementar à meta original da psicologia. São estudos importantes, sem dúvida, mas de utilização limitada quando as representações ficam caóticas, como no caso de doenças mentais. Além disso, as representações também são de uso limitado quando precisamos fazer novas representações criativas, movidas quer por pressão ambiental, quer pelos impulsos criativos do divino, esperando expressar-se mais plenamente.

No entanto, outras forças da psicologia deram prosseguimento à meta original. Duas dessas correntes podem ser identificadas: a psicologia profunda, que começou com Freud e a descoberta do inconsciente, e a linha humanística e transpessoal que começou com o movimento do potencial humano. Nos próximos capítulos, veremos que esses ramos da psicologia estão apresentando novos desafios, novos problemas impossíveis para a visão materialista da realidade. E, quando resolvermos esses problemas sob uma óptica quântica, encontraremos mais evidências a favor da existência de Deus.

A experiência interior é inferior à experiência exterior?

Os materialistas dizem que a experiência interior não é importante; que é inferior à experiência exterior. E isso nos fica claro, pois eles se dedicam à experiência exterior. A observação é interessante. Com efeito, se você acompanhar seus pensamentos e sentimentos no decorrer de um dia, ficará surpreso ao verificar que boa parte do material interior é apenas um reflexo ou regurgitação.

Mas não se deixe enganar pela alegação de que a experiência interior é inferior à experiência exterior. Essa reação interior começa com seu hábito de atribuir significado à experiência exterior, levando-a demasiadamente a sério. Porém, a experiência interior não é apenas isso.

Vamos pensar nos sonhos. Vivemos uma parte substancial de nossa vida noturna no mundo dos sonhos. É o mais perto que chegamos de viver em um mundo interior. Se as experiências interiores são importantes, então essa importância deve aparecer nos sonhos.

Mas aqui também podemos dizer que o exterior domina até os nossos sonhos. Muitos de nossos sonhos são chamados *sonhos de resíduo do dia*, pois nada são senão uma revisão daquilo que aconteceu durante as horas de vigília. Acrescente ainda o que todo filósofo conhece como sendo um defeito fatal dos sonhos: aparentemente, eles não têm continuidade. Como os sonhos, nossa vida onírica, podem ser importantes se não têm continuidade?

Mais uma vez, pense em termos de significado. Sonhos dizem respeito ao significado; a vida nos sonhos deve ser diferenciada da vida desperta, pois sua importância e sua continuidade provêm do processamento de significados. Se você acompanha, por algum tempo, o significado que se desenvolve em seus sonhos, poderá provar facilmente que existe uma continuidade. Na verdade, os sonhos são um comentário permanente do modo como a vida se reflete no nível do significado. Você precisa penetrar a rica simbologia de seus sonhos para analisar o significado, mas vale a pena. Quando o fizer, verá que os sonhos são muito mais do que os sonhos físicos de resíduos do mundo exterior. Há sonhos vitais, mentais e supramentais; todos os reinos influenciam nossa experiência interior, não apenas o físico.

Como a experiência interior prova a existência de Deus

Para resumir, observe, por favor, as etapas lógicas por meio das quais a existência de Deus é estabelecida pela nossa experiência interior.

Sem o corpo vital dando sentimentos, a mente dando significados e nosso corpo supramental nos dando valores, não teríamos sentimentos, significados ou valores, nem para trabalhos científicos, nem para o materialismo. Como sentimentos, significados e valores são aspectos essenciais de nossa experiência interior, a importância desses corpos – vital, mental e supramental – não pode ser refutada.

Se dissermos que sentimentos, significados e valores evoluem a partir da matéria em função de nossa necessidade de sobrevivência, essas qualidades de nossa experiência seriam epifenômenos ornamentais da matéria. Mas não podem sê-lo por dois motivos: primeiro, a matéria sequer consegue processá-las; segundo, vemos a evidência da eficácia causal da percepção de sentimento, significado e valor na criatividade e espiritualidade, nos sonhos, na doença e na cura, no amor e em eventos de sincronicidade (ver capítulos 11 a 19). Assim, sentimento, significado e valor não são produtos da caixa preta de Darwin.

Precisamos aceitar que a vida interior pode igualmente ser o foco da vida, além de nossa vida exterior, escolhida por motivos culturais. Aborígenes australianos e místicos do mundo todo provam empiricamente este ponto.

Se nossa experiência interior é causalmente eficaz e tão poderosa quanto nossa vida exterior, então precisamos encontrar uma explicação científica para ela. Do contrário, a ciência simplesmente perde sua relevância.

Nenhuma explicação materialista pode ser dada para a diferença entre as experiências exteriores e interiores.

Uma explicação dualista – o interior e o exterior como realidades separadas e duplas – é insustentável devido aos dados experimentais que estabelecem a lei de conservação da energia.

Uma explicação não dualista da divisão interior-exterior da percepção-consciente somente pode ser dada se presumirmos que ambas experiências se originam do colapso (pela consciência quântica de Deus) de possibilidades quânticas na consciência (ou na Divindade). Uma espetacular evidência empírica para isto é o fenômeno da sincronicidade, que qualquer um pode constatar (ver Capítulo 12).

Prova completa!

O fim da cisão cartesiana?

Desde que René Descartes reordenou a realidade como um dualismo interior/exterior, mente/matéria, a filosofia ocidental ficou submissa a essa cisão. E até mesmo pensadores do porte de Immanuel Kant e Ken Wilber parecem incapazes de sair dessa caixa filosófica.

Atualmente, Ken Wilber tem muita influência sobre o futuro dos estudos sobre a consciência. Assim, vamos examinar seu trabalho em detalhes.

Wilber começou sua carreira também como filósofo. Ele adotou a filosofia perene (outro nome do idealismo monista) e muito habilmente traduziu e esclareceu sua mensagem para desenvolver uma psicologia transpessoal para nossa época. Foi tão impressionante em suas primeiras exposições que alguns o consideraram o Einstein da psicologia moderna.

Contudo, quando Wilber focalizou suas pesquisas para o desenvolvimento de uma psicologia integral, usou a dicotomia cartesiana interioridade/exterioridade como ponto de partida. A abordagem materialista à psicologia – psicologia cognitiva, behaviorismo e neurofisiologia – é objetiva, um estudo da consciência como terceira pessoa – ele e dele. A abordagem transpessoal anterior, baseada na filosofia perene, é direcionada para a descoberta da natureza do *self* (eu) e, dessa maneira, é um estudo da consciência basicamente na primeira pessoa e, subsidiariamente, na segunda pessoa (eu/você e nós), quando a não localidade da consciência é aceita. O estudo objetivo de *ele* e *dele* é feito em nossa consciência exterior, enquanto a consciência, na primeira e segunda pessoas, apenas pode ser estudada do ponto de vista interior. Daí decorre o famoso modelo de quatro quadrantes de estudos da consciência de Wilber (Figura 3.1, p. 57).

Mas ainda não há integração. Há mente e corpo em nosso estudo da consciência do ponto de vista da interioridade, mas agora o corpo está relegado a ser epifenômeno da mente. Do mesmo modo, há mente e corpo também do ponto de vista da exterioridade, mas a mente é vista como epifenômeno do corpo. De modo aparente, nenhum ponto de vista pode fazer justiça tanto à mente quanto ao corpo.

Assim, qual a solução de Wilber? Ele diz (2000) que para solucionar o dualismo mente-corpo, temos de desenvolver nossa consciência para que esta forme a capacidade de experimentar estados não ordinários, "você precisa desenvolver mais sua consciência se quiser conhecer sua dimensão plena". Apenas a partir do ponto de vista não racional de estados não ordinários e "superiores" da consciência é que o dualismo mente-corpo pode ser resolvido. Wilber declara de maneira sincera que não existe solução racional para o problema mente-corpo: "esta solução... não é satisfatória para o racionalista (seja dualista, seja fisicista)".

Mencionei a teoria de Wilber simplesmente para mostrar quão extraordinário é o fato de a postura quântica/monista idealista apresentar uma solução racional para o problema mente-corpo e a dicotomia interioridade/exterioridade que o perpetua. A física quântica nos permite ver que, assim como a fixidez da realidade macrofísica e a natureza comportamental do ego condicionado, a dicotomia interioridade/exterioridade nada é senão uma camuflagem. Quando penetramos essa camuflagem, estendemos a ciência até nossas experiências subjetivas, interiores. Já era tempo.

capítulo 11

a evidência do corpo vital de deus

Será que, na realidade, temos de fato um corpo vital, um reservatório de matrizes para criação de formas biológicas? Em outras palavras, existe alguma evidência independente para o corpo vital, além da função necessária para a criatividade biológica, como mostrado nos capítulos 8 e 9? A resposta é *sim*. Os campos morfogenéticos nos dão uma profunda explicação para o sentimento: aquilo que sentimos, como sentimos e onde sentimos. Claro que isto é experiencial, mas uma segunda evidência mais objetiva do corpo vital está em sua importância para a medicina alternativa. Uma terceira evidência, muito prática, para o corpo vital, é o fenômeno bastante documentado da *radiestesia*. Tudo isso iremos discutir neste capítulo.

Às vezes, alguns levantam a hipótese de que sentimento e emoções pertencem ao território da neuroquímica do cérebro límbico. A respeito, os experimentos da pesquisadora Candace Pert (Pert, 1997) sobre as "moléculas da emoção" (um exemplo são as endorfinas) são importantes. Sem dúvida, essas moléculas estão nos dizendo algo, mas deveria ser óbvio que as moléculas são correlações materiais de sentimentos, e não a sua causa. Não é porque duas coisas acontecem ao mesmo tempo, que exista garantia de que uma origine a outra.

No entanto, na psicologia do Oriente, sabe-se que os sentimentos estão associados com os órgãos fisiológicos e as emoções são claramente entendidas como efeitos de sentimentos sobre a mente e a fisiologia do corpo. Segundo a metafísica oriental, há sete centros importantes em nosso corpo – os chakras – nos quais sentimos nossos sentimentos.

150

Contudo, ao longo dos séculos, embora a ideia dos chakras tenha encontrado muitas comprovações empíricas por parte de disciplinas espirituais, não se adquiriu muita compreensão teórica sobre eles. Agora, por fim, com a ideia do campo morfogenético de Sheldrake (a fonte dos programas que ativam os genes das células pertencentes aos diferentes órgãos e que resulta na diferenciação das células), pode ser dada uma explicação sobre os chakras, onde os sentimentos e sua causa se originam.

Este assunto, portanto, torna-se uma evidência da existência de Deus, pois sem a hipótese de Deus e da causação descendente, não podemos incorporar os campos morfogenéticos na ciência sem um dualismo implícito.

Campos morfogenéticos e os chakras

Tratei deste assunto com algum detalhe anteriormente (Goswami, 2004); por isso, aqui, serei sucinto. Você pode descobrir por si mesmo aquilo que um pouco de pensamento quântico nos permite teorizar cientificamente. Primeiro, veja os chakras principais (Figura 11.1) e perceba que cada um está localizado próximo de órgãos importantes para o funcionamento biológico. Segundo, perceba o sentimento que você experimenta em cada um desses chakras; sinta-se à vontade para apelar para sua memória de sentimentos passados. Terceiro, verifique que aqueles sentimentos são suas experiências da energia vital do chakra – os movimentos de seus campos morfogenéticos, correlacionados com o órgão do qual eles são a matriz ou fonte. Agora, a conclusão inevitável: chakras são pontos do corpo físico onde a consciência causa simultaneamente o colapso dos movimentos de importantes campos morfogenéticos, bem como dos órgãos de nosso corpo que os representam. Não foi tão difícil, não é?

Pode ser interessante conhecer o significado literal da palavra sânscrita *chakra* que significa roda, circularidade – implicitamente, um lembrete de que um colapso quântico de hierarquia entrelaçada assegura o surgimento da autorreferência em cada um dos chakras. Nossa nova ciência está comprovando a antiga sabedoria intuitiva.

Os materialistas entenderam tudo ao contrário: acham que sentimos emoções no cérebro, ou seja, as emoções seriam epifenômenos do cérebro. E, depois, essas emoções chegariam ao corpo por meio do sistema nervoso e das chamadas "moléculas de emoção". Na verdade, porém, o que ocorre é o inverso. Primeiro, sentimos as emoções no chakra, e, a seguir, o controle passa para o mesencéfalo para integra-

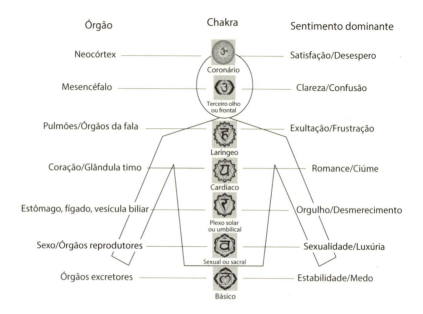

Figura 11.1. Os principais chakras, seus órgãos correspondentes e sentimentos dominantes.

ção ao longo dos sistemas nervosos e das moléculas de emoção e, por fim, o neocórtex entra em cena, quando a mente oferece significado aos sentimentos.

Mas, onde estão os dados objetivos de tudo isso? Os chakras são uma experiência divertida, mas haverá dados experimentais concretos para provar sua importância, e assim a importância do movimento da energia vital? Com toda certeza, há. É assunto da medicina dos chakras.

Medicina dos chakras

A ideia fundamental da medicina dos chakras é que, para se ter boa saúde, a energia vital deveria ser experimentada de maneira equilibrada – entrando e saindo, sem produzir qualquer excesso ou déficit, em todos os chakras. Se existe um desequilíbrio ou um bloqueio (supressão) no movimento da energia vital de algum chakra, o órgão ou órgãos correspondentes não funciona(m) bem e acabamos ficando doentes. Curar um chakra consiste em restaurar seu equilíbrio ao fluxo de energia. Hoje existem muitas informações confirmando isso, graças a médicos como Christine Page (1992), que tem se dedicado à medicina dos chakras e reunido vários relatos de sucesso.

Também é interessante o fato de que os desequilíbrios dos chakras quase sempre são produzidos porque a mente entra no jogo. A repressão mental da energia do chakra cardíaco, em especial na população masculina norte-americana, pode ser responsável pelo mau funcionamento do sistema imunológico, causando câncer. Como o processamento mental está envolvido, vamos discutir com mais detalhes nos capítulos posteriores (ver também Goswami, 2004).

Medicina do corpo vital: dois espetaculares exemplos de problemas impossíveis para o materialista

Quando o presidente Richard Nixon foi à China, em 1971, sua presença tanto renovou o comércio com aquele país quanto o interesse pela medicina tradicional chinesa, especialmente acupuntura – a cura conciliar meio da inserção superficial de finas agulhas em diversas partes do corpo, chamadas *pontos de acupuntura*. O modo como a cura pela acupuntura acontece tornou-se um problema sério para a medicina alopática, que é baseada inteiramente na abordagem materialista da realidade.

Dessa forma, os pesquisadores da medicina alopática procuram conciliar uma explicação da acupuntura com parâmetros materialistas de pensamento. Para citar apenas um exemplo, uma teoria sobre o modo como a acupuntura alivia a dor menciona que as agulhas inseridas causam uma dor muito menor e tolerável, desviando a atenção da principal fonte de dor, pois entopem os canais de comunicação do sistema nervoso.

Acontece, porém, que a medicina tradicional chinesa (Liu, Vian & Eckman, 1988) já tinha a explicação correta: o movimento de uma misteriosa energia chamada *chi*, como movimento da energia vital do corpo vital. No entanto, devemos permitir que a alergia alopática (chamada dualismo) se dirija ao corpo vital e ao chi para curar por meio da medicina quântica do *paralelismo psicofísico* (Figura 1.5, p. 38).

Segundo a compreensão chinesa, o chi tem duas modalidades, *yang* e *yin*. É possível ver aqui o paralelo com o pensamento quântico. Yang é semelhante ao modo de onda de chi, e yin é semelhante ao modo de partícula. De forma análoga, cada órgão, ou mesmo o organismo como um todo, é classificado segundo os modos de processamento do chi: o modo yang, que envolve a criatividade, e o modo yin, que envolve o condicionamento.

Agora, podemos entender como a acupuntura alivia a dor. Para um corpo com órgãos saudáveis, a aplicação das agulhas em locais corretos estimula as partes correlacionadas do corpo vital. Esse estímulo produz o fluxo do chi-yang por meio de caminhos vitais chamados *meridianos*, até as matrizes vitais dos principais órgãos, aumentando o nível geral do chi-yang no corpo vital, em especial nos correlatos vitais das áreas do cérebro que produzem as endorfinas, o analgésico opiáceo do próprio cérebro. Em outras palavras, a manifestação da vitalidade de chi no nível vital manifesta estados cerebrais com endorfinas.

Podemos constatar a veracidade deste quadro injetando bloqueadores de endorfinas, drogas narcóticas antagonistas que bloqueiam a ação dos opiáceos. De fato, isso neutraliza o efeito analgésico de um tratamento por acupuntura. (Para mais detalhes, leia Goswami, 2004.)

Se a acupuntura é uma pedra relativamente nova no sapato da medicina alopática materialista, a homeopatia é uma pedra bem antiga. O principal mistério da homeopatia é sua filosofia "menos é mais". Na homeopatia, a substância medicinal é diluída com uma mistura água-álcool até proporções ínfimas, a ponto de se dizer que nem uma molécula da substância medicinal está presente na composição que é receitada ao paciente. Se não ministra remédio algum, como a homeopatia pode curar?

A medicina alopática atacou o problema realizando muitos testes clínicos para provar diretamente a ineficácia da homeopatia. Mas, atualmente, os testes confirmaram que a homeopatia realmente funciona, e não como um placebo – o efeito não se baseia apenas no poder da sugestão e da crença.

E como a homeopatia funciona? Primeiro, aceitamos que as substâncias medicinais da homeopatia são orgânicas, contendo não apenas corpos físicos como também corpos vitais. A parte do corpo físico é diluída (o que é bom, porque em geral esta parte é venenosa para o corpo humano), mas o corpo vital é preservado.

E como o corpo vital é preservado no remédio? Para a solução deste mistério, precisamos analisar, em detalhes, a forma de preparo de remédios homeopáticos (Vithoulkas, 1980). Você toma uma parte da substância medicinal e a dilui em nove partes de uma mistura de água e álcool. A seguir, ingere uma parte desta composição e a dilui novamente em nove partes de uma mistura de água e álcool. Isso é realizado trinta vezes, cem vezes, até mil vezes para obter remédios homeopáticos de potência cada vez maior.

O procedimento parece inócuo, até percebermos que deixamos de analisar algo. Em cada estágio de diluição, o remédio e a mistura água-álcool é agitada vigorosamente. A palavra *sucussão* é usada para essa agitação – e aqui reside o mistério. A sucussão transfere, por meio da intenção do preparador, as energias vitais da substância medicinal para a água da mistura água-álcool, que se correlaciona com a energia vital da substância medicinal. Por isso, sempre que adquirimos um remédio homeopático, embora não recebamos qualquer parte física da substância medicinal, adquirimos a parte vital junto com a água.

Logo, se a doença é no nível vital, ocasionada por desequilíbrios de energia vital, a homeopatia funcionará melhor do que a alopatia, pois ela cuida do desequilíbrio de energia vital diretamente pela aplicação da energia vital do remédio escolhido, pelo segundo princípio da homeopatia, ou seja, o "igual cura igual". Se a substância medicinal incita os mesmos sintomas em um corpo saudável como os sintomas do corpo doente, deve significar que os movimentos de energia vital da substância medicinal e os movimentos de energia vital relevantes do corpo (desequilibrado) estão em "ressonância". Neste sentido, a energia vital da substância medicinal irá harmonizar o desequilíbrio da energia vital da pessoa doente.

Esses princípios fundamentais da homeopatia, bem como muitos outros detalhes, podem ser compreendidos usando-se a ciência do corpo vital (Goswami, 2004).

O corpo vital e a explicação da radiestesia

A radiestesia é um fenômeno prático bastante conhecido, que muitas pessoas utilizaram no passado para localizar água subterrânea. É muito útil quando você está cavando um poço e não quer procurar às cegas, esburacando todo seu quintal. Os radiestesistas são pessoas talentosas que, com uma vara ou forquilha na mão, permitem que o instrumento as oriente até a fonte de água.

Os materialistas colocam tantos problemas insuperáveis à radiestesia que se sentem compelidos a dizer que é tudo mero acaso. Alegam que o radiestesista é um charlatão. Mas, se os radiestesistas são guiados pelo acaso, é espantoso verificar como conseguem ser tão bem-sucedidos.

Por um lado, com a compreensão dos fenômenos da energia vital e do funcionamento da energia vital, podemos apresentar uma teoria sobre o funcionamento da radiestesia. Por outro lado, nossa construção teórica nos permite afirmar que a radiestesia é uma prova muito convincente do poder da energia vital. A radiestesia também pode nos direcionar para novos caminhos de controle da causação descendente e outros frutos do pensamento da nova ciência.

É muito importante na radiestesia a intenção do operador de encontrar água. A intenção age por meio dos sentimentos da energia vital, que se vincula com a energia vital correlacionada com a água subterrânea.

Para mim, pessoalmente, a ideia de a água ser capaz de reter correlações da energia vital na memória foi o grande obstáculo que me impediu de compreender a radiestesia. Entretanto, após perceber que a homeopatia funciona por meio do processo de sucussão, surgiu a compreensão. A água tem uma longa história na nossa vida, e a água subterrânea pode ser facilmente sacudida com a energia vital, de várias maneiras; não é importante saber como. Se a intenção do radiestesista é boa, a energia vital da água subterrânea vai ficar correlacionada com a energia vital do radiestesista. Este é o primeiro passo.

Falta ainda uma peça fundamental. Por que o radiestesista usa uma vara ou uma forquilha? Não faria mais sentido usar suas próprias mãos? Será que a vara ajuda a focalizar as intenções do radiestesista sobre o alvo e lhe dá direcionamento?

O mistério se esclarece com a importante pesquisa realizada pelo engenheiro e autor William Tiller e seus colaboradores (Tiller, Dibble & Kohane, 2001) sobre a intenção. Após muitos anos de experiências, Tiller demonstrou, de maneira convincente, que o poder causal das intenções humanas pode ser transferido para objetos materiais.

Assim, o radiestesista transfere sua intenção de encontrar água para a varinha, que se torna o instrumento da intenção e facilita sua realização: fenômeno compreendido e explicado.

Eis uma aplicação prática da radiestesia que você pode experimentar. Se você costuma visitar lojas de alimentos naturais, deve estar familiarizado com as diversas opções de produtos herbáceos "energéticos" disponíveis atualmente, todas propalando resultados extravagantes. Existe algum modo inteligente de escolher aquilo de que você precisa? Com a radiestesia, você pode encontrar com relativa facilidade o alimento que tem uma quantidade adequada de energia vital. Você mesmo pode fazer a sua vara de radiestesia utilizando duas barras de metal fino presas frouxamente a um pivô, de modo que possam girar livremente sobre este. Segure a varinha sem apertar muito. De início, perceba que se você se aproxima de um objeto não vivo com a varinha, não acontece nada; as duas barras não se separam. Agora, direcione a varinha para as infusões herbáceas, uma de cada vez, e repita a experiência. Você verá que, em alguns casos, as duas barras se separam sem qualquer esforço. Obviamente, sua escolha se limitará a essas infusões. Porém, lembre-se: não se esqueça da importância da intenção em suas tentativas.

Um último comentário: observe como a pesquisa de Tiller é importante para a tecnologia do futuro, baseada na causação descendente. É muito importante que outros pesquisadores reproduzam esta pesquisa.

Recapitulando as evidências de Deus

Problemas impossíveis exigem soluções impossíveis. Começamos este capítulo com os campos morfogenéticos, as matrizes que o desenhista da realidade, Deus, usa para criar os desenhos da vida. A morfogênese é um problema impossível para o materialista devido à não localidade envolvida em seu processamento. E, quando somos capazes de vincular o movimento dos campos morfogenéticos e dos órgãos que eles ajudam a desenvolver com nossos sentimentos, encontramos a explicação para outro problema impossível para os materialistas – o sentimento.

Assim, o que buscamos com este capítulo foi saber que a hipótese de Deus é necessária para incorporarmos os sentimentos como parte de nossa experiência. Você perceberá que culturas orientadas para o sentimento tendem a crer em Deus (bom ou mau), enquanto as culturas permeadas pelo racionalismo tendem a se afastar da hipótese de Deus. Isto não é uma coincidência.

Hoje, a ciência materialista é praticada com empolgação porque parece nos propiciar o poder de controlar nosso ambiente. Mas sentimentos são coisas que não podemos controlar. Se tentarmos, correremos riscos, como testemunham todas as doenças que desenvolvemos quando os reprimimos.

capítulo 12

explorando a mente de deus

Será a mente a mente do cérebro ou a mente de Deus (ou da Divindade)? Aqui, agora, esta questão pode ser tratada em detalhes.

A parte neocortical do cérebro, supostamente o local da mente, é uma espécie de computador. Assim, os materialistas perguntam: "Podemos construir um computador dotado de mente?" Se pudéssemos, isso provaria que nossa mente pertence ao cérebro.

Um computador pode simular a inteligência mental? Essa questão originou uma área de estudos chamada *inteligência artificial.* O matemático Alan Turing formulou um teorema que diz que, se um computador pode simular uma conversa inteligente o suficiente para enganar um ser humano, fazendo-o pensar que ele está conversando com outro ser humano, então não podemos negar a inteligência mental desse computador.

Na década de 1980, no Canadá, havia um número de telefone para o qual você podia ligar e conversar com uma simulação computadorizada de um psiquiatra californiano. Muitos conversaram com o computador e, mais tarde, admitiram que poderiam ter se enganado, tão autêntica era a máquina com a algaravia psicológica de toques e sentimentos da época.

Dessa forma, o computador teria passado pelo teste de Turing? Um computador derrotou um dos maiores jogadores de xadrez em uma partida; talvez o computador seja mais inteligente do que a mente humana. Afinal, não apenas construímos um computador dotado de mente, como construímos um computador com uma mente melhor que uma das melhores mentes humanas.

"Não nos precipitemos", disse um filósofo chamado John Searle. Na década de 1980, Searle construiu um enigma chamado *Sala Chinesa* para questionar o suposto computador inteligente.

Imagine-se em um cômodo, pensando no que vai acontecer, quando aparece um cartão saído de uma pequena brecha. Você pega o cartão, encontra rabiscos escritos nele e imagina que é algo em chinês. Porém, você não sabe ler chinês, e por isso não compreende o significado do que está no cartão. Olhando à sua volta, você vê um aviso em português dizendo-lhe para consultar um dicionário, também em português, onde consta a instrução para procurar a resposta em uma pilha de cartões. Você segue as instruções, encontra o cartão-resposta e o coloca em uma abertura de saída, conforme foi instruído a fazer.

Até aqui, tudo bem? Agora, porém, Searle pergunta: "Você compreendeu o propósito dessa visita à Sala Chinesa?" Quando admite que ficou intrigado, Searle explica: "Você poderia processar os símbolos dentro da sala, como faria um computador. Mas isso ajudou você a processar o significado daquilo que estava escrito?"

Este era o ponto de Searle. Um computador é uma máquina de processamento de símbolos; ele não pode processar significados. Se você acha que basta reservar alguns símbolos para denotar o significado, pense bem. Você vai precisar de mais símbolos para saber o significado dos símbolos de significado que você criou. E, assim por diante, *ad infinitum*. Você precisa de um número infinito de símbolos e de máquinas para processar o significado. Impossível!

Searle escreveu um livro chamado *A redescoberta da mente*, no qual sugeriu que a mente é necessária para processar significado; o cérebro, sozinho, não consegue processar significados e apenas pode fazer uma representação do significado mental.

Mais tarde, o físico e matemático Roger Penrose apresentou uma prova matemática de que os computadores não podem processar significado. O nome de seu livro, *A nova mente do rei*, é igualmente provocador. Como as novas roupas do imperador, na conhecida história, apesar de toda a euforia, a nova mente do computador é imaginária.

O que Searle e Penrose conseguiram fazer é ciência de boa qualidade, pois seu trabalho nega completamente a afirmativa da biologia materialista de que o significado é uma qualidade evolucionária de adaptação da matéria. Se a matéria sequer consegue processar o significado, como pode apresentar uma capacidade de processamento de significado para a seleção natural, esteja ou não envolvido o benefício da sobrevivência?

Assim, a mente não pertence ao cérebro: ela é independente do cérebro, sendo o que dá significado a nossas experiências. Mas, como isso implica que ela pertence a Deus, que é a mente de Deus?

Não temos dúvidas de que o cérebro e a mente trabalham juntos; temos recordações, não é? Mas se são totalmente diferentes, o cérebro sendo substância material e a mente substância de significado, como interagem? Como trabalham juntos? Eles precisam de um mediador.

Então, Deus é necessário, um Deus quântico: Deus como consciência quântica. Se a mente e o cérebro consistem de possibilidades quânticas da consciência, a mente sendo possibilidade de significado e o cérebro possibilidade de matéria, consegue perceber que Deus pode mediar sua interação? A consciência-Deus causa o colapso das ondas de possibilidade tanto do cérebro como da mente para experimentar o significado mental, fazendo, ao mesmo tempo, um registro disso na memória cerebral (Figura 12.1).

Figura 12.1. Como um contexto supramental de significado é representado no cérebro por meio da matriz da mente.

Você ainda pode argumentar que tudo isso é teoria. Onde está a experiência? Na ciência experimental, a previsão de um resultado negativo costuma ser tão boa quanto a previsão de um resultado positivo. Aqui temos um teste experimental negativo: computadores não podem processar significado. O fato é que, até agora, nenhum cientista da computação conseguiu construir um computador que processe significado para refutar nossa hipótese-teste. No mínimo, é uma previsão da teoria que nunca será falsificada. Posso lhe garantir.

O significado tem alguma faceta prática?

Existem outros fenômenos que proporcionam provas de que o significado é importante para nós, de que o processamento adequado do significado é bom.

Quando atribuímos significado mental incorreto para nossas experiências, nos sentimos tão isolados que isso pode até nos deixar doentes (Dossey, 1992): quando, por exemplo, sentimos amor no coração (chakra), mas achamos inadequado expressá-lo ou não sabemos expressá-lo apropriadamente: como tivemos uma percepção inadequada do significado, suprimimos nosso sentimento. Esta supressão do sentimento no chakra cardíaco pode bloquear tanto o fluxo livre da energia vital nesse ponto que as ações correlacionadas do sistema imunológico (pela ação da glândula timo) também podem ser bloqueadas. E já se sabe que isto provoca o aparecimento de câncer. Quando aprendemos a amar, dando ao amor o significado mental apropriado e conseguindo expressá-lo, o bloqueio se esvai e somos curados. Também isso foi documentado (ver, por exemplo, Goswami, 2004; ver também o Capítulo 18). Assim, este é um tipo de dado prático sobre o significado.

Desse modo, vê-se que a conversa sobre o significado não é apenas teórica. Há duas evidências testáveis e bem-definitivas em termos objetivos para o lado prático do significado e do processamento de significado: os fenômenos da criatividade e do amor. Mas estes fenômenos também envolvem, de forma importante, o aspecto supramental e, por isso, eu os comento em capítulos separados (capítulos 16 e 17).

Boa parte de nossa vida noturna é passada em um estado alterado de consciência que chamamos sonho; ele é documentado objetivamente mostrando-se que as ondas cerebrais mudam entre a vigília, o sono profundo e os sonhos. Embora, quase sempre, os sonhos sejam experimentados de modo subjetivo, há consequências objetivas dos sonhos que podem ser medidas objetivamente. Foram propostas explicações físicas para os sonhos que não se sustentam porque não conseguem explicar porque os sonhos devem fazer qualquer diferença palpável e mensurável na vida das pessoas. Vou retomar o assunto dos sonhos no Capítulo 14.

Embora seja comum que pensamentos e sonhos são experimentados internamente, como experiências privadas e subjetivas, há ocasiões em que duas pessoas repartem pensamentos e sonhos. Este assunto é abordado pela telepatia, compartilhada, portanto pública, inteiramente sujeita a testes objetivos. Hoje, há dados substanciais sobre a telepatia, até sobre a telepatia em sonhos (ver Capítulo 16).

Sincronicidade

Outro fenômeno no qual o significado desempenha um papel central é a sincronicidade (expressão usada por Carl Jung). Já mencionei antes que a sincronicidade é uma coincidência acasual, porém significativa entre um evento externo e outro interno. Será esse significado apenas subjetivo, sem consequências comprováveis por experimentos? Em geral, a percepção do significado causa mudanças visíveis na vida da pessoa e, em princípio, podem constituir evidências objetivas.

Um exemplo de Carl Jung (1971) ajuda a mostrar a natureza especial das experiências significativas. Jung estava lidando com uma paciente, uma jovem que estava "psicologicamente inacessível" com um "racionalismo cartesiano altamente refinado e com uma ideia de realidade impecavelmente 'geométrica'", e que não reagia às repetidas tentativas de Jung para "suavizar seu racionalismo com uma compreensão mais humana". Jung desejava desesperadamente que "acontecesse algo inesperado e irracional", ajudando-o a romper a casca intelectual da mulher. E, então, teve lugar o seguinte evento sincronístico:

> Eu estava sentado diante dela uma tarde, de costas para a janela... Ela tivera um sonho impressionante na noite anterior, no qual alguém lhe dera um escaravelho dourado – uma joia rara. Enquanto ela ainda me contava esse sonho, ouvi, por trás de mim, um leve barulho na janela. Virei-me e vi um inseto bem grande debatendo-se contra a vidraça... Abri a janela nesse instante e peguei o inseto no ar, enquanto ele passava. Era um besouro *cetonia aurata*, um tipo de escaravelho, cuja cor dourado-esverdeada lembra a de um escaravelho dourado. Dei o besouro para a minha paciente e lhe disse: "Eis o seu escaravelho".

Esta aparição sincronística do "escaravelho do sonho" na percepção-consciente interior da paciente e do besouro/escaravelho em sua percepção-consciente exterior rompeu a casca intelectual da jovem e ela se tornou psicologicamente acessível a seu terapeuta, Jung.

Eventos sincronísticos, como este, acontecem com todos que precisam de uma abertura ligada ao romance, terapia, criatividade, apenas para citar alguns contextos.

Agora, perceba o aspecto mais importante da sincronicidade. A ocorrência simultânea de dois eventos coincidentes, um exterior e outro interior, porém ligados pelo significado, somente pode significar uma coisa. A fonte desses eventos deve estar em um agente (que Jung chamava *inconsciente coletivo*) que transcende tanto o exterior quanto o interior, tanto o físico como a psique. Na visão quântica, este agente é a consciência ou Divindade, na qual tanto a matéria quanto a psique são possibilidades quânticas. Como se vê, Jung anteviu a solução quântica do dualismo mente-corpo há muito tempo.

Em termos mais explícitos, no pensamento de Jung as ocorrências sincronísticas se devem a objetos do inconsciente coletivo que Platão chamava *arquétipos*. Jung percebeu que os arquétipos tinham uma natureza psicóide, apresentando manifestações tanto exteriores, no mundo físico, como interiores, na psique. Esses arquétipos de nosso inconsciente coletivo são os contextos das leis físicas e dos movimentos mentais e vitais que antes chamamos supramental. Assim, o inconsciente coletivo de Jung está vinculado ao domínio supramental em nós.

Se você quiser incorporar a consciência quântica em sua vida, a sincronicidade lhe oferece um meio viável. Deixe-me mencionar alguns exemplos de como as pessoas criativas usam experiências sincronísticas.

> Hui Neng, sexto patriarca do budismo chinês chan, que estava em um mercado e ouviu recitar o *Sutra de Diamante*, um texto budista com a frase: 'Deixe a mente fluir livremente sem se fixar em nada'. Foi iluminado na mesma hora.

> Alexander Calder, pioneiro da escultura móvel, estava em Paris e foi visitar o estúdio de Piet Mondrian, pintor abstrato. Em um *insight*, ele pensou em usar peças abstratas em sua escultura móvel.

> Aos 5 anos, Albert Einstein estava de cama e seu pai comprou uma bússola para ele. Vendo o ponteiro da bússola apontar para o norte, independentemente de como virasse a caixa contendo o magneto, Einstein sentiu o encantamento que permeou sua obra científica.

O poeta Rabindranath Tagore, prêmio Nobel de literatura, viu gotas de chuva cair sobre uma folha. De repente, duas frases ou pequenos versos rimados na língua bengali surgiram em sua mente. O verso pode ser traduzido assim: 'Chove, as folhas tremem'. Mais tarde, Tagore (1931, p. 93) escreveu o seguinte a respeito de sua experiência:

> A imagem rítmica das folhas trêmulas golpeadas pela chuva abriu minha mente para um mundo que não apenas contém informação, como uma harmonia com o meu ser. Os fragmentos sem significado perderam seu isolamento individual e minha mente regozijou-se na unidade de uma visão.

capítulo 13

evidência da alma

Há muito, muito tempo, inúmeros cientistas mantinham uma ligação profunda com a religião e falavam abertamente de Deus. Einstein era uma dessas pessoas. Ficou famoso por dizer coisas como: "Quero conhecer a mente desse Um" (falando de Deus), ou "Não posso acreditar que Deus jogue dados com o universo". Hoje, a razão para essa conversa sobre Deus é mal-interpretada. Alguns cientistas acham que estas frases representam apenas um modo de falar, muito comum naquela época. Outros declaram que cientistas daquela estirpe ainda não tinham se livrado de superstições. Mas o verdadeiro motivo para a crença de Einstein e de outros cientistas como ele em Deus é algo mais além.

A ciência, em especial a física e a química, baseia-se em leis. Porém, como se originam essas leis? Em geral, essas leis são expressadas na linguagem da matemática. Qual a origem da matemática?

Se tudo surge do movimento da matéria, as leis da física e a linguagem matemática devem decorrer do movimento desgovernado e aleatório das partículas elementares. A favor dos materialistas, diga-se que foram feitas algumas tentativas nessa direção. Infelizmente, nenhuma pôde deduzir quaisquer leis físicas do movimento aleatório das partículas elementares, e tampouco existe alguma abertura para a compreensão da origem da matemática iniciando-se na matéria em movimento aleatório.

Assim, cientistas brilhantes, como Einstein, que reverenciavam Deus, sabiam de algo. Como bons pensadores filosóficos, deduziram que as leis da física e sua linguagem matemática eram uma prova definitiva de Deus. Naturalmente, esses cientistas também acreditavam no determinismo newtoniano. Portanto, acreditavam sinceramente que Deus cria as leis do universo (em conjunto com a linguagem da matemática), as coloca em movimento e permite que as leis ditem o curso. Este é o motivo para Einstein ter dito que "a mais bela e profunda emoção que podemos ter é a sensação do místico. É o poder de toda verdadeira ciência".

Para esses cientistas, Deus é um bondoso curador do mundo, um progenitor que em nada interfere. Com certeza, Einstein nunca compreendeu a mensagem maior da física quântica, embora tenha contribuído para ela com ideias vitais. Seu comentário: "Não posso acreditar que Deus jogue dados com o universo" surgiu de sua grande frustração com a maioria dos cientistas que acompanhava a chamada interpretação estatística da física quântica. Os físicos se hipnotizavam chamando as ondas de objetos quânticos de "ondas de probabilidade" e não aquilo que realmente são, ou seja, "ondas de possibilidade". No entanto, mais cedo ou mais tarde, pensar em objetos quânticos como ondas de possibilidade irá suscitar em sua mente a pergunta: "Possibilidade de quem?" Mas, em lugar disso, os físicos optaram por ignorar o efeito do observador e ficaram satisfeitos com o cálculo de probabilidades e com o uso de seus cálculos estatísticos para aplicações práticas da física quântica em sistemas de grandes números e eventos.

Desconfio muito que, se Einstein soubesse que a física quântica nos permitiria redescobrir Deus, e que o Deus quântico não é bondoso, ele ficaria muito contente.

O reino dos arquétipos: os contextos supramentais das experiências intuitivas

De onde vêm as leis físicas? Alguns filósofos pensam que as leis da física são a descrição – criada pela mente – do comportamento de objetos físicos. De maneira comum, isso se resume na questão: "A lei da gravidade de Newton pode fazer uma folha cair de uma árvore?" O físico John Wheeler, discutindo com outros dois físicos, tratou a questão desta maneira:

Imagine que tiramos o tapete desta sala e estendemos sobre o piso uma grande folha de papel, desenhando sobre ela quadrados de uns trinta centímetros. Depois, eu escrevo em um desses quadrados meu melhor conjunto de equações sobre o universo, e você escreve o seu conjunto, e pedimos às pessoas que mais respeitamos para escreverem suas equações, até que todos os quadrados tenham sido preenchidos. A seguir, vamos até a porta da sala. Pegamos nossa varinha mágica e damos a ordem para que essas equações ganhem asas e voem. Nenhuma delas vai voar. Contudo, neste nosso universo há alguma mágica, e com as aves, as flores, as árvores e o céu elas voam. Que aspecto compulsivo das equações do universo faz com que elas ganhem asas e voem? (citado em Peat, 1987).

O ponto é que as equações que compomos mentalmente, para representar as leis, não voam, mas o que dizer das leis "reais" por trás delas, as leis das quais as equações são as representações mentais, as leis que intuímos e representamos mentalmente, da melhor maneira possível, com nossas equações? Elas precisam voar, precisam ser poderosas. Nossas equações evoluem com o tempo; as representações são cada vez mais aprimoradas. Mas as verdadeiras leis, em cuja direção nossas representações mentais evoluem, são eternas.

É real que a lei de gravidade não é um programa codificado em uma pedra, orientando a atração da pedra na direção da Terra. Tampouco o movimento em queda da pedra rumo à Terra resulta de um programa escrito em seu corpo. Deve haver um arquétipo (usando a expressão de Platão) por trás da lei da gravidade que manifesta uma força causal de atração entre a pedra e a Terra. De modo análogo, deve haver outro arquétipo por trás do movimento de queda da pedra sob a gravidade terrestre. Esses arquétipos devem constituir o compartimento mais esotérico das possibilidades de *vir-a-ser* da consciência ou Divindade – o compartimento supramental.

De onde vem a matemática? Matemática é o significado dado aos símbolos que representam coisas, em geral coisas físicas. Assim, a matemática deve vir da mente. E, depois, há as leis da matemática. O famoso teorema da incompletude de Kurt Gödel – um sistema matemático suficientemente elaborado é incompleto ou inconsistente – é um exemplo. (Esse teorema também é notável por seu uso de hierarquia entrelaçada na lógica.) Essas leis da matemática também devem ter uma origem arquetípica (meta-matemática).

Na biologia, há funções biológicas – eliminação de detritos, reprodução, manutenção, apenas para citar alguns – que representam ideais propositados em direção aos quais as matrizes vitais, por eles representados, evoluem. Quando essas matrizes em evolução encontram representação no plano físico, a forma biológica progride propositadamente para uma complexidade maior.

Podemos perceber que deve haver arquétipos no supramental que guiam o movimento proposto da matriz vital. Deveríamos ser capazes de fazer representações mentais dessas leis? Sim, deveríamos. Porém, algum progresso nesse sentido já foi alcançado (Thom, 1975). Esta é uma área que necessita de novas pesquisas.

Há ainda arquétipos que representam o movimento mental do significado – amor, beleza, justiça etc. – que Platão foi um dos primeiros a elucidar. Esses arquétipos guiam o movimento do significado mental em direção a um propósito. Será que algum dia iremos poder encontrar a representação matemática das leis de movimento do significado mental? A própria matemática consiste de leis para as quais a mente oferece significado. Descobrir uma representação matemática dos arquétipos do movimento do próprio significado será uma tarefa desafiadora para a mente, mas, no entanto, deve ser possível.

Uma coisa já sabemos: os arquétipos das forças físicas e mentais e da interação mental, os arquétipos por trás de todas as leis dos movimentos em geral, devem guiar apenas o movimento das possibilidades da consciência. Em outras palavras, todo movimento – físico, vital, mental – é movimento quântico. Apenas a consciência pode fazer com que um movimento se manifeste mediante a ação da causação descendente da escolha consciente.

A evidência do movimento quântico do físico sugere que devemos procurar nos movimentos mental e vital provas experimentais de que esses movimentos também são quânticos. As assinaturas dos reinos quânticos vital e mental consistem na descontinuidade e na não localidade, para as quais há amplas evidências.

Perceba que, em última análise, até os arquétipos supramentais são possibilidades quânticas para escolha da consciência. Como já mencionado, a experiência desta escolha é aquilo que chamamos intuições e *insights* criativos.

Será que existem "superarquétipos" por trás do movimento dos arquétipos? Não sabemos, e não podemos saber, no atual estágio mental de nossa existência.

Qual é a "prova" experimental dessa dimensão arquetípica e supramental da consciência? Já falamos de uma: a existência, a teorização e a comprovação experimental das leis da física. Uma assinatura do supramental é que os elementos desta dimensão são universais. A universalidade das leis biológicas do comportamento dos campos morfogenéticos deveria ser outra prova. Contudo, como toda vida na Terra se originou daquela primeira célula viva, a universalidade geográfica das formas biológicas não prova a universalidade dos campos morfogenéticos. Assim, poderíamos comprovar isto se chegássemos a encontrar vida extraterrestre. No entanto, nossas mentes não surgiram de uma origem comum; assim, a universalidade dos arquétipos mentais tem prova experimental na universalidade de algumas simbologias dos sonhos (dos "grandes sonhos", usando a terminologia de Jung, 1971).

Criatividade

A criatividade é a descoberta de um novo significado de valor (Amabile, 1990). Um novo significado pode ser descoberto em um novo contexto – isto é *criatividade fundamental*. Um novo significado pode ser inventado em um velho contexto conhecido ou em uma combinação de velhos contextos – isto é *criatividade situacional*. A descoberta da arte cubista por Picasso é criatividade fundamental; a invenção do buscador Google da internet é um ótimo exemplo de criatividade situacional.

De onde vêm os contextos do significado? Derivam do domínio supramental, dos arquétipos. Assim, os diversos exemplos de criatividade fundamental na ciência, nas artes, música, arquitetura, matemática etc., nos dão a evidência mais definitiva do domínio supramental dos arquétipos.

Existem ainda muitos relatos de casos de criatividade "interior" ou iluminação espiritual, nos quais a mudança de contexto de significado pertence à própria pessoa. Nestes casos, o salto criativo é a descoberta da verdadeira natureza do *self*, o *self* quântico ou algo que Jung chamaria *arquétipo do Self*.

Como a criatividade apresenta evidências importantes tanto para o domínio supramental da realidade quanto uma assinatura quântica do divino, apresentarei mais detalhes no Capítulo 17.

Cura quântica

No Capítulo 12 mencionei a doença da mente-corpo – como o processamento falho do significado em situações emocionais produz estresse, que pode produzir doenças. Como curamos uma doença? Podemos, naturalmente, lidar primeiro com o nível físico. Mas existem muitas evidências sinalizando que se o processamento falho do significado persiste, a doença retorna. Daí a ideia da cura mente-corpo – corrigir o processamento falho do significado para curar o corpo doente.

Mas como corrigimos um processamento falho do significado? Encontrando um novo contexto de pensamento, certo? Aqui, há uma semelhança com a criatividade interior. Na criatividade interior, vemos que uma mudança de nossa crença interior ou de contextos de pensamento não podem ser alteradas de forma contínua por meio de leitura ou de discussões com um professor. De modo análogo, é preciso dar um salto quântico para o nível supramental da existência para poder mudar o contexto do significado. A mudança de contexto do processamento do significado deve chegar de maneira descontínua a fim de ser efetiva; em outras palavras, é essencial uma influência direta sobre o supramental. E, em nenhum outro lugar, a natureza descontínua da mudança de contexto mental é mais espetacular do que na cura espontânea sem intervenção médica.

Com efeito, existe um amplo repertório de casos de cura espontânea (O'Regan, 1987, 1997), curas praticamente instantâneas sem intervenção médica. Entre esses casos, há muitos exemplos de desaparecimento de tumor cancerígeno da noite para o dia.

O médico Deepak Chopra (1990) foi o primeiro a sugerir a expressão *cura quântica* para casos de cura espontânea. Segundo Chopra, a cura quântica consiste em dar um salto quântico para a autocura. Podemos esclarecer isto ainda melhor dizendo que o salto quântico se dá da mente pensante comum dos contextos condicionados para o domínio supramental, descobrindo-se um novo contexto de processamento do significado.

Um exemplo (Weil, 1983) vai esclarecer este ponto. Uma mulher tinha a doença de Hodgkin, mas se recusava a fazer rádio ou quimioterapia porque estava grávida. Seu médico sugeriu uma viagem de LSD, que ela ingeriu, sob orientação médica, para se comunicar profundamente com o feto em seu útero. Quando o médico lhe perguntou se ela tinha o direito de eliminar aquela nova vida, ela sentiu que tinha se comunicado. Nesse momento, teve um *insight* repentino – *ela* tinha a opção de viver ou morrer. Essa mudança no contexto de seu pensamento demorou um pouco para se manifestar em seu modo de vida, mas ela foi curada. E seu filho sobreviveu.

Sem dúvida, o *insight* dessa paciente dizia respeito ao seu *self* profundo – o arquétipo suprimido do *self* quântico. Desse modo, a cura quântica nos proporciona evidências diretas dos arquétipos supramentais.

E, além do *self* quântico, quem é o verdadeiro curador, quem escolhe a intenção de curar? A consciência quântica, ou seja, Deus. Assim, a cura quântica também é uma evidência direta da causação descendente de Deus, o que será mais detalhado no Capítulo 19.

Um médico (alopata, com certeza) foi para o Céu e encontrou uma fila enorme diante do portão de pérolas. Sendo um médico norte-americano, não estava acostumado a ficar em filas de espera, e foi diretamente conversar com São Pedro, o encarregado da entrada no Céu. Após ouvir a queixa, São Pedro balançou a cabeça. – Desculpe, doutor. No Céu, até os médicos esperam sua vez na fila. Naquele exato momento, um homem, vestindo jaleco branco e estetoscópio ao pescoço, passou correndo pelo portão, sem prestar atenção na fila.

– Ah, é? – disse o médico. – Olhe lá um médico que não esperou na fila! Como explica isso?

– Ah – exclamou São Pedro, sorrindo. – Esse é Deus. Ele está voltando de um episódio de cura quântica.

Psicologia profunda ou psicologia elevada? O supramental está "abaixo" ou "acima" de nós?

Muitas evidências definitivas dos arquétipos supramentais vêm dos dados da criatividade interior, a jornada de transformação das pessoas. Este é um campo de estudos de dois ramos recentes da psicologia, a psicologia profunda e a psicologia elevada, também chamada psicologia transpessoal. Na verdade, a psicologia transpessoal incorpora a literatura de sabedoria de antigas tradições esotéricas como, por exemplo, a antiga psicologia iogue da Índia (Krishnamurti, 2008).

Porém, os psicólogos se dividem entre o conceito de Freud e o de Jung a respeito do inconsciente, que é a base da psicologia profunda, e o conceito do "superconsciente", que é a base da yoga e da psicologia transpessoal.

Como vimos, na visão da psicologia profunda, os arquétipos de nossa jornada de transformação criativa estão nas profundezas de nosso inconsciente coletivo. Temos de ir fundo para descobrir esses arquétipos, permitir que o processamento inconsciente aconteça e que aquilo que aflora seja integrado. Assim, devemos chegar na Terra Prometida.

A yoga e os psicólogos transpessoais vêem as coisas de forma um pouco diferente. Eles também entendem o comportamento condicionado do ser humano como um jogo do ego condicionado, o domínio da psicologia behaviorista. Mas afirmam que o comportamento humano não precisa parar ali, com o desenvolvimento do ego condicionado. O desenvolvimento pode prosseguir além do ego, usando processos de desenvolvimento similares que levam ao condicionamento do ego, mas agora explorando dimensões maiores do potencial humano. Há os estados ordinários de nosso ego consciente, sem dúvida, e vivemos neles na maior parte do tempo. Mas também temos experiências momentâneas de estados não ordinários e "superiores" de consciência (intuição). Podemos cultivar esses estados superiores de consciência mediante diversas técnicas conscientes como a meditação, uma razão para que a psicologia que trabalha com isso seja também chamada psicologia "elevada". Mais cedo ou mais tarde, chegamos aos estados superconscientes de *samadhi* (palavra sânscrita que se traduz por experiências de pico da percepção-consciente primária, na qual a consciência de uma pessoa tende a se tornar única só com o objeto experimentado), que têm efeito transformador. Chegar a esses estados superconscientes abre as portas para a iluminação espiritual, o que leva à transformação.

Nesta visão, o desenvolvimento humano é tido como uma escada na qual subimos: desde os estados pré-conscientes da criança, passando pelos estados condicionados do ego consciente e chegando aos estados superconscientes do sábio iluminado. Esta é a psicologia elevada, que ainda possui a vantagem de usar uma terminologia e uma estrutura conceitual que é utilizada pelas tradições espirituais e esotéricas (como a psicologia iogue).

Assim, qual é a diferença? Um caminho é melhor do que outro? Há controvérsias e confusões porque, até agora, os dois caminhos carecem de bases dinâmicas. Delineei no Capítulo 6 a base conceitual e quântica da psicologia profunda. Será que podemos encontrar na ciência quântica, dentro da consciência, uma base conceitual similar para a psicologia transpessoal?

Base conceitual da psicologia transpessoal

Aqui, o problema conceitual é explicar a escala proposta do desenvolvimento humano: do pré-ego ao ego e além do ego (o *self* transpessoal) e quaisquer outros estados homeostáticos intermediários.

O filósofo Ken Wilber (Visser, 2003) começa a explicação com a "grande cadeia do ser" das tradições esotéricas – corpo, mente, alma, espírito. Ele analisa os estágios de desenvolvimento como uma ascensão progressiva da escala definida pela grande cadeia. No primeiro nível pré-ego, a existência é totalmente física. Depois, ela passa pelo estágio seguinte, incorporando o desenvolvimento do ego mental. Porém, o desenvolvimento não cessa aqui. Continua até estágios transpessoais, passando pelo desenvolvimento do nível da alma e termina no estágio mais elevado, no qual se torna idêntico ao espírito. Em cada estágio, o ser é chamado *hólon*, significando que ele é uma totalidade que não pode ser reduzida às suas partes. Cada estágio hólon integra o estágio anterior e também tem algo totalmente novo a oferecer.

É possível verificar na grande cadeia do ser os cinco corpos da consciência, caso você inclua o corpo de energia vital: corpo físico, corpo vital, mente, alma ou corpo supramental, e espírito (a base do ser). Vamos analisar a escala em termos quânticos. Em cada estágio, a consciência se identifica com aquilo que está disponível para manifestação, para colapso. Portanto, no nível físico ou vital, a identidade abrange os corpos físico e vital, que é o estágio pré-ego (pré-mental). Depois, a representação da mente no cérebro começa com o desenvolvimento cognitivo, bastante facilitado pela capacidade de processamento da linguagem, e termina com a identificação entre a consciência e o ego mental. No estágio seguinte, o aprendizado do nível da alma é explorado e a consciência se identifica com os estágios transpessoais de desenvolvimento, dos quais Wilber enumera alguns. Esses estágios são caracterizados por experiências de "pico" de experiências superconscientes e de transformação.

Você pode chamar cada um dos estágios de identidade da consciência de hólon, se preferir, mas há sutilezas, como veremos depois.

Essa conceituação parece ser muito diferente da conceituação da psicologia profunda, mas somente até você aceitar o óbvio: no nível pré-ego, os estados mentais pertencem ao inconsciente (coletivo), e no estágio do ego, os estados da alma pertencem ao inconsciente. Assim, em cada estágio, podemos pensar que estamos explorando o inconsciente (tornando-o consciente) mergulhando em sua profundeza, em vez de subirmos pela escala.

A diferença de ênfase entre as duas maneiras de abordar a psicologia do desenvolvimento ficam claras quando consideramos o processo no qual o desenvolvimento, de fato, ocorre. Como o psicólogo Jean Piaget (1977) descobriu, no caso do desenvolvimento infantil, o desenvolvimento consiste sempre em um salto quântico criativo, um colapso descontínuo de novos contextos de vida, seja do vital, do mental ou da alma supramental. No entanto, a criatividade envolve também um processo que consiste em preparação, incubação, *insight* repentino (salto quântico) e manifestação (Wallas, 1926). Os "psicólogos profundos" enfatizam o processamento inconsciente, e não trabalham muito com o restante do processo criativo (interior). Os transpessoais enfatizam a parte consciente do processo criativo, a preparação e o *insight*, sem mencionar o processamento inconsciente. No entanto, as metas finais das duas escolas, individuação e iluminação (que implica transformação), são bem similares.

Naturalmente, é claro, todos os estágios da criatividade são importantes. A seu próprio modo, a ênfase diferente das duas escolas tem sido produtiva. Enquanto a psicologia transpessoal tem ajudado a legitimar os caminhos da sabedoria antiga até consciência-Deus, a psicologia profunda ajudou a mapear um caminho relativamente novo para o moderno ser humano. Ambos têm valor na busca da realização do potencial humano. De modo análogo, ambos têm virtudes terapêuticas para ajudar as pessoas.

A ciência é monolítica no domínio material denso, mas não devemos cometer o erro de fazer desta afirmação regra geral e esperar que deva haver uma ciência para o sutil. Em outro texto (Goswami, 2004), apresentei argumentos a favor de muitas abordagens sobre a medicina do corpo sutil. Aqui, deveríamos acolher, acompanhando os antropólogos culturais, diferentes psicologias para investigar aspectos mais sutis da consciência. Deus está lá no fundo ou lá no alto em relação a nós? Não importa o caminho que seguimos ou como imaginamos esse caminho.

Há algumas controvérsias importantes, porém intricadas, que precisam ser resolvidas com relação ao modo como as duas escolas abordam o desenvolvimento humano. Vamos voltar a essas questões e apresentar uma solução quântica para elas, mais adiante, neste capítulo.

Também devemos observar, de maneira breve, que o modelo materialista de psicologia se detém no condicionamento psicossocial da máquina que pensa em si mesma como um ego consciente em virtude de alguns aparentes epifenômenos emergentes, como a consciência (experiências subjetivas), o livre-arbítrio etc. Neste modelo, há apenas um desenvolvimento cognitivo mecânico; o desenvolvimento nele é uma questão de quantidade de conhecimento ou de informação, como a programação de um computador ao longo do tempo. É um modelo que não tem lugar para a criatividade humana, nem abertura para se descobrir o nível dos valores e da sabedoria da alma; em outras palavras, os materialistas negam a criatividade interior. Materialistas declarados, como o filósofo Daniel Dennett, supostamente nascem e vivem como zumbis, reunindo informações, e supostamente morrem como zumbis. E vivem suas dedicadas vidas de zumbis de forma surpreendente, pelo que alguém de fora pode ver. Esse é o triste destino dos materialistas, delineado ironicamente por preferirem dizer "não" às experiências mais sutis da consciência.

Será que a ideia de estágios transpessoais do ser, ou individuação, ou daquilo a que chamamos popularmente *iluminação* (implicando transformação), não importa o nome que você queira dar, é empiricamente válida? Se for, este é um dos problemas impossíveis da visão materialista do mundo.

Será que chegamos a nos transformar?

Esta é a pergunta de 1 milhão de dólares. Os neurofisiologistas têm sua molécula da felicidade, as endorfinas, mas até eles sabem que um suprimento limitado de endorfinas não pode suprir a chave que fecha todos os acessos à infelicidade. O conceito espiritual de transformação fala de uma pessoa 100% feliz: sempre equânime, criativa quando necessário, amando incondicionalmente a todos, fervilhante de felicidade, tão pacífica que, se você se sentar perto dela durante alguns minutos, sua inquietude desaparecerá e você também se sentirá em paz. Um ser humano assim pode existir? Impossível, dizem os materialistas. Muito possível, dizem as tradições: aconteceu algumas vezes na história da humanidade. Os fundadores das grandes religiões mundiais devem ter sido assim. E ainda hoje encontramos pessoas como essas, insistem os tradicionalistas.

Como não se pode negar, há os que acreditam; os fundamentalistas religiosos ainda excedem em muito os fundamentalistas materialistas. Mas, se você é uma pessoa razoável e analisa o cenário espiritual sem preconceito, pode ter suas dúvidas.

Antes de tudo, é fácil encontrar aqueles que falam, professores que podem inspirar. Não podemos negar que a inspiração é importante, mas você se pergunta: será que o professor vive da maneira como nos inspira a viver? Mesmo na Califórnia, a Meca da Nova Era, esta dúvida levou à popularidade do ditado: "Dê o exemplo".

Em segundo lugar, há escândalos frequentes. Mais cedo ou mais tarde, o escândalo parece envolver todo professor ligado à espiritualidade que se apresenta em público. São escândalos sobre mau uso do sexo, do poder, do dinheiro, de inúmeras coisas que causam problemas para as pessoas comuns. Mas não estamos falando de pessoas iluminadas? Elas deveriam ser bem diferentes, não? Os defensores criam seu próprio lema: "Aves fazem isso, abelhas fazem isso, gurus também fazem isso". Talvez não devamos ser ingênuos a ponto de crer que a transformação iluminada será útil para nos livrarmos de nossos instintos!

A necessidade de um terreno intermediário deve ser óbvia. No entanto, ainda é um desastre, um problema impossível para a ciência materialista. Alguém pode ser 80% transformado ou, quem sabe, 60%? Isso tem valor? Sim, isso tem valor. A sociedade precisa de pessoas que, na maior parte do tempo, são felizes, criativas, inspiradoras, pacíficas, sábias, otimistas, amáveis. Pessoas que, no mais das vezes, são independentes do ambiente, têm senso de humor e não se levam a sério, e por isso aceitam suas imperfeições. Quando uma sociedade humana conta com essas pessoas em abundância, essa sociedade prospera. O oposto acontece quando há escassez dessas pessoas.

Eis uma boa notícia. O psicólogo Abraham Maslow (1968), fundador do movimento de psicologia transpessoal na América, reuniu resultados conclusivos que indicam que, de modo geral, as pessoas podem ser divididas em três categorias de saúde mental: normais, patológicas e positivas. Uns 5% de todas as pessoas têm saúde mental positiva, 30% têm casos patológicos e 65% forma a categoria normal.

As pessoas com saúde mental positiva, estudadas por Maslow, também tiveram frequentes experiências de pico – outro nome para experiências de salto quântico para o supramental. Uma maravilhosa confirmação dos dados de Maslow, sobre a transformação de pessoas que dão saltos quânticos, provém de dados sobre experiências de quase morte. As cirurgias cardíacas conseguem, às vezes, trazer de volta à vida pessoas "clinicamente mortas". Algumas dessas pessoas descrevem fascinantes experiências de "pico" enquanto estavam em coma de quase morte. O psicólogo Kenneth Ring (1984) fez um estudo cuidadoso dessas pessoas e descobriu que muitas foram (parcialmente) transformadas e vivem hoje com saúde mental positiva.

Sim, existe Deus, porque talvez 5% das pessoas da Terra têm saúde mental positiva; são otimistas, amáveis, independentes do ambiente, criativas, bem-humoradas etc., na maior parte do tempo. Essas pessoas, na linguagem da nova ciência, vivem na consciência-Deus, pelo menos de vez em quando.

Assim, a ideia de *samadhi* – *insights* criativos de percepção--consciente primária, seguidos por uma transformação ou individuação – é válida, ressalvando-se que a ideia de uma transformação da ordem de 100% precisa ser estudada com cautela.

A falácia pré-trans

Gostaria de propor uma solução para a tão comentada *falácia pré-trans*, que é um belo exemplo de confusão do novo paradigma que está surgindo na psicologia. O psicólogo transpessoal Ken Wilber não parece concordar com as ideias do psicólogo profundo Carl Jung sobre o desenvolvimento humano. Segundo Jung, no início, a criança vive em unidade com o *Self* arquetípico (quântico), como filha do divino. Com o desenvolvimento do ego, o *Self* é reprimido. Depois, o desenvolvimento pós-ego recupera o *Self* reprimido e o leva novamente ao primeiro plano. Para Wilber, o *self* da criança se limita apenas à identidade com o corpo físico. E, embora o esquema de Wilber permita que o sujeito humano tenha, em cada estágio de desenvolvimento, experiências do *self* em outro estágio como experiências transcendentais, na experiência manifestada esse acesso é bem limitado. O conceito de hólon de Wilber diz que, para uma criança, a experiência de um estágio hólon posterior, como a alma ou o supramental, com rico conteúdo arquetípico, é quase impossível, porque a criança não tem como manifestar ou processar esta experiência. Essa experiência exige um ego.

Eis como Wilber (2001) expressa sua ideia:

> A essência da falácia pré-trans é, em si, bem simples: como tanto os estados pré-racionais como os estados trans-racionais são, à sua maneira, não racionais, parecem similares ou mesmo idênticos para o observador mal-informado. E depois que pré e trans são confundidos, ocorre uma de duas falácias.
>
> Na primeira, todo estado superior e trans-racional é *reduzido* a um estado inferior e pré-racional. Experiências místicas ou contemplativas autênticas, por exemplo, são vistas como uma regressão a estados infantis... Nesses relatos reducionistas, a racionalidade é o grande ponto ômega do desenvolvimento individual e coletivo, o indicador superior de toda evolução. Nenhum contexto mais profundo, mais amplo ou mais elevado pode existir. Logo, a vida deve ser vivida de forma racional ou neurótica... Como não se imagina que possa ser real um contexto mais elevado, nem mesmo que ele exista, então sempre que ocorre um evento autenticamente trans-racional, é explicado como uma *regressão* a estruturas pré-racionais... O superconsciente é reduzido ao subconsciente, o transpessoal a pré-pessoal, o surgimento do superior é re-interpretado como uma erupção do inferior [...].

Entretanto, se a pessoa simpatiza com estados superiores ou místicos, mas ainda *confunde* pré e trans, ela irá *elevar* todo estado pré-racional a algum tipo de glória trans-racional...

Na posição elevacionista, a união mística transpessoal e trans-racional é tida como o supremo ponto ômega, e como o racionalismo egóico tende a negar esse estado superior, o racionalismo egóico é retratado como o *ponto inferior* das possibilidades humanas, como um aviltamento, como causa de pecado, separação e alienação.

Freud era um reducionista e Jung um elevacionista – os dois lados da falácia pré-trans. O ponto é que *ambos* estavam meio certos e meio errados. Uma boa dose de neurose é, com efeito, uma regressão a estados pré-racionais, estados que não devem ser glorificados. No entanto, existem estados místicos, além (e não debaixo) do racionalismo, e esses estados não devem ser reduzidos.

Aí está a falácia pré-trans. O nível da alma apenas pode ser desenvolvido após o desenvolvimento do ego. O desenvolvimento do nível da alma não é uma volta à infância.

Se você pensar de modo quântico, conseguirá resolver o problema. Os freudianos estão enganados, não resta dúvida, mas não é preciso acusar de erro os junguianos. Em cada estágio há uma identidade condicionada da consciência e uma identidade criativa – o *self* quântico, a consciência-Espírito Santo. É claro que Wilber tem razão; inicialmente, a identidade do bebê se situa nos corpos físico e vital. Mas o processamento mental inconsciente do bebê se dá sem condicionamento, sem qualquer ego; ele sempre o processa na consciência-Deus. Quando a escolha consciente ocorre, o resultado é uma experiência imediata que chamamos *self quântico* ou *experiência do Espírito Santo*. É por isso que não é errado dizer que a criança, no início, vive a maior parte do seu tempo na consciência-Deus, e não na vigília consciente, mas inconscientemente. Vê-se que os hindus consideram acertadamente as crianças como Deus até chegarem aos cinco anos de idade.

Mas os junguianos também se confundem em sua própria linguagem. Com o desenvolvimento do ego, o *self* quântico fica mais difícil de se atingir, pois os saltos quânticos são mais difíceis de se realizar. O *self* quântico não vai a lugar algum, não há regressão. Também o ego o afasta. É simplesmente da natureza do condicionamento que a criatividade seja mais difícil quando temos muita coisa na memória. Contudo, como diz Wilber, as memórias não devem ser consideradas como obstáculos ao desenvolvimento posterior. A criança tem fácil acesso às experiências do *self* quântico, mas necessita da capacidade de fazer representações mentais dessas experiências. Justamente porque nós, em nossos egos adultos, temos este vasto material de sofisticação, podemos manifestar *insights* criativos que exigem esta sofisticação. Do contrário, estaríamos redescobrindo a roda diariamente.

Comportamento altruísta

O comportamento altruísta existe, é inegável. Muitas pessoas, em todas as culturas, costumam oferecer ajuda a outras que necessitam sem esperar nada em troca. De onde vem o comportamento altruísta e desprendido? O esquema conceitual que procura incorporar o comportamento altruísta em nossa norma usual é chamado *ética*.

As tradições espirituais tornam a ética um pouco mais complicada do que o simples contexto conceitual para o estudo do comportamento altruísta. Na maioria das tradições espirituais, por exemplo, a ética trata da discriminação entre bem e mal. Nós, humanos, temos uma função discriminativa chamada *consciência*; sofremos crises de consciência se deixamos de escolher o bem. Assim é a simples declaração da ética espiritual: "Seja bom, faça o bem" (para si mesmo e para os demais) do Swami Sivananda, do hinduísmo. Outra frase, esta do rabino Hillel, expressa o mesmo conceito:

Se eu não for por mim, quem sou?
Se eu for só por mim, o que sou?

E ainda outra frase, esta do cristianismo: "Faça aos outros o que deseja que os outros lhe façam".

Esta consciência discriminativa é que nos permite fazer o bem. De onde vem a consciência? Nossa consciência é fruto do supramental ou do nível da alma. Deste modo, nosso comportamento altruísta prova a existência e a realidade do domínio supramental.

A ética é importante para as tradições espirituais porque ser bom é uma qualidade divina; é uma virtude. Se você a assimila, aproxima-se de Deus. Se você a evita, ou faz o mal, se afasta de Deus.

Religiões, como o cristianismo popular, são mais contundentes: se você for virtuoso, vai para o Céu depois que morrer. Se for o oposto, é um pecador, e vai para o inferno depois que morrer.

Esta última imagem não agrada algumas pessoas modernas. Mas alguns ainda se perguntam: e se as religiões estiverem corretas? Será que a ética é compulsória? Suponha que a ética é uma ciência, compulsória como as leis científicas – e então?

O filósofo Immanuel Kant ficou ao lado da religião, e achava que a ética era um imperativo categórico, que ele expressou sucintamente em *A metafísica da moral*: "Age apenas segundo uma máxima para que possas, ao mesmo tempo, querer que ela se torne lei universal". É uma lei moral interior em cada um de nós e é compulsória. O imperativo decorre de um senso moral de dever ou deveres que podemos deduzir pelo raciocínio. Ah, sim. Para Kant, a lei moral interior provém de uma alma imortal, outro nome dado ao supramental. Assim, para Kant, o comportamento altruísta é imperativo e prova, de fato, o nível da alma ou supramental de nosso ser.

Mas, a lei ética, ou a lei moral interior, se for este o caso, não pode ser compulsória no mesmo sentido causa-efeito da ciência. Se você tentar violar a lei da gravidade e voar, você irá cair; você causa um efeito agora. Se você engana a ética e se sai bem, onde está o sofrimento? Onde está o efeito causado? Não existe, a menos que você leve a sério o inferno. Mesmo assim, isso seria depois, e não agora!

Neste sentido, você pode sofrer crises de consciência. Mas será que a consciência é real para todos? Na imortal obra de Fiodor Dostoiévski, *Os irmãos Karamazov*, os irmãos Ivan e Alexei ficam obsessivamente divididos entre o certo e o errado, o bem e o mal. Mas o livro foi escrito em 1880, uma época diferente da nossa. Conseguimos imaginar pessoas de nossa época igualmente perturbadas com conceitos como certo e errado, bem e mal?

Mas o altruísmo é um comportamento real, empiricamente comprovado, e não é compulsório para todos. Um número significativo de pessoas ajuda outras desinteressadamente; logo, o comportamento altruísta deve nos provar algo. A questão é: o quê?

Os biólogos tentaram encontrar uma resposta para essa questão com o conceito do gene egoísta (Dawkins, 1976). Segundo esse raciocínio, somos máquinas genéticas, somos nossos genes a caminho de se propagarem e perpetuarem. Consistentemente com esse propósito, nossos genes garantem que nos comportaremos de modo altruísta com pessoas com quem repartimos esses genes. Para dar apenas um exemplo, teremos a tendência a ser altruístas com nossos filhos ou pais, mas em proporção menor com primos e menos altruístas ainda com os filhos de nossos primos.

É uma ideia interessante, mas simples de ser contrariada pela imensa quantidade de dados (relatos, é verdade) de pessoas generosas que ajudaram desinteressadamente outras pessoas sem qualquer relação de parentesco, sem qualquer expectativa de retorno. A madre Teresa é apenas um exemplo claro e recente.

Pergunto, novamente: o que o altruísmo prova, na verdade?

Ética no contexto da ciência dentro da consciência

Com a ideia da consciência não local, a ética é fácil de ser comprovada. Se você e eu não estamos separados, se pertencemos a uma consciência não local semelhante em um nível mais profundo, então, com certeza, eu posso sentir o impulso de lhe dar uma mãozinha quando você estiver necessitado, e vice-versa. Estamos apenas ajudando. O comportamento altruísta, ou qualquer comportamento ético, resulta do anseio de nosso arquétipo do *self* não local, ou melhor, sua representação mental (pode chamar consciência). Ele prova o nível supramental da existência, a alma.

No entanto, devemos comentar que existe um componente de nossa consciência predominantemente vital: é uma coisa do "coração". Pessoas mais sensíveis à energia vital, pessoas de coração aberto, sofrem mais com as crises de consciência do que pessoas menos sensíveis à energia vital, pessoas com mentes de pensamento primário.

O condicionamento, desde cedo, complica ainda mais qualquer discussão sobre a consciência. Para citar um exemplo, os fundamentalistas religiosos costumam ter um forte senso de ética e moral, mas são, em sua maioria, crenças condicionadas. Quando existe uma complexidade sutil na formação de uma escolha ética da ação adequada, como oferecer nossa ajuda para pessoas além de nosso "clã", a consciência condicionada pode não ser suficiente para resolver o dilema ético. Pode ser necessário dar um salto quântico rumo ao supramental para obter um *insight* claro sobre a ação ética a se tomar. Porém, se o condicionamento for muito sedimentado, é pouco provável que consigamos realizar estes saltos quânticos.

Sem dúvida, o altruísmo não é compulsório. Se não formos sensíveis à energia, se a situação não estiver clara à nossa frente, é pouco provável que a consciência condicionada ouça as intuições do arquétipo *self* para uma ação ética.

Como você pode verificar, a nova ciência nos oferece o contexto apropriado para compreendermos o comportamento altruísta, em todas as suas facetas. E isso prova a existência de nosso nível supramental da existência, a alma.

capítulo 14

evidência dos sonhos

Entre junho de 1998 e 2000, fui catedrático-residente no Instituto de Ciências Noéticas na área da baía de São Francisco. Lá, tive uma assistente de pesquisas bastante entusiasmada, Laurie Simpkinson. Ela precisava de um projeto para pesquisar e, embora eu seja um teórico, vi nisso uma oportunidade. Sempre me interessei pelos sonhos, e realizei muito trabalho analítico com meus próprios sonhos. Quando soube que Laurie também se interessava por sonhos, escolhi este tema para sua pesquisa. Assim, para reunir dados, criamos um grupo de sonhos no instituto. A maior parte do que é relatado neste capítulo é resultado de nossa colaboração.

A maioria de nosso conhecimento sobre a ciência dos sonhos vem de duas fontes: neurofisiologia e psicologia.

Os neurofisiologistas nos dizem, por exemplo, que os sonhos acontecem principalmente durante a fase REM (*rapid eye movement* ou movimentos rápidos dos olhos) do sono, que tem uma assinatura específica de ondas cerebrais. Os neurofisiologistas também lembram que extraímos nossas imagens oníricas do Rorschach de ruído branco que as atividades eletromagnéticas do cérebro proporcionam (Hobson, 1988). Contudo, a neurofisiologia é ontologia materialista, na qual o significado dos sonhos nunca será decifrado. Nessa ausência de uma estrutura teórica mais completa, o espectro do dualismo assombra o cenário neurofisiológico.

Psicólogos, começando com Freud e Jung, descobriram que havia muito valor terapêutico na análise dos sonhos de seus pacientes, devido ao rico significado embutido nos sonhos. Segundo Jung, os sonhos nos falam dos grandes mitos que permeiam nossas vidas. Muitos acreditam que os sonhos ajudam a formular e a perpetuar mitos pessoais que criamos e, segundo os quais, vivemos.

Mas por que os sonhos contêm significados tão profundos? Muitos cientistas são francamente céticos, insistindo que os sonhos são "absurdos" e "sem significado". Alguns vão ainda mais longe, afirmando que a análise de sonhos pode ser prejudicial à nossa saúde mental. Os biólogos Francis Crick e Graeme Mitchison (1983) escrevem: "Sonhamos a fim de esquecer". (Mais tarde, Crick e Mitchison [1986] revisaram levemente sua posição: "Sonhamos para reduzir as fantasias e obsessões" – os sonhos são um modo de esquecer coisas que, de outro modo, poderiam interferir em nossas vidas.) Explicam (1983): "Tentar lembrar os sonhos talvez não deva ser incentivado, pois esta rememoração pode ajudar a reter padrões de pensamento que deveriam ser esquecidos. Estes são os padrões que o organismo estava tentando esquecer". No entanto, nosso fascínio permanece, pois há evidências não apenas da importância terapêutica dos sonhos, como também de sua importância para a criatividade.

O fato inegável permanece: sonhamos. Mas por quê? Para que servem os sonhos? Como poderíamos compreendê-los? O que provam para nós?

Embora exista concordância no fato de os sonhos serem um estado de consciência, assim como a vigília, há grandes questionamentos filosóficos contra levar-se os sonhos a sério – ou, pelo menos, tão a sério quanto nossas experiências em vigília. Uma dessas questões é a continuidade. Levamos nossa vida desperta a sério porque há nela um caráter continuado. Os mesmos objetos aparecem repetidamente, acordamos de um sonho e nos vemos na mesma cama e no mesmo quarto em que fomos dormir. Além disso, a conexão de causa e efeito fica clara entre eventos de nossa experiência em vigília. Os sonhos, no entanto, parecem não ter continuidade. Você sonha, acorda e volta a sonhar, mas quase sempre não retorna à cena do sonho que teve antes. Raramente encontramos uma relação de causa e efeito entre episódios dos sonhos. Assim, como podemos considerar reais os sonhos no mesmo sentido que consideramos nossa vida desperta real?

Em contraste com esse modo de filosofar, os místicos do mundo adotam uma visão oposta. Eles concordam que os sonhos são irreais, mas afirmam que nossa vida desperta também é um sonho e, de certo modo, irreal. Os sonhos são criação do "pequeno eu", e a vida desperta é o sonho do "grande sonhador" – Deus – dentro de nós. Os místicos dizem que, quando percebemos que não há diferença entre vigília e sonho, que são apenas diferentes estados de consciência com valores similares, nossa perspectiva de vida muda para consciência-Deus, e nos libertamos dos grilhões dos limites humanos.

A proposta dos místicos é pelo menos corroborada, em parte, pela recente descoberta dos sonhos lúcidos (Laberge, 1985), nos quais ficamos conscientes daquilo que estamos sonhando e dos quais temos a capacidade de guiar para que nos revelem a solução de problemas de nossa vida cotidiana. Isso suscita uma pergunta: se estamos suficientemente acordados, enquanto sonhamos, para perceber que sonhamos, por que não podemos perceber que estamos sonhando, enquanto estamos acordados?

Depois, há dados sobre sonhos telepáticos e sonhos precognitivos que complicam ainda mais nossa atitude para com os sonhos. Se os sonhos podem nos falar de eventos físicos "reais", distantes no espaço e no tempo, como podemos não levar a sério os sonhos?

Materialismo ou corpos sutis?

Os modelos neurofisiológicos de sonhos mencionados anteriormente são capazes apenas de responder às questões relativas a dados físicos (relatório de EEG) colhidos na medição de atividade cerebral. Como a matéria física é considerada a base da existência para os materialistas, a atividade cerebral medida no relatório de EEG é a realidade única e final. A pessoa em casa que experimenta as sensações, sentimentos e pensamentos em sonhos que se correlacionam com o estado do cérebro é secundária ao estado cerebral físico, bem como às experiências. No materialismo, a consciência ou é um epifenômeno da matéria (cérebro) ou é (implicitamente) um corpo duplo. Se você aderir à corrente do epifenômeno, todas as explicações consistem em encontrar um mundo de explicações "objetivas" mais profundo; estas explicações fazem da questão do sujeito de uma experiência uma "pergunta difícil" (Chalmers, 1995).

Além disso, se é o caso do epifenômeno, o significado não pode ser explicado, pois com processadores de símbolos físicos finitos como o cérebro, não podemos chegar ao significado. Quem faz imagens significativas, a partir de ruído cerebral? Não há um homenzinho sentado no cérebro, observando uma tela de tevê. Algo, um corpo sutil – cujo nome é mente – deve estar situado fora do mundo material para estabelecer o significado.

O modelo materialista também é falho na explicação de sonhos telepáticos e precognitivos, pois estas qualidades não locais não podem ser explicadas na ciência materialista, na qual a localidade reina soberana.

Na visão materialista, como os sonhos são epifenômenos do cérebro, não há poder causal, muito menos poder causal tão forte quanto o do estado de vigília. Portanto, se quisermos compreender o significado dos sonhos e de sua não localidade e poder causal, devemos procurar fora da visão materialista.

Para dar um início correto a uma ciência dos sonhos, devemos considerar a consciência como a base de toda a existência, constituída de cinco níveis ou mundos da existência – o físico, o vital, o mental, o supramental e a base sublime da existência. O objetivo mais importante deste capítulo consiste em provar a veracidade de uma classificação quíntupla dos sonhos, estabelecendo assim a veracidade de nossos cinco corpos na consciência.

E o que os sonhos nos provam? Eles dão evidências bastante definitivas de que não somos um corpo material, mas cinco corpos dentro da consciência.

Quem sonha? A resposta da física quântica

Quem sonha? É um dilema conceitual no pensamento materialista porque uma explicação objetiva para uma experiência subjetiva (do sonhador) é um paradoxo insolúvel. A física quântica nos oferece uma saída.

Quem sonha? A consciência sonha, convertendo ondas de possibilidade em eventos manifestados dos sonhos, e neste processo se divide em duas partes: uma parte, o sonhador, se vê separado da outra parte, os objetos do sonho.

Um lembrete. Como se cria individualidade-ego? A resposta, repito, é que as experiências criam a memória; este *feedback* da memória modifica a dinâmica do movimento quântico a favor de nossas reações passadas a estímulos. Em outras palavras, ficamos condicionados a responder de algum modo, um modo quase individualizado, em vez de reter toda a liberdade que temos quando somos ingênuos. Esses padrões condicionados é que criam nosso ego individual, junto com a história contida na memória.

Logo, seria incorreto presumir que a continuidade de um corpo, ao longo do tempo, provém do mundo manifestado, pois a continuidade no mundo concreto é um efeito causado pela continuidade da maneira condicionada segundo a qual nós o experimentamos.

Os estados de consciência

A experiência humana, corroborada pelos dados sobre ondas cerebrais, nos permite enunciar os três tipos de estado de consciência:

1. **O estado de vigília**: nele, temos a percepção-consciente exterior e a interior.
2. **O estado dos sonhos**: nele, existe apenas a percepção--consciente interior.
3. **O estado do sono profundo e outros estados nirvikalpa**: nele, não há qualquer percepção-consciente sujeito-objeto. Não há colapso das ondas de possibilidade. A palavra sânscrita *nirvikalpa* significa "sem separação".

Poderíamos dizer que o estado de vigília é mais real do que o estado dos sonhos apenas por que, quando estamos acordados, temos tanto percepção-consciente interior quanto exterior? Não devemos nos precipitar. Há resultados sugerindo que, ocasionalmente, mesmo nos sonhos, temos percepção-consciente objetiva (portanto, exterior).

Na psicologia iogue, a consciência tem três aspectos de definição – existência, percepção-consciente e êxtase. Podemos ver, de um modo fácil, que estas qualidades estão igualmente disponíveis tanto no estado de vigília quanto no de sonho. As evidências a favor da existência e da percepção-consciente são claras, mas válidas até para o êxtase. Assim, como podemos realçar o nível de êxtase em nossas vidas cotidianas por meio de práticas espirituais e saltos quânticos, podemos, de forma análoga, realçar o nível extático de nosso tempo onírico com métodos desenvolvidos em tradições esotéricas chamados *dream yoga* – a prática da percepção-consciente durante o sonho.

Agora, o que dizer da alegação do filósofo – que os sonhos não têm continuidade entre causa e efeito, que vão de episódio em episódio, sem qualquer continuidade causal aparente? Em contraste com a aparente fixidez da percepção-consciente de vigília (e quem pode lamentar essa fixidez? Precisamos dela como ponto de referência a fim de nos comunicarmos com os outros), onde a incerteza quântica é camuflada, os sonhos preservam sua natureza quântica em muito maior extensão, cedendo somente um pouco à fixidez newtoniana, em virtude do condicionamento. Assim, nos sonhos, temos a continuidade condicionada, o que nos dá o enredo de um episódio específico de sonho. Mas, quando o episódio muda, temos a oportunidade de experimentar a descontinuidade causal do colapso quântico. Na verdade, porém, é comum encontrar uma continuidade sutil, até na mudança de episódios. Mas você precisa analisar o significado para encontrá-la.

Isto nos leva a outra pergunta feita pelos filósofos. Quando despertamos de um sonho, voltamos à mesma realidade desperta (talvez apenas com pequenas mudanças, simples de se explicar), mas quando voltamos ao sonho, raramente encontramos a mesma realidade onírica. Assim, como a realidade nos sonhos pode ser levada a sério? A resposta a esta pergunta é que os sonhos falam conosco sobre a psique – suas preocupações são sentimentos, significado e contextos de significado. Dessa forma, precisamos procurar a continuidade não no conteúdo, mas sim no significado e no sentimento. Quando fizermos isso, veremos prontamente que, no mais das vezes, em especial na mesma noite, voltaremos à mesma realidade onírica em termos de significado ou sentimento. O conteúdo e as imagens mudam, mas os sentimentos e significados associados permanecem iguais.

Essa forma de entender os sonhos também pode resolver outra pergunta que, às vezes, é feita. Em nosso estado de vigília, podemos falar de nossos sonhos, e falamos deles. Por que não podemos fazer algo similar, falando de nossa vida desperta enquanto sonhamos? Mas nós o fazemos! A exceção é que a linguagem dos sonhos é composta de sentimento, significado e contextos do significado (símbolos arquetípicos). Esta linguagem é um pouco difícil de penetrar. Quando conseguimos, descobrimos que em nossos sonhos falamos, de fato, dos problemas da vida desperta; nós os reencenamos deste ou daquele modo e, às vezes, até encontramos soluções criativas.

Assim, psicoterapeutas que estimulam seus clientes a trabalhar com sonhos, especialmente no nível do significado, estão sendo úteis. É bom verificar que, começando por Freud (1953), seguido por Jung (1971), Adler (1938) e outros, os psicoterapeutas presumem que o significado que o sonhador vê nos símbolos do sonho é muito importante. O psicólogo *gestalt* Fritz Perls (1969) resume muito bem essa atitude ao dizer que: "Todas as partes do sonho são você, uma projeção de si mesmo".

A nova ciência quântica dos sonhos concorda: um símbolo onírico é uma projeção de si mesmo, representando apenas o significado pessoal que você atribui a esse símbolo no contexto global do sonho, dando-se atenção ao aspecto do sentimento. Também são muito importantes os outros personagens humanos do seu sonho. Quando você vê sua mãe em um sonho, ela é você, a parte de você que se parece com sua percepção de sua mãe. Porém, há também símbolos contextuais universais (que Jung chamava *arquétipos*) representando os temas universais que aparecem nos sonhos e, nesse caso, projetamos universalmente o mesmo significado. Um desses temas é o da "jornada do herói", na qual o herói sai à procura da grande Verdade; o herói a encontra, é transformado e volta para ensinar os demais.

Vê-se, então, que a análise dos sonhos não é apenas uma ciência, mas uma arte, pois é preciso procurar um significado pessoal no contexto no qual o símbolo ocorre. Algumas escolas terapêuticas sugerem que se leve o sonhador através das experiências de sentimento que ocorrem durante o sonho, e apenas se faça uma análise quando os sentimentos adequados forem mais uma vez experimentados pelo sonhador. Esta é uma boa estratégia.

O nível de significado de nossa vida também está ativo nos eventos em vigília, mas ficamos tão desorientados pelo clamor dos símbolos fixos na vida desperta que poucas vezes prestamos atenção em seu significado. Suponha, por exemplo, que um dia você tenha um número incomum de encontros com placas de "Pare" enquanto dirige pela cidade. Você pararia para pensar que isso pode ser algum tipo de sincronicidade? Os sonhos lhe oferecem uma segunda chance. Na mesma noite, você pode sonhar que está dirigindo seu carro e se defronta com essa placa de trânsito! Ao acordar, pode perceber que o carro representa o seu ego e que a placa de "Pare" chama sua atenção para que você freie seu crescente autocentrismo.

A nova classificação dos sonhos

São muitas as classificações dos sonhos. Uma delas simplesmente põe um rótulo sobre um sonho que pode ser explicado de modo mais simples pela teoria de uma escola em particular: logo, temos sonhos freudianos (como os de realização de desejos, por exemplo), sonhos junguianos (nos quais aparecem símbolos arquetípicos), sonhos adlerianos (que revelam o sistema de crenças específico do sonhador, sua lógica, preconceitos e erros), e assim por diante. Mas esse tipo de classificação parece bem arbitrário e ambíguo.

Será possível, para a nova ciência dentro da consciência explorada neste livro, levar a uma classificação dos sonhos sem ambiguidades? A resposta é sim. Em sua maioria, os sonhos podem ser melhor analisados e compreendidos sob a perspectiva de cinco corpos – o corpo físico, o corpo de energia (vital), o corpo mental, o corpo de temas supramental e o corpo sublime.

1. **Sonhos do corpo físico**: são os chamados *sonhos de resíduos do dia*, do corpo físico, no qual a lembrança do físico desempenha um papel no sonho.
2. **Sonhos do corpo vital**: são pesadelos nos quais a qualidade dominante é uma forte emoção, como o medo.
3. **Sonhos do corpo mental**: são aqueles nos quais o significado dos símbolos predomina, e não sua sintaxe ou contexto, como os sonhos com gravidez ou vôo. Muitos sonhos recorrentes (mas não pesadelos) fazem parte desta categoria. Estes sonhos nos falam de nossa vida de significados, a saga contínua de nossa mente.
4. **Sonhos supramentais**: são os que contém símbolos universais objetivos, arquétipos junguianos. Estes sonhos nos revelam a exploração e o desenrolar contínuo dos temas arquetípicos de nossas vidas.
5. **Sonhos do corpo sublime**: são raros, nos quais os assuntos do físico, do vital, do mental e até do supramental são transcendidos. O sonhador acorda com uma profunda sensação de êxtase, ancorado na existência. Aqui, o corpo dominante envolvido é o corpo sublime ilimitado, aquilo que temos de eterno.

No entanto, um aviso: às vezes, os sonhos atuam simultaneamente em mais de um nível. Sonhos sexuais, por exemplo, têm não somente a tipologia dos sonhos físicos como também a do corpo de energia, a energia sexual. Sonhos criativos extraem um problema da vida física (os símbolos representam o que são) e usam imagens arquetípicas para sugerir a solução.

Agora, vamos ilustrar a classificação com alguns exemplos.

Minha colaboradora na pesquisa de sonhos, a psicóloga Simpkinson, teve um sonho no qual estava na cama e seu gato estava se esfregando o tapete. Quando ela estava quase se levantando para interromper o gato, acordou e encontrou o gato sobre ela, esfregando e arranhando o cobertor. Este é um sonho do corpo físico, no qual o gato esfregando o tapete surgiu do efeito do gato tentando arranhar a sonhadora. Sonhos do corpo físico também incluem os sonhos que simplesmente repetem as atividades do dia, em especial aquelas que deixaram um sinal na memória muscular do corpo físico.

A seguir, um exemplo de sonho com predominância do corpo vital: Nancy, participante do grupo de sonhos do Instituto de Ciências Noéticas, falava de um tema recorrente de muitos de seus sonhos. Como exemplo, relatou este sonho emocionalmente carregado ao grupo:

> Eu estava chegando em casa e minha irmã disse que ia sair, e entrei na casa e não havia ninguém lá. Olhei em todos os cômodos e nada – todos tinham me abandonado. Ao mesmo tempo, foi assustador, pois senti que havia um fantasma ou algo parecido na casa.

Este sonho foi impelido pela emoção do medo – o medo de ficar sozinha, o medo de fantasmas etc. Neste sentido, as imagens simbólicas são as da psique da sonhadora (a casa), e ela receia que acabe ficando sozinha, abandonada, com os "fantasmas" de lá. Este medo também foi relevante em sua vida desperta, pois seu estilo de vida impedia quaisquer oportunidades de passar algum tempo sozinha.

Após relatar o sonho, Nancy falou de uma experiência da infância, quando estava brincando com seus irmãos fora de casa. Em determinado momento, ela correu para dentro, a fim de mudar de roupa. Seus irmãos resolveram pregar-lhe uma peça e se esconderam, para que ela pensasse que tinham saído sem ela. Ela se lembrou que procurou pela casa toda, achando que havia sido abandonada.

O corpo mental tinha feito dessa experiência de infância um arquétipo pessoal para Nancy, no sentido de que, quando o sentimento de isolamento precisou surgir em sua vida, ela se manifestou com essa história familiar. Logo, os sonhos recorrentes, em torno desse tema, estavam comunicando a sensação de isolamento e a necessidade de atenção.

Quando analisamos a simbologia dos sonhos, podemos entender na casa a psique de Nancy. O medo de fantasmas indica que estar sozinho na psique é uma experiência assustadora para ela. Nancy passava muito tempo sozinha, mas, depois, percebeu que era um tempo gasto em uma atividade, como ler um livro ou limpar a casa. O problema estava no pouco tempo que passou sem fazer nada – apenas ficando consigo mesma. Tanto na vida desperta quanto nos sonhos, o medo cercava essa ideia. Esse aspecto de pesadelo baseia-se no corpo vital de sentimentos, que também é a área da psique que exigia atenção.

Este sonho revelou a Nancy a necessidade de solidão e calma. Inesperadamente, duas semanas após esse sonho, Nancy teve de se acomodar em uma nova situação de vida, e mudou-se sozinha para um apartamento. Contudo, apenas quando foi à reunião seguinte do grupo de sonhos e mencionou que havia se mudado foi que ela conseguiu relacionar a história do sonho à manifestação de sua situação efetiva. Embora a mudança para um lugar solitário não tenha sido a solução completa – ela ainda precisava usar o espaço para passar algum tempo sozinha –, foi outro símbolo importante, sugerindo a necessidade de estar sozinha em sua psique. É muito importante verificar como tanto a vida desperta quanto a vida nos sonhos manifestaram símbolos relevantes para mostrar-lhe áreas de crescimento pessoal.

Embora o sonho a seguir (também relatado por uma participante do grupo de sonhos do Instituto, chamada Júlia) tenha características do corpo vital, com uma emoção perturbadora, pode ser compreendido basicamente como um sonho do corpo mental, no qual predomina o significado dos símbolos.

> Eu estava em um barco com meu marido e meus filhos. Chegamos ao primeiro destino, e o barco começou a afundar. Desci as escadas até a minha bolsa, que estava virada na água, e tentei reunir meus objetos pessoais. Fiquei aborrecida por ver que meus filhos e meu marido não pareciam interessados em me ajudar. Então, o barco se transformou em uma canoa. Eu estava preocupada em pegar meus objetos porque precisávamos tomar um avião que ia decolar logo. Finalmente, percebi que não ia conseguir pegar o avião, mas mesmo assim fiquei magoada por ninguém querer me ajudar.

Ao analisar este sonho, fica evidente que a psique de Júlia estava se ajustando a uma solidão recém-descoberta, pois seu filho mais novo estava se formando e saindo de casa. O sonho reflete um mergulho na psique (descer pelo barco), no qual nenhuma de suas demais identidades de ego (sua família) quis acompanhá-la. Lá, ela reúne as coisas que caíram da bolsa – a carteira de motorista (literalmente, sua identidade), fotos de família (como ela se identifica), sua carteira (o dinheiro como um símbolo de valor) etc. – para conseguir ordenar quem ela é. A canoa, um veículo autopropelido, mostrou que sua psique mudou do barco coletivo, pois agora estava sozinha. Então, ela percebe que eles não poderão continuar juntos, pois não vão "conseguir pegar o avião".

Eis uma ilustração de sonho do corpo supramental: Simpkinson teve um sonho simples na primeira noite em que se pôs a buscar uma visão.* Sonhou que estava caminhando na floresta onde ela e várias outras pessoas estavam em uma busca de visão. Enquanto se reunia com os demais, numa animada confraternização, começou a chover. A chuva foi intensa, e caiu sobre a colina onde os buscadores estavam reunidos.

Este sonho foi de purificação, iniciando-a na busca da visão. A água, neste caso na forma de chuva, é o arquétipo do inconsciente. Como ela queria conhecer seu inconsciente naquela busca, a chuva foi uma bênção importante. Não apenas a chuva a estava limpando, como também tocando, caindo em um lugar onde ela e o inconsciente podiam se encontrar. Desse modo, o inconsciente estava concordando em se abrir e homenageá-la com sua presença.

A seguir, um exemplo de sonho do corpo sublime, neste caso obtido por meio de esforço lúcido (Gillespie, 1986).

> Se as condições me permitirem ficar concentrada durante um bom tempo sem... [interrupções no sonho], gradualmente perco a percepção-consciente do corpo e me aproximo da eliminação total de objetos da consciência. A atividade mental cessa. Cheguei a este ponto de pura consciência, mas que eu saiba não consegui permanecer nele. Como fiz cessar a noção dos sentidos e a atividade mental, transcendi meu *self* físico e meu *self* mental... O fenômeno final é a plenitude da luz... Geralmente, ela surge como o Sol que se move desde o alto da minha cabeça até um ponto em que tudo que vejo é uma luz brilhante. Fico consciente da presença de Deus e sinto uma imensa e espontânea alegria. Enquanto dirijo minha atenção para a luz, vou perdendo lentamente a percepção-consciente de meu corpo de sonho. Perder a imagem do sonho e a percepção-consciente de mim mesma na evidente presença de Deus é experimentar a transcendência. Esta é a experiência, qualquer que seja a explicação. A luz plena, a percepção-consciente de Deus, a perda gradual da percepção-consciente de mim mesma, a felicidade (também chamada beatitude ou êxtase) e uma devoção incontrolável são fenômenos mencionados comumente na literatura mística.

Este exemplo descreve a perda da identidade do ego quando o mergulho na luz e uma grande felicidade nos assomam. Todas as classificações anteriores de sonhos se dissolvem, pois não há estruturas de significado simbólico no estado de êxtase. Há apenas puro êxtase – a ausência de separação.

---

* No original, *vision quest*, um rito de passagem, como se fosse uma iniciação. [N. de T.]

Mais sobre sonhos e psicoterapia

Por que os sonhos são úteis para a psicoterapia? Freud acertou quando percebeu que há processos mentais em nosso inconsciente, mas não estamos conscientemente seguros de sua presença em nossa vida desperta. Existe a possibilidade de se ativar memórias de traumas sempre que um estímulo similar se apresenta, mas a dinâmica de repressão nos impede de relembrar e manifestar estas memórias. Assim, essas memórias afetam nossas ações por meio de processamento inconsciente e nos levam a ações para as quais não conseguimos explicação racional. E isto nos deixa neuróticos. No estado onírico, o componente físico do ego, a identidade do corpo, está ausente, o que enfraquece o ego e a habitual defesa do ego contra memórias reprimidas. Portanto, essas memórias podem aflorar nos sonhos. E é uma dádiva para os psicanalistas – na verdade, para os psicoterapeutas, em geral.

Os sonhos também nos falam mais de perto sobre o ego mental e o ego emocional do que nossas experiências em vigília. Pela análise de sonhos, os terapeutas podem obter uma noção da estrutura do significado – o ego mental – que seus clientes criam como parte de sua personalidade. E o mesmo se aplica à estrutura emocional – o ego de energia vital mentalizada. A tarefa da terapia é, quase sempre, a ruptura dessas estruturas rígidas, pois seu conhecimento pode ser uma ferramenta valiosíssima para os terapeutas. E este conhecimento está disponível nos sonhos do corpo vital e do corpo mental.

A criatividade nos sonhos

São muitos os relatos de revelações criativas nos sonhos. Talvez, o mais famoso seja o sonho de August Kekule sobre cobras que se encaixavam formando um círculo e propiciou a ele o *insight* de que a ligação dos elétrons em uma molécula de carbono é circular, um conceito radicalmente novo. E conta-se que Niels Bohr teria desenvolvido seu modelo atômico inspirado em um sonho.

Heisenberg descobriu a equação fundamental da mecânica quântica em um sonho. E não são apenas os cientistas que obtêm suas ideias em sonhos. Beethoven retirou a ideia para um de seus cânones de sonhos. Há muitos outros exemplos de músicos, artistas, escritores e poetas (Goswami, 1999).

Por que os sonhos deveriam propiciar a criatividade? O processo criativo consiste em quatro estágios: preparação, processamento inconsciente, salto quântico de *insight* e manifestação. Em vigília, nos identificamos com nosso corpo e estímulos físicos dominam nossa vida desperta. Nos sonhos, a identidade do corpo está ausente, e estamos totalmente identificados com nossa psique. Como resultado, muitas coisas que normalmente são relegadas ao processamento inconsciente em nossa experiência de vigília, deixamos fluir e causamos o seu colapso para experimentá-las em sonho. Não podemos precipitar um evento físico. Mas, com a ajuda do ruído/Rorschach disponível no cérebro, podemos fazer experiências com a criação de imagens de nossas ideias no nível do sentimento e do significado e, de vez em quando, somos recompensados com um salto quântico que ocorre no contexto de significado ao despertar, baseado na expedição onírica.

O poeta romântico inglês Samuel Coleridge descreveu graficamente sua jornada em sonhos por meio de símbolos que o ajudaram a compor seu famoso poema "Kubla Khan" desta forma: "Se você dormisse, e se em seu sono você sonhasse? E se em seu sonho você fosse para o céu, e lá colhesse uma bela e estranha flor? E se, ao despertar, você tivesse a flor em sua mão?" Muito bem colocado.

A equipotência dos estados de vigília e de sonho da consciência

Agora, chegamos à pergunta importante: será que os estados oníricos são tão poderosos quanto os estados de vigília? Será que nossa vida nos sonhos deve ser levada tão a sério (ou, como fazem os místicos, com a mesma leveza) quanto nossa vida desperta? Há alguns fenômenos, alguns antigos, outros novos, que apontam para uma resposta positiva. Entre esses fenômenos estão a telepatia em sonhos, sonhos precognitivos, sonhos de transição, sonhos compartilhados e sonhos lúcidos.

Como este capítulo sugere, os sonhos usam símbolos do mundo em vigília não para criar conteúdo, mas sim sentimento, significado e contexto de significado. No entanto, sonhos telepáticos (que são a transferência não local de informações pelo espaço, uma vez que nossa consciência não local causa o colapso de experiências similares em duas pessoas correlacionadas), precognitivos (mesma transferência não local de informações, mas agora através do tempo) e sonhos de transição são exceção a essa regra geral. Nesses sonhos, determinados objetos da realidade desperta significam de fato esses objetos. Em geral, a morte de um parente próximo é conhecida dessa maneira, por sonho telepático ou precognitivo, ou seja, nesses casos, a morte significa a morte de uma pessoa física, e não é um símbolo de outra coisa. Logo, neste tipo de sonho, o mundo físico exterior e o mundo interior da psique se misturam, o que sugere que, pelo menos nesses sonhos, os sonhos são tão "reais" quanto o mundo físico.

Em conexão com a telepatia em sonhos, a pesquisa do psiquiatra Montague Ullman, do parapsicólogo Stanley Krippner e do sensitivo e editor de *Psychic,* Alan Vaughan (1973), realizada no Maimonides Hospital de Brooklin, Nova York, ao longo de uma década, é definitiva e apresento mais detalhes no Capítulo 16.

Sonhos compartilhados são aqueles em que duas pessoas têm o mesmo sonho básico, ou que cada uma aparece, às vezes, no sonho da outra (Magallon & Shor, 1990). De maneira comum, os sonhos são internos, mas se duas pessoas compartilham um sonho, estão sendo elevadas a uma realidade de consenso por meio de uma correlação não local. Como podemos negar que a realidade nos sonhos está no mesmo cenário que a realidade desperta?

A melhor prova dessa equipotência da vida nos sonhos e da vida desperta consistiria em encontrar resposta para esta pergunta: usamos sonhos em nossa vida desperta para resolver problemas de nossa vida desperta. Será que, de modo semelhante, enquanto sonhamos, usamos o material da vida desperta para resolver problemas da vida nos sonhos? A previsão da atual teoria é de que podemos. Esta questão deveria ser investigada experimentalmente, trabalhando-se com os símbolos dos sonhos como objetos "reais" em sua vida desperta. Suponha, por exemplo, que você veja símbolos de relógios em seus sonhos. Sugiro que você lide com relógios físicos quando estiver acordado e veja o que isso faz com seus sonhos.

Sonhos lúcidos – nos quais estamos cientes de que estamos sonhando, enquanto sonhamos – são outro instrumento para investigar a equipotência da vida nos sonhos e da vida desperta. Mencionei anteriormente que é uma boa hipótese que, em um sonho, todos os personagens sejam, de algum modo, o próprio sonhador. Segundo a atual teoria, com alguma prática e com criatividade, deveria ser possível perceber isso no sonho, enquanto sonho lúcido – que o sonhador conhece o "interior" de todos os personagens do sonho. Esta percepção é a percepção mística da unidade da consciência.

Quando percebemos que somos tudo o que existe na realidade onírica, essa constatação deve subsistir também na percepção-consciente de vigília. Percebemos que a realidade desperta também é um sonho criado por nós e que tudo na realidade desperta também somos nós. Esta afirmativa responde à questão mística: "A realidade desperta não seria um sonho, um sonho de Deus?" Logo, este tipo de sonho lúcido deveria ser um grande tema da investigação experimental.

Desse modo, os sonhos não apenas proporcionam evidências científicas definitivas para os corpos sutis, como também têm o poder de nos revelar diretamente a natureza da realidade como um todo.

capítulo 15

reencarnação: algumas das melhores evidências da alma e de deus

Ouvi dizer que perguntaram ao Dalai Lama se havia alguma pesquisa científica que poderia levá-lo a abrir mão de suas crenças budistas sobre a espiritualidade. A resposta que o Dalai Lama teria dado é que se os cientistas chegassem a provar que a reencarnação nunca acontece, então ele poderia mudar de ideia.

O que é a reencarnação? O que torna as informações da reencarnação definitivas a favor da espiritualidade?

A reencarnação é a ideia de que em nós existe alguma essência que sobrevive à nossa morte e que renasce em outro corpo. Na linguagem popular, essa essência é chamada alma; contudo, o significado da palavra "alma" é um pouco mais amplo do que o mostrado no Capítulo 13. No contexto reencarnacionista, alma denota todo o "corpo sutil", consistente nos componentes vital, mental e supramental. A reencarnação pode ser compreendida de imediato dentro do modelo humano que estamos explorando neste livro (para detalhes, ver Goswami, 2001).

Quem sou eu? Tenho um corpo físico. Além disso, tenho um corpo vital individual e um corpo sutil, definido por meus padrões de hábitos vitais – as maneiras específicas com as quais aciono meu corpo vital. No Capítulo 11, mostrei a dominação yang e yin do corpo vital em relação com a medicina tradicional chinesa. A quantidade relativa de yang e yin é um modo de definir minha individualidade vital. Também tenho um corpo mental individual definido por meu padrão de hábito mental. Como parte de meus corpos vital e mental, tenho ainda um repertório de contextos arquetípicos descobertos de sentimentos e significados. E se eu vivenciar essas representações vitais e mentais dos arquétipos terei, inclusive, suas representações físicas.

Verifica-se, assim, que enquanto o corpo físico é estrutural, nossos corpos vitais e mentais individuais são funcionais. O conglomerado de corpos vitais e mentais individualizados, em conjunto com o corpo supramental universal, é chamado alma na linguagem popular dentro do contexto reencarnatório. Eu o chamo *mônada quântica* para evitar ambiguidade (Goswami, 2001).

Como a mônada quântica é funcional, ela não tem uma memória registrada na estrutura, mas sim uma memória quântica que os orientais chamam *memória akáshica*. (A palavra sânscrita *akasha* significa não local – além do tempo e do espaço). É uma memória similar às leis da física que nos afetam e guiam nosso comportamento desde um domínio transcendente. A diferença entre as leis físicas e a memória akáshica quântica não local é, sem dúvida, o fato de que enquanto aquelas são universais, esta tende a ser pessoal.

Mas a memória quântica não precisa ser pessoal por uma vida apenas. Se muitos corpos físicos humanos, em muitos momentos e locais diferentes, expressam a mesma mônada quântica em desenvolvimento, a mesma memória quântica, eles são chamados reencarnações de uma única mônada quântica (Figura 15.1). Empiricamente, descobriu-se que essas encarnações ou nossas vidas passadas estão correlacionadas não localmente uma com a outra e, sob circunstâncias especiais, podemos vislumbrar as memórias locais de cada uma. Na verdade, os dados sobre esta recordação de vidas passadas – semelhante à telepatia mental através do tempo e do espaço – proporcionam

Figura 15.1. Modelo da reencarnação. A mônada quântica e a janela não local proporcionam o fio que vincula nossas diversas encarnações através do tempo e do espaço.

uma prova definitiva da causação descendente por uma consciência não local (Stevenson, 1973, 1977, 1983).

Agora, você pode compreender o comentário do Dalai Lama sobre a reencarnação. O motivo de sua suprema importância é que as informações sobre a reencarnação provam todos os três aspectos essenciais – causação descendente, corpos sutis e o divino supramental – das religiões e tradições espirituais em um único golpe. A reencarnação é impossível se a matéria for a base da existência; ademais, os dados provam que nossos corpos sutis são reciclados, confirmando sua existência. Por que a reencarnação? Apenas por meio de muitas encarnações nos aproximamos gradualmente do divino supramental (repertórios adquiridos de arquétipos supramentais), o que é impossível de se fazer em uma vida.

As informações sobre reencarnação possuem um aspecto denso e um mais sutil. O aspecto denso consiste em todas aquelas memórias de conteúdo reencarnatório que as pessoas, tanto as crianças (Stevenson, 1973, 1977, 1983) quanto os adultos, sob hipnose em terapia de regressão a vidas passadas (Wambach, 1978), relembram. Outra técnica, que parece evocar lembranças reencarnatórias, é a respiração holotrópica desenvolvida pelo psiquiatra Stan Grof (1998). A explicação para essa ampla quantidade de dados é a não localidade quântica e é facilmente encaixada em nosso modelo reencarnatório de mônadas quânticas em reciclagem (ver detalhes em Goswami, 2001).

O aspecto mais sutil dos dados reencarnatórios consiste no fenômeno da genialidade e em distúrbios psicológicos, como fobias, que não podem ser explicados simplesmente por traumas reprimidos desta vida. Há ainda alguns outros fenômenos (ver a seguir). Primeiro, iremos discutir porque pessoas geniais e pessoas com fobias são uma prova tão forte para a ideia da reencarnação.

O fenômeno da genialidade

Em geral, a explicação materialista para a genialidade e o talento é a genética. Supõe-se que as pessoas têm "genes do talento". E isso teve início com o trabalho de um cientista do século 19, Francis Galton (1869), intitulado *Gênio hereditário*. Galton afirmou: "Proponho-me a mostrar que as habilidades naturais do homem derivam de herança, exatamente sob as mesmas limitações da forma e dos aspectos físicos do mundo orgânico". Galton até apresentou uma lista impressionante de genealogias de pessoas talentosas; citando um exemplo, 40% dos poetas de sua lista (entre os 56 que analisou no total) tinham "parentes muito dotados de talento".

Galton elaborou seu trabalho antes que qualquer pessoa soubesse como a hereditariedade funcionava. Quando os genes foram descobertos, a princípio, houve grande entusiasmo com relação ao trabalho de Galton, mas acabou desaparecendo quando mais dados foram coletados e foi possível conhecer melhor a genética. Infelizmente, o fato é que ninguém, nem naquela época, nem hoje, encontrou qualquer gene do talento ou da criatividade. Além disso, hoje sabemos que os genes não costumam se expressar em correspondência individual com as características macroscópicas das pessoas. E, em particular, isso é válido para traços de personalidade para os quais contribui, de forma significativa, ao menos o condicionamento ambiental da vida cotidiana. Além disso, o fato gritante de que os filhos dos gênios raramente são gênios exclui a herança genética da criatividade ou da genialidade.

Podemos fazer uma pergunta: "Será que há traços de personalidade que contribuem para a criatividade de um gênio?" Claro que características como autodisciplina e pensamento divergente (a capacidade de pensar em um problema de muitas formas diferentes) contribuem para a criatividade de um gênio, mas não há garantias. O pesquisador Donald MacKinnon (1962) realizou uma pesquisa sobre arquitetos em 1962, na qual descobriu que um grupo não criativo compartilhava 39 dentre 40 características com o grupo criativo.

Se não são os traços de personalidade, são o quê? Relato atrás de relato sobre gênios mostram que o que mais contribui é um forte senso de intencionalidade e um impulso psicológico para explorar o significado, em especial os contextos arquetípicos do significado. Este impulso é chamado *sattva* pelos orientais – a propensão para usar a mente para a criatividade fundamental. O psicólogo Carl Jung (1971) identificou esse impulso nos tempos modernos como um impulso psicológico inconsciente que ativa as imagens arquetípicas do inconsciente coletivo.

Pessoas criativas e práticas são os inventores, que usam a criatividade situacional em suas mentes, chamada pelos orientais *rajas*. E não podemos nos esquecer de que a maioria da humanidade não se enquadra nem em *rajas*, nem em *sattva*, usando suas mentes apenas segundo o condicionamento – uma tendência que os orientais chamam *tamas*. Se os gênios possuem uma quantidade incrível de *sattva*, tão dominante que nem as nossas tendências ao condicionamento, nem a criatividade situacional comum pode obstruir, de onde vem *sattva*? Creio que a predominância de *sattva* nos gênios só pode ser compreendida em uma estrutura reencarnacionista (Goswami, 1999). É preciso muito esforço para nos livrarmos das tendências de *tamas* e *rajas*, além de um excelente cultivo de qualidades arquetípicas divinas, antes que *sattva* domine a personalidade. Em outras palavras, um gênio é uma alma antiga.

Stevenson, principal pesquisador da memória reencarnatória, acredita, com base em seus dados, que existe uma relação entre genialidade e reencarnação. Por que Mozart conseguia tocar piano perfeitamente aos três anos e o matemático indiano Ramanujan conseguia somar séries matemáticas infinitas quando muito jovem? Os genes não podem ser resposta satisfatória, segundo o que aprendemos a respeito de traços de personalidade. Condicionamento ambiental? Quanto condicionamento especial você consegue impor a uma criança de três anos? Ramanujan não recebeu sequer uma educação formal em matemática antes dos 10 anos. E ainda, pense que se outros de sua idade estão entretidos com toda sorte de atividades dominadas por *tamas* e *rajas*, quais as chances dessas crianças se dedicarem a atos de *sattva* como a música e a matemática? Stevenson relata muitos casos nos quais a propensão adquirida em uma vida passada é a única resposta à genialidade.

Fobias

Em termos psicanalíticos, a fobia consiste em um condicionamento decorrente de experiências traumáticas de infância, no qual a pessoa tem aversão a algo. Mas Stevenson encontrou muitos casos em que havia fobia, mas nenhum trauma de infância. Portanto, Stevenson (1974, 1987) atribuiu esses casos de fobia à categoria de herança reencarnatória. Muitos outros foram relatados por terapeutas especializados em regressão a vidas passadas (Woolger, 1988). Assim, o que torna os trabalhos mais recentes convincentes é que a terapia de regressão a vidas passadas é eficiente na cura da fobia adquirida em outra vida.

Outros fenômenos correlacionados

Agora, vou mencionar alguns outros casos de herança do caráter de vidas passadas. Comecei este capítulo citando o Dalai Lama. O cargo religioso de Dalai Lama não é herdado, como nas monarquias, nem é uma posição resultante de eleições, como em uma democracia. Como os tibetanos escolhem o Dalai Lama? Eles acreditam que lamas e rinpoches (*rinpoche* é um título honorífico do budismo tibetano) são personalidades especiais, espiritualmente completas (mônadas quânticas) que reencarnam em sua cultura de forma continuada. Os tibetanos dependem da recordação de memórias reencarnatórias, e mais ainda de traços de caráter transmigrados pela reencarnação, como predomínio de *sattva*, a capacidade de ler e recitar escrituras etc., para descobrir a atual encarnação de lamas e rinpoches. Com efeito, o atual Dalai Lama foi encontrado com base nesses testes.

São muito convincentes os casos de transmigração reencarnatória de propensões do corpo vital. Vou apresentar aqui um caso impressionante, extraído do amplo repertório de Stevenson. O sujeito desse caso era um homem do leste da Índia que se lembrava de ter sido um oficial do exército britânico na vida anterior e de ter servido na Primeira Guerra Mundial, na qual foi morto com tiros na garganta. Stevenson conseguiu confirmar muitos detalhes da história de vida passada desse homem visitando a cidade escocesa de sua vida anterior, detalhes a que a pessoa não havia tido acesso em sua vida atual. O que torna esse caso interessante é que esse homem tinha um par de marcas de nascença na garganta, exatamente como o ferimento de sua encarnação anterior.

Uma explicação possível é a seguinte: as balas que mataram o corpo físico desse homem causaram um trauma agudo às energias vitais correlacionadas com sua garganta, especialmente às energias vitais correlacionadas com a pele do local. Quando seu corpo físico morreu, o trauma do corpo vital traduziu-se como uma propensão que deu margem às marcas de nascença quando ele reencarnou em um novo corpo físico.

A *xenoglossia*, fenômeno no qual as crianças (e às vezes até adultos) conseguem falar sem sotaque uma língua (ou com o sotaque de uma vida passada) que não aprenderam na vida atual, também se encaixa na categoria da transmigração de propensões do corpo vital. Nossa capacidade de falar uma língua estrangeira com o sotaque adequado é muito prejudicada porque a pronúncia do som das vogais exige alguma flexibilidade no uso da língua, dos lábios e assim por diante. Se um adulto fala uma língua estrangeira com sotaque apropriado, que não foi aprendida na infância atual, apenas pode significar que ele herdou o campo morfogenético apropriado de uma encarnação anterior.

Um exemplo espetacular de xenoglossia e também de canalização (ver a seguir) é o caso de Lydia Johnson, uma dona-de-casa de 37 anos, estudado pelos pesquisadores de reencarnação Sylvia Cranston e Carey Williams (1984). Inicialmente, Lydia ajudava seu marido em suas experiências de hipnose. Mas, pouco depois, com a ajuda de outro hipnotizador, ela começou a canalizar uma entidade chamada Jensen Jacoby, que havia vivido em uma pequena aldeia da Suécia, no século 17. Ela pronunciava o nome como Yensen Yahkobi e falava fluentemente sueco enquanto o canalizava. Mais revelador ainda é que ela assumia o caráter da entidade canalizada, e não apenas identificava objetos suecos do século 17 como se esquecia da maneira de usar ferramentas modernas, como alicates, por exemplo.

Evidências sobre a existência de nossos corpos sutis a partir de dados de sobrevivência

Não é obrigatório que as mônadas quânticas renasçam imediatamente. A evidência de sua existência entre encarnações é chamada *dados de sobrevivência* por motivos óbvios. Mas esses dados também nos proporcionam prova direta da existência de nossos corpos sutis, ou, com efeito, da mônada quântica.

Canalização é o fenômeno no qual um canalizador recebe uma entidade desencarnada. À parte as imagens populares, é possível fazer uma teoria da canalização usando a ideia de mônada quântica de maneira objetiva. Perceba que uma mônada quântica não pode causar o colapso de possibilidades quânticas de maneira continuada, uma vez que necessita de corpo físico; mas, com certeza, pode causar o colapso de possibilidades e ter experiências de forma esporádica se puder tomar temporariamente emprestado um corpo físico vivo sob mútuo acordo (não local). É isso que acontece na canalização. Um canalizador, por meio de intenções mútuas não locais, correlaciona-se com uma mônada quântica desencarnada. Dali em diante, em períodos mutuamente combinados, a mônada quântica pode usar o corpo do canalizador para ter uma presença física. A prova do acerto desse modelo consistiria em demonstrar que o caráter dos canalizadores sofre mudanças drásticas durante os períodos de canalização.

O fenômeno da canalização tem uma longa e tortuosa história, mas, finalmente, tornou-se investigável sob a ciência. A ideia consiste em comparar o desempenho objetivo específico e características neurofisiológicas mensuráveis dos canalizadores em seu estado normal e no estado em que canalizam. Irei mencionar três dessas investigações.

Os parapsicólogos Gilda Moura e Norman Don (1996) fizeram uma comparação dos dados de ondas cerebrais de canalizadores em ambos os estados. Há uma famosa entidade canalizada, chamada Dr. Fritz, que diversos canalizadores conseguem receber. Enquanto canalizam o Dr. Fritz, os canalizadores conseguem realizar espantosas cirurgias utilizando instrumentos bastante primitivos. Que prova melhor pode haver, se os canalizadores não possuem treino anterior como cirurgiões, do que esse fato? Moura e Don proporcionaram provas ainda mais convincentes. Mediram as ondas cerebrais dos canalizadores em muitas de suas atividades normais de consciência de vigília. Em geral, os canalizadores mostravam ondas beta com frequência variando entre 20 e 30 hertz, mas *nunca* excedendo 40 Hz. Enquanto realizavam cirurgias, porém, a frequência de suas ondas cerebrais saltava subitamente para mais de 40 Hz, mostrando uma concentração extrema, que em estado normal eles não conseguiam atingir. Esses dados provam, sem dúvida, que os canalizadores estavam usando propensões incomuns tomadas de empréstimo; mas de onde? A única explicação que faz sentido é que estavam canalizando a mônada quântica desencarnada de um cirurgião que adquiriu a característica de intensa concentração.

A canalizadora J. Z. Knight também foi estudada usando oito indicadores psicofisiológicos diferentes. Os investigadores descobriram uma diferença marcante na faixa observada de todos os indicadores, entre o momento da canalização e seu estado normal (Wickramsekhara *et al.*, 1997).

Recentemente, um canalizador brasileiro, chamado João Teixeira de Faria, também conhecido por João de Deus, ficou famoso por muitos casos documentados de cura pela energia do amor, que ele canaliza mediunicamente (Cumming & Leffler, 2006). João nunca aprendeu medicina, sequer especializou-se como cirurgião; contudo, quando canaliza, realiza cirurgias hábeis, demonstrando notável mudança de caráter, pois até suas maneiras, postura e fala mudam durante as canalizações.

Vou falar de uma dessas cirurgias notáveis. Uma vez, o médium João sofreu um derrame que deixou um dos lados de seu corpo paralisado. Espantosamente, porém, mesmo nesse período, sempre que ele canalizava uma entidade chamada João de Deus, a paralisia desaparecia! Que mudança de indicador psicofisiológico! Mais espantoso ainda é que João foi capaz de canalizar uma das entidades da energia do amor para operar a si mesmo e recuperar sua saúde (e ele continua saudável). Para mais detalhes, leia o livro de Heather Cumming e Karen Leffler (2006).

Anjos e guias espirituais

Há muitos relatos de pessoas que estão sendo orientadas em sua vida pessoal por anjos ou pelos chamados *guias espirituais*. Os famosos poetas William Wordsworth e Rabindranath Tagore falavam de suas musas ou guias espirituais. Seria apenas uma expressão metafórica de maravilhosas experiências criativas ou estas declarações devem ser entendidas literalmente?

Creio que podem ser entendidas no sentido literal, pois a presente teoria das mônadas quânticas o permite. A ideia é que uma mônada quântica atravessa muitas vidas encarnadas, aprendendo com suas experiências em cada encarnação, até individuar-se, libertando-se do ciclo nascimento-morte-renascimento. E depois? Depois, a mônada quântica não terá necessidade de reencarnar como ser mental, mas poderia se manter disponível não localmente para canalizações por meio de quem se correlacionar com ela.

Karma e *dharma*

A teoria completa da reencarnação também deve abrigar o conteúdo da memória reencarnatória, bem como determinados entrelaçamentos de causa e efeito que possam ocorrer entre duas encarnações díspares. A memória reencarnatória é fácil de compreender, pois presumimos que existe uma janela não local que está sempre aberta entre reencarnações. Normalmente, não temos consciência dela mas, no momento da morte, quando o apego ao ego fica extremamente reduzido, podemos ficar particularmente cientes dessa janela não local e ter uma visão panorâmica de nós mesmos ao longo de diversas existências. Do mesmo modo, no momento do nascimento, como o apego ao ego ainda não se formou, a abertura da janela não local pode permitir que uma experiência panorâmica das encarnações fique armazenada na memória do recém-nascido.

Existem muitas informações para apoiar esta teoria. Em experiências de quase morte, muitas pessoas descrevem, de modo explícito, uma visão panorâmica desta vida e, às vezes, até de vidas passadas. Do mesmo modo, embora ninguém se lembre imediatamente do momento do nascimento, com o uso de técnicas especiais estas memórias foram evocadas e são consistentes com a visão panorâmica de vidas passadas. Grof usa a técnica de respiração holotrópica para regressão ao nascimento ou mesmo antes do nascimento. Muitos de seus pacientes se lembram de dados reencarnatórios. Já mencionei os terapeutas de regressão a vidas passadas. Eles também acham correto regressar seus pacientes ao início da infância para extrair memórias de vidas passadas.

Como ocorre um entrelaçamento de causa e efeito entre duas pessoas que continuam unidas entre esta encarnação e a seguinte? Se duas pessoas estão correlacionadas por meio da não localidade quântica e uma delas causa o colapso de um evento e o experimenta, um evento correlacionado de colapso torna-se uma certeza para o parceiro envolvido, exceto que o momento exato do colapso desse evento não precisa ser especificado. Pode ocorrer em qualquer momento no futuro, mesmo que o futuro seja na próxima encarnação. Essa é a natureza da não localidade quântica.

Deste modo, uma causa nesta vida pode se propagar não localmente para a próxima vida, precipitando um efeito não local. Os teosofistas usam a palavra sânscrita *karma* para denotar essas conexões não locais de causa e efeito entre encarnações.

No entanto, há essas propensões mentais e vitais que também são efeitos que levamos de uma vida para outra. Chamei essas propensões de karma em um trabalho anterior (Goswami, 2001), embora a palavra sânscrita *samskaras* também seja usada para essa transmigração em particular.

Há uma terceira conotação que pode ser dada à palavra karma. Há o repertório de contextos supramentais que aprendemos para viver; são levados conosco de um nascimento para outro. São o que os teosofistas chamam *mente superior* e também é algo que se propaga de uma vida para outra; portanto, pode ser chamado *karma*.

Definido desse modo, o karma abrange tudo que transmigra de uma vida para as seguintes. Dessa forma, podemos falar de karma acumulado ao longo de muitas vidas até a presente. É claro que podemos falar de karma futuro, que se refere ao karma que formamos na vida presente.

Entretanto, a literatura oriental sobre reencarnação inclui mais um conceito relacionado ao karma – o karma ambiente (*prarabdha*, em sânscrito), o karma que frutifica nesta vida. *Prarabdha* é a porção do karma passado responsável por nosso corpo atual. A ideia é que não levamos todas as propensões cármicas acumuladas para a vida que estamos vivendo agora, e sim um número selecionado delas.

A surpresa das surpresas é que esta ideia foi confirmada por dados empíricos graças à pesquisa de um terapeuta de vidas passadas, chamado David Cliness. Ele estudou inúmeros pacientes que se recordam de diversas vidas passadas. Curiosamente, descobriu que as pessoas não trazem para a vida atual todos os contextos e propensões adquiridos previamente nestas vidas anteriores. Ele usou a linguagem do jogo de pôquer para descrever a situação; é como se a pessoa jogasse este jogo com as propensões e contextos adquiridos e escolhesse cinco cartas do baralho, onde 52 estão disponíveis.

Podemos teorizar. Por que traríamos uma seleção específica de karma ambiente? Porque queremos nos concentrar em uma agenda específica de aprendizado para esta vida. Essa agenda de aprendizado tem o nome de outra palavra sânscrita, *dharma* (grafada com "d" minúsculo para diferenciá-la da palavra Dharma com "d" maiúsculo, que denota o Todo, o Tao).

Essa ideia da vida como a realização de uma agenda de aprendizado pode fazer lembrar o maravilhoso filme *O feitiço do tempo* [*Groundhog day*], no qual o herói reencarna (por assim dizer) entre uma vida e outra com uma agenda de aprendizado simples, mas muito importante – o amor.

Mais uma coisa que posso dizer sobre o *dharma*: quando cumprimos a agenda de aprendizado que trouxemos para esta vida, a vida se torna cheia de êxtase. Se, pelo contrário, encontramos êxtase na vida, podemos concluir que estamos cumprindo nosso *dharma*. O mitologista Joseph Campbell costumava dizer: "Siga sua felicidade". Ele sabia.

Reencarnação e ética

Já introduzi anteriormente o conceito de ética, a ética idealista. Mas, por que deveríamos seguir a ética, idealista ou não, se somos, na maioria, seres comportamentalmente condicionados? No atual ambiente social, seguir a ética costuma ser um sacrifício pessoal. E a ética não é como uma lei física; não existe punição se não for seguida. Se você não segue o ditame da lei da gravidade e tenta voar, com certeza irá cair, lembrando que essa lei tem natureza compulsória. Será que caímos quando violamos uma lei ética?

Quando a reencarnação for considerada em nossa ciência, as leis éticas serão tão compulsórias quanto as leis físicas. Por meio de nossas ações não éticas, criamos uma causa cármica não local que terá um efeito cármico, sua vingança, em uma vida futura. No que diz respeito ao karma, nada vem de graça.

PARTE 4

CAUSAÇÃO DESCENDENTE REVISITADA

No outono de 1976, eu estava motivado. Naquela altura de minha vida, a pergunta "Por que eu vivo desta maneira?" estava em minha mente por tempo suficiente para ter se tornado uma pergunta ardente. Eu não somente estava tentando mudar meu campo de pesquisa no trabalho como estava fazendo muita meditação com a intenção de mudar de estilo de vida.

Sei que existem diversas maneiras de meditar, mas a prática que melhor se ajustou a mim, na época, é chamada *japa*, uma palavra sânscrita que significa recitação repetitiva. Você escolhe um mantra, de preferência monossilábico, e o recita mentalmente repetidas vezes. Em particular, estava interessado em uma afirmação que encontrara na literatura. Dizem que se você insiste no *japa* durante todo o seu tempo de vigília, da melhor maneira possível, mesmo enquanto realiza outras atividades, o *japa* se estabelece interiormente, ele prossegue o tempo todo de maneira inconsciente. Esse estágio é chamado *ajapa japa*, um *japa* sem *japa*.

Perto do mês de novembro, minha persistência rendeu frutos e, no período de uma semana, fiquei tão mergulhado no *japa* que tive a impressão de que ele estava ativo o tempo todo; quer dizer, sempre que eu me observava por dentro, encontrava o *japa* lá.

Muito interessante, pensei. Mas o que aconteceu depois foi uma enorme surpresa.

No sétimo dia, manhã ensolarada, estava sentado em silêncio na minha poltrona habitual do escritório, me dedicando ao *japa*. Após uma hora, mais ou menos, respondendo a um impulso, saí. Lembro-me de ter continuado a recitar meu mantra enquanto caminhava para fora do escritório, descia as escadas e saía do prédio, atravessava a rua e chegava a uma área gramada. De repente, o universo se abriu para mim. Durante uma fração de segundo, eu e a grama, as árvores, o céu, todo o universo, fomos um. A sensação que tudo isso me causava se intensificou além do imaginável. E, ao mesmo tempo, senti um amor que envolveu tudo que havia em minha consciência, até perder a noção do processo. Sei que foi o que os iogues chamam *ananda*, o êxtase espiritual. A expansão cósmica de minha percepção-consciente durou um ou dois momentos. Pouco depois, as palavras de William Wordsworth me vieram à mente:

> Houve uma época em que prados, bosques e rios,
> terra e tudo o que se podia ver,
> me pareciam
> vestidos de uma luz celeste,
> a glória e o frescor de um sonho.
> ("Intimações de imortalidade", *Complete Poetical Works*, editado por Thomas Hutchinson, revisado por Ernest De Selincourt, 1961, p. 460)

Durante um longo tempo me senti alegre; o êxtase da experiência prosseguiu com a mesma intensidade, continuou por mais dois dias e, só depois, começou a esmaecer. Surgiram após isso algumas dúvidas: será que eu tivera um *samadhi*, expressão sânscrita para estado de percepção-consciente pura, que mais tarde chamei *experiência do self quântico*? Consultei o *Yoga Sutra* de Patanjali. A descrição do *samadhi sananda* (*samadhi* com *ananda*) pareceu ajustar-se à minha experiência.

Mesmo passados alguns anos, ainda me lembraria dessa experiência com respeito, sentindo-me bem por ela me ter proporcionado muita inspiração para prosseguir em minhas pesquisas, mas também sabia que a experiência não me transformara – eu era a mesma pessoa, exceto por um interesse um pouco maior na criatividade.

capítulo 16

o que a PES prova?

Muitos profissionais e especialistas, que defendem uma dimensão mais humana e experiencial na ciência, vêem claramente que a camisa-de-força materialista do atual paradigma da ciência está limitando as possibilidades que temos o direito de vivenciar. O que eles não viram é um modo melhor de convencer o público em geral e, às vezes, a comunidade científica, dos limites da ciência estabelecida atualmente.

Muitas dessas pessoas acreditam que a pesquisa de nossas chamadas experiências paranormais, percepção extrassensorial (PES), entre outras, irão levar a um novo paradigma científico. Os cientistas materialistas também retrucam com unhas e dentes, tentando depreciar as pesquisas paranormais. E, assim, hoje, surgem as controvérsias que cercam a pesquisa paranormal. A PES será real ou trata-se de uma fraude cuidadosamente elaborada por mágicos hábeis? A pesquisa paranormal fica prejudicada com essas controvérsias.

O que o público não percebeu, em toda essa discussão, é que não precisamos da PES para provar a inadequação do atual paradigma científico. Como demonstro neste livro, não precisamos da PES para provar a existência de Deus ou a causação descendente. Agora, podemos relaxar e perguntar de modo objetivo: há evidências da PES? E o que isso significa?

Percepção extrassensorial

Embora o papel da consciência quântica não local (Deus) esteja implícito, de determinado modo, na percepção normal (você não vê esse papel sem muita análise, como discutimos antes), nos fenômenos de PES a não localidade é explícita; a única análise que precisamos fazer é demonstrar o papel da consciência.

Vamos estabelecer o contexto descrevendo um experimento de visão à distância típica, idealizado pelos físicos Russell Targ e Harold Puthoff (1974) e replicado muitas vezes depois por diversos pesquisadores. Uma pessoa olha uma cena ou objeto escolhido pelo método duplo-cego à distância; outra, em um laboratório controlado, desenha uma imagem ou faz uma descrição verbal daquilo que o parceiro está vendo. O que é visto e a descrição recebida não localmente são comparados. O experimentador procura um índice de ajuste que seja substancialmente superior ao acaso.

Targ e Puthoff fizeram história quando relataram o sucesso dessa experiência em seu trabalho pioneiro, demonstrando a transferência não local de informação e significado de uma mente para outra mente. Experiências posteriores comprovaram a eficácia da visão remota de diversas maneiras. Aqui, irei citar algumas das mais notáveis.

O efeito persiste mesmo quando o ajuste é feito de maneira objetiva por meio do uso de computadores (Jahn, 1982).

Um dos mais rígidos protocolos utilizado é o do chamado *experimento ganzfeld*. A palavra alemã *Ganzfeld* significa campo integral, e é criado usando-se o isolamento sensorial do receptor colocado em um cômodo à prova de som. Seu campo visual é uniforme e sem sinais, pois seus olhos são cobertos com bolas de pingue-pongue, cortadas ao meio e banhadas com luz vermelha uniforme. Além disso, são colocados fones de ouvido no receptor, que fica escutando ruído branco. Muitos experimentos *ganzfeld* foram realizados com bons índices de sucesso (Schlitz e Honorton, 1992; Ben e Honorton, 1994).

A visão remota funciona tanto com sujeitos psíquicos quanto com não psíquicos, treinados ou não treinados (para detalhes, ver Targ e Katra, 1998) e, inclusive, através de distâncias internacionais (Schlitz & Gruber, 1980).

A visão remota funciona entre seres humanos e cães, e até entre seres humanos e papagaios (Sheldrake, 1999).

Sonhos telepáticos

A pesquisa de Montague Ullman, Stanley Krippner e Alan Vaughan (1973), realizada no Maimonides Hospital, no Brooklyn, Nova York, durante uma década, como mencionado no Capítulo 14, estabeleceu a validade da telepatia em sonhos. Em suas diversas experiências, cuidadosamente controladas, um sujeito (o receptor) dormia e sonhava, e o sonho era monitorado com a ajuda de movimentos rápidos do olho durante um episódio de sonho e também pelo EEG. Ao sinal de REM, os pesquisadores alertavam um segundo sujeito (o emissor) para observar atentamente uma pintura selecionada. Ao final de cada período de sonhos, o receptor era despertado, e solicitado para relatar o assunto do sonho. A descrição dos sonhos (ver detalhes em Ullman, Krippner & Vaughan, 1973) não deixa dúvida de que o emissor afetou o conteúdo do sonho do receptor por meio da transferência telepática da informação e do significado.

Por que a parapsicologia é controvertida

Se a transferência não local de informação e significado entre mentes está tão bem demonstrada, por que a PES ainda é controvertida? Em parte, porque a PES é uma imensa afronta ao sistema de crenças de nosso típico cientista materialista, que causa dissonância cognitiva. Em parte, e mais importante, porque não é possível garantir 100% de replicabilidade dos dados. Na verdade, isto é bastante consistente com o comportamento quântico. Mas, nossa mente clássica se agita sempre que o esforço para replicar uma experiência parapsicológica mostra resultados ambíguos.

Neste sentido, irei discutir agora experiências envolvendo prece e cura. Você pode ser curado se eu rezar em sua intenção, em seu nome e à distância, apesar de não conhecê-lo?

Essa ideia de "cura alheia", por meio de preces à distância, foi proposta pelo médico Larry Dossey no início da década de 1980. Esta hipótese foi devidamente comprovada pela experiência duplo-cego do médico Randolph Byrd (1988), que trabalhou com uma amostra de 393 pacientes recuperando-se de cirurgia cardíaca. Um grupo cristão de orações fez as preces escolhendo nomes ao acaso em uma lista de pacientes, de modo que nem o médico, nem os pacientes sabiam quem recebia e quem não recebia as preces. O índice de cura dos pacientes que receberam preces foi, em termos estatísticos, maior do que o índice de cura do grupo de controle.

Entretanto, na primeira década do século 21, pesquisadores convenceram a Templeton Foundation para disponibilizar uma verba vultosa para a realização de uma experiência em escala maior, realizada pelo médico de Harvard, Jeffrey Dusek, e seus colaboradores, junto a 1.800 pacientes que estavam se recuperando de operações de ponte coronária. Os resultados (Benson *et al.*, 2006) foram negativos, ou seja, não houve nenhuma cura significativa para os pacientes que receberam preces.

Esta última experiência teria sido melhor planejada e realizada; assim, o que devemos entender desses resultados? Será que os dados anteriores foram falhos devido aos erros de procedimento? É preciso ser muito cauteloso!

Em primeiro lugar, se a não localidade quântica é responsável pela cura à distancia, então todas as outras estranhezas da física quântica são passíveis de entrar em cena. E uma dessas estranhezas é a natureza estatística dos eventos quânticos, que impede uma replicabilidade completa de qualquer caso.

Segundo, como já disse em outro trabalho (Goswami, 2004), a "cura por terceiros" é, em última análise, uma autocura, que é criativa. Assim, todas as incertezas dos fenômenos criativos acabam complicando ainda mais os resultados. É muito difícil se chegar à criatividade em massa!

Terceiro, existem algumas evidências que mostram que o poder de resultados parapsicológicos de um tipo específico parece declinar com o acúmulo de resultados e aumento das expectativas.

Quarto, existe o *efeito do observador*, demonstrado por Marilyn Schlitz no decorrer dos anos. A intenção do observador afeta o resultado de experiências parapsicológicas.

Em quinto lugar, e relacionado aos anteriores, pessoalmente creio que a causação descendente criativa e quântica, não local ou não, apenas pode ser usada até determinado ponto em amostras grandes o suficiente para serem estatisticamente significativas. Como disse antes, no caso de grandes amostras, a consciência tende a abrir mão do poder criativo da escolha individual e permite que a lei probabilística da física quântica assuma o comando. Há um cabo-de-guerra entre o poder da intenção e o poder da aleatoriedade. A física quântica diz que, em amostras suficientes, a aleatoriedade acaba prevalecendo.

Sob estas circunstâncias, a estratégia mais sensata para pesquisas é escolher um tamanho de amostra e fazer a experiência sem expectativas. Se o resultado for negativo, a conclusão será clara: a amostra foi grande demais. Assim, reduzimos o tamanho da amostra até obtermos um resultado positivo. E o que prova esse resultado positivo? As estatísticas nos revelam, sem ambiguidades, as chances contrárias ao desvio específico com relação ao acaso que observamos em nossos dados.

Dessa forma, perceba que com este critério, tanto a experiência de São Francisco quanto a de Harvard podem ser explicadas.

A não localidade quântica é a teoria correta para a PES?

Assim, por fim, será a não localidade exibida na visão remota um exemplo de não localidade quântica? Os parapsicólogos hesitam em aceitar esta ideia devido ao *Teorema de Eberhard*, que supostamente teria provado que nenhuma informação pode ser transferida usando-se a não localidade quântica. Tenho dito, repetidas vezes (Goswami, 2000, 2001, 2002, 2004), que para transferências de informação entre cérebros e mentes, nos quais a consciência está envolvida como causadora do colapso dos eventos sincronísticos que constituem a transferência de informação, o Teorema de Eberhard não se aplica. Sem dúvida, a prova do pudim consiste em prová-lo. Minha ideia teórica foi confirmada pelos experimentos replicados de potencial transferido (Grinberg-Zylberbaum *et al.*, 1994; Fenwick *et al.*, 1998; Standish *et al.*, 2004).

Vamos discutir o experimento mais recente (Standish *et al.*, 2004), idealizado como se fosse um experimento de visão à distância, exceto pelo fato de se utilizar máquinas de EEG para demonstrar um potencial transferido "físico" e objetivo. Duas pessoas são escolhidas, satisfazendo os seguintes critérios: conhecem-se muito bem; têm um vínculo emocional e psicológico anterior e experiência em meditação e outras técnicas introspectivas. Uma pessoa (o emissor) é instruída para enviar uma imagem ou um pensamento, e a outra (o receptor) é orientada para se manter aberta para receber qualquer imagem ou pensamento do emissor durante o período da experiência. Emissor e receptor são colocados em salas sensorialmente isoladas, distantes 10 metros uma da outra, e seus cérebros são conectados a máquinas de EEG diferentes. Agora, o emissor é submetido alternadamente a estímulos visuais (estímulo ligado) e nenhum estímulo visual (estímulo desligado). O receptor não recebe nenhum estímulo luminoso. Apesar disso, o EEG do receptor detectou um sinal sempre que o cérebro do emissor foi estimulado (recebeu estímulo dentro daquelas condições).

Como já mencionei anteriormente, a única explicação para o potencial transferido é que a consciência causa o colapso de eventos similares em cérebros correlacionados. Neste tipo de experimento, a informação é transferida não localmente entre cérebros em virtude da consciência quântica. Comparando um potencial transferido com o pequeno potencial cerebral que você tem no sujeito de controle, é possível dizer se uma pessoa está enviando informações, e quando. É claro que o Teorema de Eberhard é violado quando a consciência está envolvida na transferência de informação.

Assim, a mesma explicação da não localidade quântica por meio da consciência quântica deve se aplicar para a telepatia mental, assim como para a visão remota: a consciência causa o colapso de eventos similares de significado em mentes correlacionadas.

Infelizmente, a comunidade parapsicológica parece ser um pouco tímida sobre a aceitação da primazia da consciência. Talvez agora, com tantas evidências acumuladas a favor de uma consciência quântica não local, os parapsicólogos vejam a luz (num lampejo) e abandonem o preconceito materialista disfarçado.

capítulo 17

deus e o ego: cocriadores de nossas experiências criativas

Deus é o agente incondicionado da consciência, o causador de colapsos com a total liberdade de escolha que nos proporciona a verdadeira criatividade. Em nossa criatividade, nós nos experimentamos como o *self* quântico incondicionado, como filhos de.Deus. O ego é o produto do condicionamento psicossocial e genético. Nossos estados ordinários de existência, tanto a vigília quanto o sono, são dominados pelo condicionamento do ego. Um aspecto da divisão entre a ciência materialista e a espiritualidade é o modo como os dois campos encaram os conceitos dúplices de Deus e do ego. Falando de uma maneira precisa, os behavioristas não admitem formalmente a existência do ego, pois todos os cientistas são dualistas enrustidos, crendo, sub-repticiamente, em um ego modernista. Eles se levam muito a sério.

Em contraste, as tradições espirituais estão sempre enfatizando Deus e o verdadeiro *self* (quântico), e condenando o ego, o que faz com que muitos cientistas se manifestem e apóiem um humanismo que não seria de todo injustificado: "Apenas o ser humano é real, não existe nada além da minha humanidade"!

Uma análise mais acurada do processo criativo resolve essa preocupação humanística. Qual é o meu verdadeiro ser, o ego-eu ou Deus, ou pelo menos o filho de Deus? No decorrer de nossa discussão, iremos colher mais provas científicas da existência de Deus.

Criatividades exterior e interior

A criatividade *exterior* se refere à criatividade usada a serviço do mundo exterior, para criar um produto no cenário público, que qualquer um pode aproveitar. Como exemplo, temos a arte criativa, a música e até nossas atividades científicas criativas. Em contraposição, a criatividade *interior* dirige-se para o íntimo, buscando realizar a natureza do *self*. A meta é uma experiência interior que ninguém pode compartilhar e da qual ninguém necessariamente se beneficia. Não há uma realização exterior da criatividade interior.

Este fato sempre cria confusão na cultura ocidental, que tradicionalmente esteve focada nas realizações. Em nossa cultura, desde o princípio, as pessoas interiormente criativas são tidas como suspeitas. Logo, os praticantes mais recentes da criatividade interior começaram declarando sua iluminação, uma ideia confusa, para dizer o mínimo. Em contraste, o sábio oriental não dá margem para equívocos quanto à iluminação: "Aquele que fala não sabe; aquele que sabe não fala". Quem tem razão?

O processo criativo

Já mencionei nos capítulos 6 e 13 os quatro estágios do processo criativo, codificado inicialmente por Graham Wallas (1926). Esses estágios são:

Preparação
Incubação (processamento inconsciente)
Insight
Manifestação

O estágio de preparação é o mais simples: pesquiso o que está disponível como possíveis respostas à questão criativa. Crio uma prática para incorporar o conhecimento dos outros ao meu ser e assim por diante. Sem dúvida, meu ego é o ator principal. Mas, daqui em diante, porém, tudo que diz respeito à criatividade interior se torna confuso.

O estágio de incubação é aquele em que relaxo, "fico sentado sem fazer nada". O que esse fazer nada nos oferece? Ele confunde nossa mente, orientada para a ação. No entanto, as verdadeiras pessoas criativas sabem como isso é necessário. Ouvi do físico Hans Peter Durr, antigo aluno de Heisenberg, que o próprio Heisenberg sempre pedia para que seus alunos aguardassem duas semanas após um esforço e uma discussão iniciais, antes de voltar a trabalhar no problema.

Depois, há o *insight*. E a maioria dos pesquisadores da criatividade concorda que o *insight* é descontínuo, repentino. Não é o resultado de qualquer pensamento algorítmico, racional. Com efeito, muitas pessoas criativas declaram, após um *insight*: "A Graça de Deus caiu sobre mim". Na criatividade interior, são ainda mais enfáticos sobre Deus, pois, às vezes, declaram: "Eu sou Deus". Os pesquisadores da criatividade percebem que as pessoas sempre relatam essa experiência com surpresa; daí a frase "experiência ahá!", usada para denotá-la. A experiência também é relatada com uma certeza e segurança incomuns. Eu sei. Ponto. Sei por autoridade própria. Muito confuso.

O estágio de manifestação é literalmente a manifestação do *insight* no terceiro estágio, dando "forma" ao *insight*. Mas isso também fica muito obscuro no que concerne à criatividade interior. Na criatividade exterior, existe um produto exterior, que todos vêem. A pessoa criativa dá ao seu *insight* uma forma que todos podem apreciar; as pessoas podem gostar dela ou não, mas não há confusão. Na criatividade interior, não há forma para se manifestar! Deus tem forma? Então, alguns mestres dizem: "Antes da iluminação, cortei lenha e peguei água; após a iluminação, corto lenha e pego água". E...?

Toda obscuridade desaparece com a reconstrução quântica dos três estágios e eventos confusos da criatividade. Vamos analisá-los um a um.

Incubação

Incubar é ficar sentado sem trabalhar no problema, assim como uma ave senta-se sobre seu ovo, esperando que nasça a avezinha. Porém, que benefício traz ficar sentado?

Pense em processar o significado como o processamento de ondas de possibilidade. Como mostrado na Figura 1.2 (p. 33), as ondas de possibilidade se expandem, tornando-se conglomerados cada vez maiores de possibilidades entre eventos de colapso. Assim, quando não estamos causando o colapso de significados específicos, que experimentamos como pensamentos, as possibilidades de significado se expandem, transformando-se em configurações cada vez maiores de significado. Relaxar, sentar-se em silêncio sem envolver a mente no fazer-fazer-fazer aumenta a lacuna entre pensamentos, a lacuna entre eventos de colapso e proporciona às possibilidades de significado maior oportunidade de crescimento, para que o conglomerado de significado tenha maior chance de conter aquele pensamento específico que é uma pista para solucionar o problema em questão.

Se ainda estiver um pouco confuso, vou explicar de outro modo. Entre pensamentos, entre eventos, não ficamos inconscientes? Sim, a percepção-consciente sujeito-objeto exige um colapso; mas quem está processando quando ficamos inconscientes? Porém, é preciso lembrar que "inconsciente" é uma expressão de Freud, e ele não conhecia o ponto de vista da física quântica. Se conhecesse, garanto que teria usado o termo "não ciente" para denotar o inconsciente, pois a consciência está sempre presente, e, mesmo quando não estamos cientes, a consciência processa as ondas de possibilidade de significado em expansão entre eventos de colapso. Em outras palavras, a incubação é o processamento inconsciente.

A seu favor, diga-se que os pesquisadores da criatividade sabiam disso antes mesmo de surgir uma teoria quântica de processamento de pensamentos e significados. E hoje há muitos dados experimentais que confirmam a ideia (ver Capítulo 6).

Assim, o processamento inconsciente é, de fato, comprovado de maneira experimental. Quando uma pessoa criativa é perspicaz, pode processar um grande número de soluções possíveis para seu problema, algumas inesperadas. E – uau! Quando ela vê inconscientemente a solução, escolhe-a e provoca o colapso da onda. E então surge o pensamento ahá!, o *insight*.

Como atingimos o *insight*: evidência direta de Deus na criatividade

No entanto, não é tudo tão simples como o quadro anterior indica. Se fosse, poderíamos ir dormir todas as noites, ter uma boa noite de sono e acordar com um *insight* iluminador. Porém, o que acontece? Minha experiência é que antes de ir dormir, sou determinado Amit com determinados problemas e, em geral, após despertar, ainda sou a mesma pessoa com os mesmos problemas, sem iluminação ou novos *insights*.

Isto é surpreendente, pois o sono profundo conduz, sem dúvida, a um processamento inconsciente, pois nele não há percepção-consciente sujeito-objeto. A surpresa diminui quando percebemos que, na maioria das vezes, mantemos um controle tão rígido sobre aquilo que pensamos que, mesmo em nosso processamento inconsciente, não permitimos possibilidades-significado que perturbem nosso controle do ego. Como abrimos mão do controle e o que acontece quando fazemos isso?

Jesus disse: "Procures e acharás; e quando achares, terás problemas". (Esse trecho é do Evangelho de Tomé, atribuído a uma escola de cristãos primitivos que declararam ter sido o apóstolo Tomé seu fundador, descoberto em um manuscrito no Egito em 1945.) Jesus está dando uma pista. Temos de nos abrir para o problema para poder derrubar a confortável homeostase do ego! Temos de gerar calor para queimar a casa onde mora o ego. Temos de fazer de nossa pergunta criativa uma pergunta ardente!

Quando a supremacia do ego sobre nosso processamento de significado for derrubada, haverá espaço para que Deus e o *self* quântico entrem em cena. Como você sabe, em nossa consciência do fazer-fazer-fazer, o controle do ego não pode ser abandonado; fazer envolve logísticas que envolvem aprendizado anterior, o instrumento do ego. Mas, em sua consciência, quando você está no estado ser-ser-ser, apenas relaxando entre pensamentos, Deus estará processando suas possibilidades de significado.

Ouvi dizer que um evangelista usava uma metáfora interessante em suas pregações pelo rádio. Ele costumava dizer que em nosso ego agimos como o presidente de uma empresa com um martelo na mão, com o qual mantém o controle dos funcionários. Depois, dizia com a voz empolgada: "Dê esse martelo ao Espírito Santo; abra mão do controle". Sim, ele tinha razão. O místico e sábio Ramana Maharshi aconselhou seus devotos a fazer algo parecido quando disse: "Por que estão segurando a mala? Vocês estão num trem".

Não podemos dar o martelo a Deus em nosso modo *fazer*, mas sim em nosso modo *ser*. Se Deus faz o processamento inconsciente no lugar da consciência, em seu condicionamento do ego, Deus pode olhar para os conglomerados de possibilidade sem preconceito para com o condicionamento anterior. Se o conglomerado contém a solução, Deus tem uma chance muito melhor de vê-la e escolhê-la.

Ainda precisamos nos preparar para gerar novas possibilidades para que o inconsciente o processe. Precisamos criar ambiguidades, que proliferam possibilidades, e manter essas ambiguidades sem rápida resolução. Essas etapas precisam do ego, o modo fazer.

Mas sempre suplementamos o modo fazer com o modo ser e, depois, novamente com mais modo fazer, para gerar mais possibilidades. Nós, literalmente, alternamos entre fazer e ser, um estágio que chamo *do-be-do-be-do* (fazer-ser-fazer-ser-fazer).* Michelangelo conhecia esse encontro entre Deus e ego no processo criativo, por ele imortalizado em uma pintura no teto da Capela Sistina do Vaticano – Deus e Adão procurando se tocar (Figura17.1).

Figura 17.1. Encontro criativo entre a consciência quântica (Deus) e o ego (Adão), conforme pintura de Michelangelo.

E ele acontece. O espectro de possibilidades para o processamento inconsciente contém a combinação correta para a solução de nosso problema, seja interior, seja exterior. E Deus escolhe o *insight* que percebemos como uma surpresa – momento ahá! –, pois sabemos que não fomos nós que o fizemos. O *insight* é, literalmente, a Graça de Deus. Na verdade, é mais. É a escolha de Deus, cujo resultado é experimentado por nós no *self* quântico; o ego apenas faz a representação mental.

No passado, as pessoas costumavam dizer que a criatividade era a Graça de Deus para indicar a acausalidade do evento criativo ahá!; depois, descobrimos que a criatividade é um salto quântico, mas o salto quântico também é acausal. Hoje vemos que o papel de Deus permanece, que o salto quântico da criatividade é a Graça e a escolha de Deus, e uma evidência bastante direta da existência de Deus.

Concluindo, a pergunta: "Por que a certeza do *insight*?" Pense. De onde vem o *insight*? Para onde fomos quando demos o salto quântico em nossa consciência-Deus? Fomos para o supramental, descobrimos um novo contexto, e apenas depois surge o *insight*.

O supramental é a morada dos arquétipos, a *coisa* real da qual os pensamentos são representações. Sri Aurobindo o chama de "terra da verdade" e chama a consciência que o toca "consciência-verdade".

---

* Menção à música "Strangers in the Night", imortalizada por Frank Sinatra, em que há um *scat* com essas palavras, que para Amit Goswami é a base da criatividade quântica: *do* (fazer) e *be* (ser). A respeito, ler, do mesmo autor e publicado pela Goya, *Criatividade quântica*. [N. de T.]

Assim, em um *insight* criativo, visitamos a terra da verdade em nosso ser quântico, abraçando momentaneamente a consciência-verdade. Mesmo quando voltamos à terra do ego, ocupados com nossas representações mentais, resta uma lembrança de nossa viagem. Esta é a certeza que conhecemos, embora não possamos expressar aquilo que conhecemos com muita precisão.

A literatura sobre a criatividade é obscura porque não existe universalidade ou ponto comum naquilo que as pessoas criativas deduzem de suas experiências. Na criatividade exterior, muitas pessoas criativas – e os cientistas materialistas são um bom exemplo – não prestam muita atenção no processo e alegam que usam o chamado método científico – raciocínio e testes – para fazer o que fazem. Isto me faz lembrar de um comercial da TV.

Nele, uma mulher está tentando impressionar um homem com algo que está fazendo, mas o homem parece distraído. Então, surge sobre a cabeça dela uma lâmpada que se apaga; ela sai, usa um enxaguatório bucal e volta triunfante, dizendo "Deduzi isso".

O ego sempre quer receber os créditos: "Deduzi isso". Felizmente, este é um hábito apenas de pessoas criativas menores; as grandes pessoas criativas, os Einsteins, Bachs e Gauss nunca se esquecem de dar crédito a quem o merece – a Deus.

Manifestação

Manifestação é dar forma à ideia gerada pelo *insight*. De início, o trabalho consiste em criar uma expressão ou representação mental da verdade supramental e, depois, lhe dar qualquer outra forma física que formos capazes de criar com a habilidade do ego.

Ainda há espaço para confusão no caso da criatividade interior, pois, nesses eventos, até a pessoa criativa percebe que é idêntica a Deus, ou pelo menos ao *self* quântico. Não há conteúdo ao qual dar forma, pelo menos se tem essa impressão. Vamos analisar a experiência com mais detalhes para ver a fonte da confusão e resolvê-la.

O que é iluminação?

Para a criatividade interior, dependendo da tradição, às vezes a pessoa criativa trabalha com a natureza do *self* e às vezes com a natureza de Deus. Nos dois casos, a compreensão final é idêntica, porém com duas perspectivas: o *self* é Deus (o poder causal do *self*, a escolha, vem de Deus), ou Deus é o *self* (Deus apenas pode ser "experimentado" por meio do *self*, o *self* quântico). Lembre-se da frase de Jesus: "Ninguém vai ao pai se não por mim". Jesus está falando da consciência do *self* quântico.

Nessa óptica mental mundana, a experiência de compreensão parece ser bem banal. É que você já a captou conceitualmente e, agora, a compreensão cognitiva parece ser um passo fácil. Mas seria um erro pensar assim.

Sempre podemos ter uma dúvida específica sobre essa coisa toda de Deus, um nó em nossa maneira de pensar, que nos impede de compreender Deus. A experiência de compreensão resolve a dúvida ou o nó em nosso pensamento em uma mudança de contexto. E isso é sempre uma surpresa!

Assim, existe um conteúdo, afinal. Em um evento de "iluminação", não apenas percebemos nossa identidade com Deus, como também o nó que existia em nosso pensamento que impedia a compreensão profunda de Deus. Nosso pensamento determina (como condição necessária) a maneira como vivemos; se nosso pensamento tem um nó, haverá sempre alguns nós no modo como vivemos. Esses nós são responsáveis por emendas, enquanto a vida pode ser vivida sem emendas, sob a verdade. O que o iluminado tem para manifestar é a vida sem emendas – sem limites.

O que confunde as pessoas com relação à iluminação é que, como as pessoas criativas exteriores, as pessoas iluminadas também expressam sua iluminação de muitas formas diferentes, e não necessariamente alterando seu modo de vida para ser sem emendas. Por quê? Porque este último não é tão fácil quanto aparenta. E, à primeira vista, não parece tão necessário dedicar-lhe tanto esforço.

Suponha que você tenha uma experiência de iluminação, percebendo que é Deus, e decida não fazer nada, porque "nada precisa ser feito". Você decide viver a vida como o proverbial mestre Zen, e continua "cortando lenha e pegando água", como antes. Agora, ninguém precisa saber de sua iluminação, e não há problema.

Entretanto, infelizmente, esta não é a tendência usual. Após uma experiência de iluminação, a tendência quase universal é de ensinar e contar às pessoas sobre sua iluminação (em especial no Ocidente), o que é necessário para estabelecer credenciais. Mas, assim que as pessoas o identificarem como iluminado, irão ter expectativas. Seu comportamento precisa demonstrar a iluminação para que seus ensinamentos tenham crédito.

O problema é o seguinte: você percebeu que você e Deus são o mesmo ser; porém, seu ser se deslocou para Deus-ser? Não, pois na existência manifesta isso é impossível. No modo fazer, o aprendizado passado que define o seu ego é essencial, e, quando você se dedica a ele, entra em cena o ego. As tradições espirituais têm um ditado: "Até o mestre Zen precisa ir ao banheiro". E, enquanto você estiver no modo fazer, o que inclui parte do tempo dedicado ao ensino, se o seu comportamento rude persiste, com todas as emoções cruas que lhe são próprias, muitas serão as confusões.

Mencionei este fato porque, toda vez em que um ser iluminado se comporta "mal", todo o movimento pela espiritualidade padece. Os materialistas podem questionar, e com razão, a veracidade de se conhecer Deus se isso não puder produzir ações divinas e qualidades divinas em seu comportamento!

Assim, a manifestação é tão necessária para a pessoa interiormente criativa quanto para a exteriormente criativa. Como disse o escritor místico Wayne Teasdale (1999): "A iluminação é o despertar para nossa identidade como percepção-consciente ilimitada, mas é incompleta a menos que nossa compaixão, sensibilidade e amor sejam similarmente despertados e efetivados em nossas vidas e relacionamentos".

Como a pessoa interiormente criativa manifesta compaixão, sensibilidade e amor em sua vida? Trilhando o árduo caminho que leva à descoberta dessas qualidades divinas em sua verdadeira forma e seguindo-as em sua manifestação cotidiana. Não existe atalho. A experiência da iluminação é o meio para uma vida iluminada, não um fim em si mesmo. É por isso que se repete outro ditado: "A vida espiritual começa com a iluminação".

Perceber a importância do *insight* (a súbita experiência ahá!) e da manifestação gradual da transformação também soluciona outra controvérsia: a iluminação é repentina ou gradual? Na tradição Zen, há a escola Rinzai, que acredita na iluminação repentina, e a escola Soto, que acredita na iluminação gradual. A discussão anterior mostra que tanto os estágios do *insight* repentino como da manifestação gradual são parte da meta: a transformação! Quem quer que menospreze a natureza repentina do processo e privilegie a prática gradual nunca saberá com certeza o significado das práticas e aonde nos levam. E quem quer que deixe de lado a lenta demonstração do que fala estará se enganando quanto à transformação.

Será possível a transformação total? *Savikalpa samadhi* e *nirvikalpa samadhi*

Na experiência de um *insight*, Deus está escolhendo para nós algo novo, sem a habitual filtragem das reflexões no espelho da memória. Desse modo, qualquer experiência de *insight* tem seu imediatismo que se torna mais claro quando analisamos criativamente a natureza da própria percepção-consciente.

O processo criativo é similar ao indicado anteriormente, mas agora a preparação em si consiste da meditação sobre a percepção-consciente. Assim, alternamos entre a meditação sobre a percepção-consciente e o relaxamento – relegando o processamento a consciência-Deus. Em algum momento, caímos na cisão colapso primário – estado do sujeito-objeto. Como você se recorda, neste estado o sujeito em percepção-consciente é o *self* quântico e o objeto é a percepção-consciente.

O que a pessoa experimenta é a unidade de tudo, o modo como o sujeito e o objeto – o campo da percepção-consciente – emergem de uma identidade, a consciência. Na literatura iogue (Taimni, 1961), isso é chamado *savikalpa samadhi*. *Samadhi* significa "igualdade dos dois pólos, sujeito e objeto"; *savikalpa* significa "com separação". Em outras palavras, nessa experiência, nos tornamos cientes do co-surgimento dependente do *self* quântico universal (sujeito) e do mundo (objeto), embora o *self* já esteja dividido do mundo. Nunca *experimentamos* a consciência sem a divisão de suas possibilidades. Qualquer experiência, por definição, envolve uma divisão sujeito-objeto. Em outras palavras, *savikalpa samadhi* é o ponto mais profundo (ou elevado) que podemos atingir na experiência. Nele vemos claramente que somos os filhos de Deus.

De forma muito obscura para a mente comum, a literatura oriental se refere a outro tipo de *samadhi* chamado *nirvikalpa samadhi*. *Nirvikalpa* significa "sem cisão", sem separação sujeito-objeto. Se não existe experiência sem a divisão sujeito-objeto, o que isto representa?

Para compreender este conceito, veja o caso do sono profundo: nele não existe divisão sujeito-objeto, e não há experiência. Mas não há nenhum problema em aceitar que dormimos. Todos nós fazemos isso, e é um estado reconhecido de consciência. Assim, *nirvikalpa samadhi* deve ser compreendido como um sono ainda mais profundo, no qual ocorre algum processamento inconsciente especial que é identificado no momento do despertar, como, por exemplo, a experiência do sobrevivente de uma quase-morte passando pela visão autoscópica de que a pessoa, após ser revivida, se recorda.

Qual a visão especial que é revelada quando despertamos de *nirvikalpa*? O sábio e místico Swami Sivananda (1987) a descreve assim:

> Há dois tipos de... *nirvikalpa samadhi*. No primeiro, o *jnani* [pessoa sábia], repousando em *Brahman* [Divindade], vê o mundo em seu interior como um movimento de ideias, como um modo de ser ou um modo de sua própria existência, como *Brahman*. *Brahman* vê o mundo em Seu interior como Sua própria imaginação, e o *jnani* também. Este é o mais elevado estado de realização [...] Na segunda variedade, o mundo desaparece de vista e o *jnani* repousa sobre o *Brahman* puro e sem atributos.

Vê-se claramente que o primeiro tipo é o estado supremo do processamento inconsciente, quando nós, enquanto consciência em sua forma verdadeira – ou Deus – processamos todo o mundo de possibilidades quânticas, inclusive os arquétipos. Este é o *nirvikalpa samadhi* apresentado anteriormente. *Não é uma experiência, mas sim um estado de consciência.*

O segundo tipo de estado *nirvikalpa* a que Sivananda se refere é chamado *turiya* na literatura vedanta. (Vedanta é uma escola da filosofia hindu que procura compreender a verdadeira natureza da realidade, em especial com os *insights* criativos dos *Upanishads*.) Em um livro anterior (Goswami, 2000), cometi um erro ao tentar explicar *turiya* como um *savikalpa samadhi* sem a experiência do tempo. Agora, porém, penso de forma diferente e concordo com Sivananda que *turiya* deve também ser um estado *nirvikalpa* de não experiência, mais profundo ainda do que aquele atingido pelo *nirvikalpa samadhi* do primeiro tipo.

Será que existe um estado (inconsciente) de consciência ainda mais profundo do que o processador inconsciente das possibilidades quânticas de todo universo? Você pode analisar isto pela involução e evolução da consciência (Figura 9.2, p. 136). Perceba que as possibilidades quânticas se originam na involução, com o supramental como primeiro estágio. O que havia antes? A consciência com todas as possibilidades, sem limitações impostas. Quando todas as possibilidades estão incluídas, não há qualidade e não há nada para processar, motivo pelo qual os budistas chamam esse estado de consciência o Grande Vazio, e os hindus o chamam de *nirguna*, sem atributos.

E qual é o valor disso tudo para a transformação? Afirma-se, na literatura espiritual da Índia, que as pessoas de capacidade *nirvikalpa* estão totalmente transformadas, que sua identidade se desloca completamente para o *self* quântico, exceto quando o ego é necessário para tarefas diárias, para funções do ego.

Aqui, vamos usar nosso modelo para melhor elucidação. Para a pessoa que atinge o *nirvikalpa samadhi* do primeiro tipo, o processamento inconsciente consiste no processamento de possibilidades supramentais, o que significa que elaborar representações mentais dos arquétipos e integrá-los no comportamento exigiria pouco esforço. Na linguagem de Jung, a individuação seria fácil e sem muito esforço. Mas ainda há "alguém" sendo individuado, demonstrando seus *insights* em tempo real. Permanece ainda um vestígio de identidade.

A situação é drasticamente diferente para uma pessoa quando se trata de *turiya* – processamento inconsciente no estado da vacuidade ou sem-atributos. Não há mais alguma "coisa" a se manifestar; todos os desejos (*vana*, em sânscrito) de manifestação se foram. Assim, isto é *nirvana*, para usar a linguagem de Buda.

Assim, quer dizer que a transformação é possível? Para pessoas criativas *savikalpa*, a discussão mostrou que a transformação (ou individuação) é uma jornada árdua, com muitos saltos quânticos e muitas manifestações do divino na vida pessoal. O esforço exigido, para uma transformação ou individuação plena, nos espantam! Na verdade, o que é exigido é a entrega total a Deus, mas como o esforço pode levá-lo a se entregar?

Isso me lembra uma história. Uma galinha e um leitão estão procurando um lugar para tomarem o café. Eles vêem uma lanchonete com um grande cartaz dizendo "Ovos e Salsichas". A galinha mostra entusiasmo, mas não o leitão, que diz ironicamente: "Para você, isso [ovos] é apenas uma contribuição. Para mim, isto [salsichas] significa compromisso absoluto".

Agora, suponha que você tem capacidade para chegar ao estado *nirvikalpa* da consciência do tipo 1 sempre que desejar. Se os seus desejos estão sintonizados com os movimentos da consciência-Deus, seria bem natural, não é? Nesse caso, não faria sentido dizer que todas as suas ações seriam concluídas e precedidas do processamento inconsciente de Deus como garantia de que tudo seria apropriado? No entanto, o simples fato de alguém ter desejos compromete esse exaltado estado de existência, não é assim?

A ciência está nos dizendo, sem ambiguidades, que apenas as pessoas de consciência *turiya* estão completamente transformadas, de toda maneira que possam imaginar. Com certeza, os grandes místicos do mundo, lendo o folclore construído à volta deles, parecem se qualificar para este nível *turiya* da existência. Falando como cientista, porém, devemos reservar nosso julgamento até dispormos de mais dados.

capítulo 18

o amor é uma evidência resplandecente de deus

Os seres humanos já escreveram mais sobre o amor do que sobre qualquer outro assunto. No entanto, sinto que quase todos irão concordar com aquela frase de uma música popular: "Não conheço o amor".

Nas décadas de 1970 e 1980, havia um senador dos Estados Unidos, chamado William Proxmire, que costumava ridicularizar alguns temas esotéricos de estudo que, às vezes, são escolhidos por pesquisadores. Lembro-me de que ele desdenhou uma pesquisa sobre o amor romântico que uma pessoa iria fazer. Para esse senador, provavelmente, o amor nada mais era do que uma dessas coisas embutidas em nossos genes. O amor, para ele, devia ser um epifenômeno; por que perder tempo com um epifenômeno, quando há fenômenos reais como educação infantil e alimentos para os pobres? Assuntos como estes podem receber verbas sem seus autores serem ridicularizados. Sim, essas coisas também são importantes, mas sem o amor, onde estariam?

O outro lado dessa realidade é que as pessoas que pensam no amor como algo importante também não vêem porque o amor deveria ser um assunto adequado para a ciência. Pelo menos, concordariam que o amor é uma assinatura de Deus; onde está o amor, está Deus. Deus é amor, diriam alguns.

No entanto, qual é a assinatura do amor? O amor é sexo, sentimento, pensamento, tudo isso ou nada disso? O amor é uma expressão, é sussurrar "eu te amo" ao ouvido de alguém, com voz romântica? O amor é deslumbrante e caloroso sentimento no coração?

O amor é algo além do sexo, do pensamento e até dos sentimentos? Ou o amor estaria além do além, e nem seríamos capazes de falar dele?

Creio que, com a nova ciência em nossas mãos, podemos falar do amor. Podemos provar que o amor existe no sexo e além do sexo, em palavras e além de palavras, em sentimentos e além de sentimentos. E podemos encontrar as assinaturas do amor. E isto é importante porque elas podem nos dizer algo sobre as assinaturas indeléveis do divino.

O amor é um arquétipo

Em páginas anteriores, mencionei que as funções biológicas são arquétipos no domínio supramental de nossa existência. Uma dessas funções é a reprodução, uma função que, com a intermediação de uma matriz vital, é representada fisicamente nos órgãos sexuais masculino e feminino. Depois, há outra função biológica, a distinção entre "eu e não eu", o arquétipo da distinção entre self e o mundo. Este é representado no sistema imunológico. A glândula timo, um órgão do chakra cardíaco, representa o sistema imunológico.

Na união sexual, somos um com o outro em termos físicos. Aqui, existe uma fonte potencial de confusão para o sistema imunológico e, por isso, os arquétipos da função sexual e a distinção eu/não eu fizeram um acordo: sempre que houver união sexual, o sistema imunológico afrouxa a distinção. E vice-versa. Sempre que o sistema imunológico relaxa sua distinção e inclui outra pessoa como "eu", a união sexual torna-se um impulso especial entre essas pessoas. É isso que ocorre no nível vital: sempre que existe excesso de energia no chakra sexual, a energia desloca-se para o chakra cardíaco. E sempre que há excesso de energia no chakra cardíaco, ela flui para o chakra sexual. Isso, naturalmente, é o amor romântico. Confira! Para o amor romântico, amor e sexo caminham juntos.

Porém, tanto nosso sistema sexual quanto nosso sistema imunológico podem agir independentemente, bem como suas contrapartidas vitais. Sexo sem amor não é impossível sem sentir o impulso do romance, embora a pessoa deva tomar cuidado para não gerar um excesso de energia no segundo chakra (ver Figura 11.1, p. 152). E, ainda mais importante, é que temos muitos outros relacionamentos importantes que transcendem a distinção eu/não eu, e não envolvem sexo. Neste espírito, podemos falar de amor entre pais e filhos, amor entre amigos, amor entre mestre e discípulo. Todos esses tipos de amor podem ser sentidos no chakra do coração.

Há mais dois conceitos de amor. Diz-se que existe um tipo especial de amor por nós mesmos, o amor próprio. Podemos obter uma resposta do chakra cardíaco por nos amarmos? Sim, podemos. E é algo que pode nos reconfortar numa dessas noites solitárias.

Há conceitualizações mais esotéricas do amor. Uma é o amor de Deus. O que significa isso? Não é fácil responder, não é mesmo? Há também o conceito de amar a todos. O amor universal. O que é isso?

Sem dúvida, junto com o físico e o vital, há sempre um componente mental do amor em todas as experiências do amor. Temos um distribuidor de significado chamado mente. E não podemos deixar de convidar a mente para dar significado a todas as nossas experiências. Assim, a mente dá significado às nossas experiências de amor romântico, ao amor pais-filhos, às nossas amizades, ao amor mestre-discípulo, até ao amor-próprio. Todos têm um componente vital. Mas somente o amor romântico tem um componente sexual, no qual os componentes neuroquímicos do cérebro desempenham importante papel.

O que há de especial sobre o amor de Deus e o amor universal? Eles podem ser puramente mentais, e quase sempre são. Assim, vamos fazer disso uma espécie de definição. Não vamos chamá-los de amor a menos que exista uma experiência de sentimento de energia vital no chakra cardíaco. Dessa forma, você realmente ama a Deus quando o pensamento de Deus causa-lhe uma palpitação, um calor ou um formigamento no seu chakra do coração. E o mesmo se aplica ao amor universal. Não é uma "transa" da mente – é justamente quando o pensamento da humanidade, um ser humano, ou mesmo um ser senciente, aquece o seu coração!

Aparentemente, estamos chegando em algum lugar: sempre que existe algum sentimento no chakra cardíaco acompanhado de pensamentos de amor, existe amor. Agora, vamos perguntar: sabemos o que é amor?

De maneira operacional, sim: quando há energia no chakra do coração. Esta é, então, uma assinatura do amor. Sentimento no coração é a assinatura operacional do amor. Nada mais, nada menos.

Mas ainda não sabemos o que é o amor. Conhecemos apenas sua assinatura operacional.

Você pode se lembrar de muitas experiências de amor com sua mãe quando você era criança. Assim, quando adulto, você conhece uma pessoa do sexo oposto e experimenta aquela inconfundível assinatura – e mais uma vez, um sentimento no coração. Você sabe como se comportar com essa pessoa? Não sempre. Os freudianos não estão totalmente enganados em presumir que muitas pessoas se comportam em um relacionamento conjugal como se estivessem esperando o amor maternal!

Ter uma experiência de amor em um contexto nos deixa completamente desorientados sobre o comportamento correto quando nos defrontamos com o amor em outro contexto. Agora, você sabe o que querem dizer com a frase *o amor é um arquétipo*. Em qualquer experiência, fazemos representações mentais (e vitais) dela, mas não uma representação física direta, não uma memória física direta. Não temos essa capacidade. Uma representação nunca é a coisa verdadeira em si, pois um mapa nunca é o território. Este é o problema fundamental do amor e do amar.

Assinaturas quânticas do amor

Ter um sentimento em seu coração não é uma assinatura definitiva do amor. Por quê? Porque podemos forjá-la e nos enganarmos.

Suponha que, ao pensar em Deus, você também pense em sua mãe, como na prática espiritual de pensar em Deus como a Mãe Divina. E tem aquela sensação de calor no coração. Você agora tem certeza de que tem o amor de Deus? Não; é mais provável que o calor em seu coração venha de seu pensamento sobre o amor de sua mãe.

Mestres espirituais sabem desse auto-engano e usam seu conhecimento para receitar cinco tipos de práticas para desenvolver o amor de Deus:

1. Meditar sobre o amor de Deus como amor próprio.
2. Meditar sobre o amor de Deus como amor de um discípulo ou de um mestre.
3. Meditar sobre o amor de Deus como amor por um amigo.
4. Meditar sobre o amor de Deus como amor por um progenitor ou filho.
5. Meditar sobre o amor de Deus como amor pela pessoa amada.

Nas páginas adiante, terei mais a dizer sobre essas práticas. Por enquanto, admito que são apenas práticas. Práticas que acabarão levando-o ao verdadeiro amor de Deus.

Mas, como você vai saber que é a experiência real, e não uma memória? É aqui que as assinaturas quânticas são úteis.

Vamos dizer de outra maneira. A experiência do amor de sua mãe ocorreu há muito tempo, quando você era jovem. As lembranças da infância são de difícil rememoração. Mas tente se lembrar de seu primeiro amor, amor romântico. Como foi essa experiência?

Talvez você se recorde de que foi algo rápido, um elemento-surpresa. Foi uma revelação. Um *insight* repentino, um momento de "Ah, eu amo essa pessoa". O pensamento veio subitamente, com um ahá! E o sentimento também estava lá no coração.

Esse elemento-surpresa é uma assinatura quântica do amor. Na linguagem da consciência quântica, você deu um salto quântico para o supramental e encontrou o arquétipo do amor, e o arquétipo lhe disse diretamente (não com palavras): "Estou aqui. Você me encontrou". Foi apenas por um instante, um determinado pensamento, um determinado sentimento. Mas estava lá, não há como negar.

Lembra-se daquela canção popular da década de 1970, com título e refrão: "Acho que amo você"? Errado. Deveria ser "Sei que amo você". Experiências arquetípicas nos dão determinado conhecimento. Mas, sem dúvida, é preciso um salto quântico de nossa mente para chegar lá; no entanto, por causa dessa certeza, vale a pena.

Cuidado! Mais uma vez, não seja vítima da ideia de que, de agora em diante, você sabe o que é o amor romântico. Você não sabe. Em outro contexto, com outra pessoa, será preciso dar outro salto quântico caso realmente deseje saber. Mas não se preocupe. Você não vai precisar desse tipo de salto quântico. Eles o seguem. Os saltos quânticos acontecem sem que você perceba. É por isso que se diz em inglês, *fall in love* – cair no amor. Não fazemos nada. Apenas nos permitimos cair, nos rendemos.

Além do salto quântico, haverá outra assinatura quântica do amor? Com efeito, há. Vou falar de um episódio de *Jornada nas Estrelas* que lhe dará uma pista.

Uma pessoa cometeu um crime no século 23; porém, naquela civilização avançada, os castigos corporais não eram aplicados. Mas acabam encontrando uma punição interessante. Foi decidido que deveriam enviar aquela pessoa para um planeta isolado na companhia de muitas mulheres bonitas. Imagine! Como isso pode ser um castigo?

As mulheres eram andróides, mulheres-máquina. Percebeu? As máquinas não podem lhe dar amor, não podem sequer fazer-lhe companhia. Consciência é *conhecer junto*; é preciso outra pessoa consciente para conhecer junto, o que exige uma conexão não local, a interconexão não local.

(Será que um materialista ficaria feliz tendo por companhia ou namorada uma andróide? Um materialista pensa em si mesmo como um andróide; então, qual o problema? Mas acredito que mesmo os materialistas sabem. Mas fingem, ah, como fingem!)

Assim, esta não localidade é outra assinatura quântica do amor. Todo tipo de evento não local ocorre em torno dos enamorados, assim como os eventos de sincronicidade.

Uma das assinaturas quânticas mais reveladoras do amor é a hierarquia entrelaçada. Você se lembra do conceito, um relacionamento circular. A causa oscila entre as duas pessoas que se relacionam, de um modo que não é possível dizer quem manda. Concordo que isso não é tão compulsório quanto a hierarquia entrelaçada em um cérebro ou em uma célula viva. Mas deixe-me sugerir que até uma suave dose de circularidade pode resultar na aparência de autorreferência. A consciência causa o colapso de experiências manifestadas como se houvesse um terceiro *self*, o *self* do relacionamento. Assim, o casal torna-se uma unidade funcional para si e em si mesmo. Há você, há o parceiro e há a entidade chamada *casal*, que transcende a vocês dois.

Numa hierarquia simples, isso nunca acontecerá. Você pode pensar, antes do movimento de liberação feminina, que as coisas não funcionavam como uma hierarquia simples, pelo menos nos relacionamentos homem-mulher? Talvez não. A hierarquia simples das sociedades do passado era apenas uma imposição social. Casais enamorados sempre puderam dançar ao som de sua própria música. Eles não teriam problemas para manter uma imagem social de hierarquia simples, mas vivendo um amor completamente entrelaçado.

Em resumo, o amor tem todas as três assinaturas quânticas: descontinuidade, não localidade e hierarquia entrelaçada. Graças a essas assinaturas é que, se você conhece o amor, nunca poderá duvidar, nunca será um ateu ou agnóstico. Você sabe que seu verdadeiro eu é quântico, pois de que outro modo poderia manter um relacionamento com assinaturas quânticas? Agora, é apenas uma questão de tempo até você se estabilizar em seu ser quântico, consciência-Deus. É apenas uma questão de processo.

Onde está a nova evidência da existência de Deus?

Nesta discussão toda do amor, a evidência da existência de Deus é diferente das outras evidências que mencionamos até aqui. Do ponto de vista estritamente científico, não conheço nenhum estudo empírico sistemático que prove essas assinaturas quânticas do amor e, por isso, a autenticidade de Deus.

Contudo, vendo a questão de outro modo, o amor é o melhor campo de estudo se você deseja comprovar Deus fazendo uma compilação de dados durante sua vida. Tem uma música de Bob Dylan que diz: "Você não precisa ser meteorologista para saber em que direção sopra o vento". Do mesmo modo, não precisa que cientistas façam experiências em seus laboratórios para que você decida em que deve acreditar ou não. Você pode reunir suas próprias evidências e comprovar sozinho.

Mas, de qualquer modo, precisa de um plano; precisa se dedicar a um processo. Felizmente, na Índia, onde a pesquisa da consciência (ou de Deus) sempre foi levada a sério, há uma tradição chamada *Bhakti* (que significa *devoção* ou *amor*). Esta tradição desenvolveu cinco maneiras para se estudar o amor em seus próprios relacionamentos (as cinco práticas mencionadas anteriormente), em sua própria vida, para fazer sua própria pesquisa pessoal sobre o amor e também para se divertir um pouco (espero).

Por falar nisso, se você usar um caderno de apontamentos para registrar sua pesquisa, algum dia poderá inspirar um psicólogo de laboratório para solicitar uma verba para pesquisas científicas sobre o amor, com o objetivo de provar a existência do fenômeno da causação descendente nesse sentimento. Quem sabe o psicólogo consiga os recursos, apesar de tipos como William Proxmire.

Criatividade nos relacionamentos

Gostaria de explorar, com um exemplo, um dos cinco caminhos indicados, aquele de amar a Deus como a pessoa amada. Na prática, não começamos vendo nossa pessoa amada como Deus. Mas é nisso que chegamos.

Um famoso sábio realizado em Deus, pertencente à tradição indiana Vaishnava, Sri Chaitanya, pediu ao seu discípulo favorito que lhe falasse sobre práticas de amor. O discípulo disse: "Ame a Deus como a si mesmo". "Isso é muito superficial. Dê-me algo mais profundo". O discípulo disse: "Ame a Deus como ao seu filho".

Sim, este é um caminho muito considerado na Índia. Era a prática de Yoshoda, mãe adotiva de Krishna. Krishna foi uma criança muito, muito precoce, que realizou inúmeros milagres; dessa forma, Yoshoda sabia que ele era Deus encarnado e era sua devota. Ao mesmo tempo, porém, ela tinha o dever de disciplinar Krishna. Assim, dá para ver como o relacionamento tornou-se naturalmente um relacionamento de hierarquia entrelaçada.

Mesmo assim, Chaitanya não ficou impressionado. "Isto também é superficial", insistiu. Então, o discípulo citou a prática de servir a Deus como servo, depois como amigo, mas sem resultados. "Tudo superficial", disse Chaitanya. Por fim, o discípulo viu o caminho. "Amar a Deus como à pessoa amada". "É isso. Isso é doce", aprovou Chaitanya.

Mas a prática nem sempre é doce. Começa como um amor doce, romântico. Quando os componentes neuroquímicos se esgotam, a doçura acaba durante algum tempo. Se conseguirmos ficar firmes, e o amor retornar, será doce novamente. Mas, para reconquistar a doçura, a pessoa precisa da criatividade, um salto quântico.

Quando os componentes neuroquímicos se esgotam, o sexo torna-se mais mecânico, e fazer sexo não leva automaticamente mais energia vital para o coração. É aí que começa o problema: as diversas emoções negativas reprimidas de um relacionamento romântico irrompem na consciência total da percepção-consciente, dando origem à defensividade. Na discórdia, a defensividade torna-se um combustível que ocasiona brigas. É o momento de começar seriamente a praticar o amor incondicional por nossos companheiros. E isto exige um processo criativo.

Como damos início ao processo criativo em direção ao amor incondicional? Assim como todo processo criativo, comece pela preparação. Leia alguns dos muitos livros maravilhosos sobre o assunto, escritos por psicólogos e mestres espirituais. Não é má ideia frequentar um terapeuta ou conselheiro matrimonial, escolhido de comum acordo. Pratique a percepção-consciente para se tornar mais consciente das emoções suprimidas que surgem nesses momentos de defensividade. Vocês dois podem participar de uma análise limitada de suas brigas, mas façam isto sempre com plena percepção-consciente de que a análise não vai resolver o problema, embora, por alguns momentos, possa parecer que sim.

O aspecto fundamental da criatividade interior, que muitas pessoas deixam de observar, é que a criatividade exige ambiguidade. Sim, a ambiguidade, nosso estágio de criatividade do processamento inconsciente nunca se liberta; o processamento gira em volta das memórias condicionadas de eventos passados sob o controle do ego. Lembre-se do que Jesus disse: "Procures e acharás; e quando achares, terás problemas" (Evangelho de Tomé). O que ele quis dizer é que terás problemas se quiser se aprofundar no processamento inconsciente. O problema e a ambiguidade são automáticos em relacionamentos amorosos que perderam o rumo. Seu relacionamento íntimo não é mais com um parceiro amoroso. Às vezes, ele lhe oferece o ramo de oliveira; em outras, uma adaga (Figura 18.1).

Com a ambiguidade, o processamento inconsciente irá criar uma dispersão das ondas de possibilidade de significado que contém novas possibilidades, além do condicionamento do ego passado. Agora, Deus pode entrar como processador do seu inconsciente; Deus está sempre interessado em novas configurações.

E você simplesmente segue o esquema habitual do processo criativo: intenções, mente aberta, *do-be-do-be-do* (fazer-ser-fazer-ser--fazer) e tudo isso. Depois, *insight*. Mas, lembre-se de que pode ser preciso ter vários pequenos *insights* para chegar ao grande. Por exemplo, antes de conseguir amar incondicionalmente, você passa pelo reconhecimento de seu parceiro como o "outro". E isso já é um salto quântico em seu relacionamento romântico, quando o parceiro era apenas uma extensão sua.

Figura 18.1. Um minotauro mostrando a ambígua justaposição da adaga e do ramo de oliveira, animalidade e humanidade.

Depois do *insight* que o arremessa para o amor incondicional, você consegue ver seu parceiro como Deus e a possibilidade de um relacionamento hierárquico entrelaçado. Agora, isto é algo que você precisará manifestar em seu comportamento.

Quando o relacionamento com seu parceiro for claramente do tipo hierárquico entrelaçado, você pode iniciar um relacionamento hierárquico entrelaçado com Deus como seu enamorado. E, naturalmente, terá de passar de novo pelo processo criativo, desta vez tendo Deus como seu parceiro no relacionamento.

capítulo 19

evidência para a causação descendente na cura da mente-corpo

Dos inúmeros exemplos de cura mente-corpo, existe uma subclasse chamada cura espontânea que se constitui um exemplo espetacular de uma assinatura definitiva da causação descendente e, portanto, do divino.

A cura espontânea é a cura sem nenhuma intervenção médica. A cura pode ser provocada por diversos estímulos, procedimentos médicos e, algumas vezes, por simples intenção e fé. Na ciência, fenômenos incomuns costumam revelar mais pistas sobre o sistema específico com que estamos lidando. Assim, qual a explicação para este fenômeno incomum em particular?

Exemplos de cura espontânea, alguns extraordinários como o desaparecimento de um tumor maligno da noite para o dia, são abundantes na literatura (Chopra, 1990; Weil, 1995, Moss, 1984, O'Regan, 1987).

O que dizem os dados sobre a remissão espontânea do câncer? O pesquisador do Instituto de Ciências Noéticas Brendan O'Regan (1987), que fez aquela que deve ser a mais ampla pesquisa sobre o assunto, falou de três tipos de casos de remissão espontânea: 1) remissão pura, sem tratamento alopático após o diagnóstico; 2) remissão com algum tratamento após o diagnóstico, mas o tratamento foi nitidamente mal-sucedido; e 3) o tipo mais incomum de remissão, no qual as "curas são repentinas, completas e sem tratamento espiritual", associadas a curas espirituais.

É essa terceira classe de casos de remissão que nos oferece a evidência mais clara de causação descendente – o salto quântico criativo.

A física quântica da cura quântica

Primeiro, vamos explorar uma pequena teoria a título de explicação: *a doença da mente-corpo* consiste de mazelas físicas, nas quais a imposição de significado mental incorreto estabelece o desequilíbrio em nossos corpos vital e físico. Assim, a cura da mente-corpo deve envolver mudanças no significado ou no contexto que resultam no mau funcionamento de nossos corpos vital e físico. Às vezes, essa mudança no contexto do processamento do significado pode ser provocada simplesmente pelo rearranjo de antigos contextos. É aí que técnicas contínuas de medicina mente-corpo, como *biofeedback* e meditação, são eficientes. No entanto, em casos de cura espontânea, a mudança de contexto não poderia ter ocorrido no nível da própria mente. Nesses casos, cura da mente-corpo é um nome inadequado para o que ocorre.

Os mais profundos contextos do pensamento mental vêm do domínio supramental da consciência; para mudar o contexto para algo totalmente novo, será necessário saltar para o supramental. Este salto é um salto quântico descontínuo e é por isso que esse tipo de cura é chamado *cura quântica*.

Essa expressão, *cura quântica*, de que já falei antes (Capítulo 13), é uma expressão que foi intuída de maneira criativa, embora de forma rudimentar, pelo médico Deepak Chopra (1990). Na década de 1980, Chopra procurava uma explicação para a autocura espontânea. Alguém lhe perguntou sobre a cura do câncer, e ele respondeu: "Se um paciente consegue promover o processo de cura de dentro para fora, essa seria *a* cura para o câncer".

Pouco antes, a pioneira da ciência cristã, Marie Baker Eddy, teve uma ideia similar: se a mente pudesse descobrir que toda doença é ilusória, a cura ocorreria. Deste modo, tanto Chopra quanto Baker Eddy introduzem a ideia da cura como autodescoberta. Mas Chopra, inserido na era quântica, conseguiu dar um passo ainda mais importante. Disse: "Muitas curas que têm origens comuns misteriosas – cura pela fé, remissão espontânea e o uso eficiente de placebos, ou 'remédios falsos' – apontam também para um salto quântico. Por quê? Porque em todos esses casos, a faculdade da percepção-consciente interior parece ter promovido um salto drástico – um salto quântico – no mecanismo de cura".

Para se entender com maior clareza o papel dinâmico desempenhado pelo salto quântico do *insight*, pode ser útil analisar um pouco mais a fundo aquilo que está envolvido nesses tipos de casos de cura do câncer (Weil, 1995). Existe uma pressão permanente nas células do corpo para que se tornem malignas, uma condição na qual elas não morrem no momento esperado, não ficam no mesmo lugar e, em geral, não se ajustam às leis celulares de comportamento regular. No entanto, células malignas não representam câncer; são apenas sementes de câncer, e se distinguem exibindo antígenos ("não eu") anormais em suas membranas superficiais. Um sistema imunológico que funciona normalmente, cuja tarefa é distinguir entre "eu" e "não eu", pode identificar e destruir essas células malignas. O câncer apenas se torna real se, por algum motivo, essa função normal do sistema imunológico for inadequada devido a um defeito do corpo físico ou vital, ou suprimida, por exemplo, por um bloqueio energético no chakra cardíaco em virtude de intelectualismo excessivo.

Para haver cura, temos de admitir ousadamente o poder de cura da consciência, da causação descendente com liberdade de escolha. A consciência tem a sabedoria necessária (em seu compartimento supramental) e o mecanismo (a escolha de um novo contexto para o processamento mental das emoções). Tem também o poder de descobrir o que é necessário para dar o salto quântico do *insight* e pode manifestar o *insight* desbloqueando o sentimento vital no chakra afetado, desobstruindo, assim, os movimentos da matriz vital associada e reativando o órgão físico correlacionado com a função orgânica apropriada. A cura espontânea do câncer se deve ao súbito estabelecimento de um impulso dinâmico tão intenso na atividade do sistema imunológico que o crescimento do tumor desaparece em poucos dias, às vezes até em horas.

Suponha que o mau funcionamento do sistema se deva à supressão de sentimentos no chakra cardíaco, resultado de um processamento mental errôneo de um significado relacionado com o amor. Um salto quântico para o supramental é acompanhado de uma mudança contextual no processamento do significado mental, livrando o bloqueio de sentimentos que correspondem à experiência consciente dos movimentos da matriz vital do sistema imunológico no chakra cardíaco. Então, pode ter o efeito dinâmico desejado sobre o sistema imunológico, na forma da reativação de seu programa de localização e eliminação de células cancerosas com tamanho vigor que efetua uma cura muito rápida.

Explorando o poder criativo da causação descendente por meio da autocura

Os médicos mais conservadores costumam descartar os casos de remissão espontânea de doenças, rotulando-os como efeito placebo. Na verdade, tanto a fé na palavra do médico quanto no efeito placebo, oferece ao paciente apenas um lampejo de sua própria capacidade de cura. Para manifestar de fato essa capacidade, a pessoa deve usar todo o programa de criatividade, passando por todos os estágios do processo criativo que culmina em uma mudança de contexto de vida.

Deste modo, como indicaram tanto Mary Baker Eddy quanto o filósofo Ernest Holmes (1938), uma doença que ameaça a vida não impõe apenas perigo, como também proporciona a oportunidade de explorar o poder transformador da causação descendente. Disse Holmes: "A cura não se dá pela força da vontade, mas sim pelo conhecimento da Verdade. Esta verdade é que o homem já é Perfeito, não importa qual seja a sua aparência". A cura quântica diz respeito à conquista da plenitude; ela é transformadora.

Para o restante desta seção, seguirei de perto o que expus em meu livro O *médico quântico.*

Se, na verdade, a cura quântica envolve a criatividade da mente, será que podemos desenvolver um programa de ação para nos curarmos com base nessa ideia? É verdade que a criatividade é acausal. Mas também é verdade que a dedicação ao processo criativo, em seus quatro estágios – preparação, incubação, *insight* e manifestação com compreensão – ajuda a produção de atos criativos. O que causaria uma dedicação plena ao processo criativo, no caso da cura da mente e do corpo?

Suponha que, em vez de acreditar que estão recebendo algum tipo de remédio que ativa o efeito placebo, os pacientes ajam com a convicção "ardente" de que já possuem os requisitos para a cura, que precisam apenas descobrir e manifestar por meio da criatividade.

O primeiro passo dessa atividade criativa é a preparação. Os pacientes pesquisariam sobre sua doença (com a ajuda de seus médicos, naturalmente) e meditariam sobre o que encontrassem. Esta meditação exporia rapidamente os hábitos de supressão ou expressão de emoções, conforme o caso, que contribuíram para a doença. Algumas das principais causas de acúmulo de estresse mental também ficariam claras: a velocidade do processamento mental – pressa e afobação – é uma delas. Dar peso excessivo à busca de prazeres com realizações, ansiedades e devaneios é outra causa. Assim, o propósito do estágio de preparação é desacelerar a mente e torná-la aberta e receptiva, em especial em resposta aos sentimentos.

No estágio seguinte, os pacientes tentariam diversas das novas (para o paciente) técnicas de medicina mente-corpo. Aqui, a colaboração com o médico pessoal do paciente é importante, uma colaboração de hierarquia entrelaçada, pois a hierarquia entrelaçada é mais útil ao processo criativo quântico do que a hierarquia simples. Este é o estágio da criatividade no qual usamos estímulos não aprendidos para gerar ondas de possibilidade da mente e do supramental que não entraram em colapso; mas não escolhemos entre as possibilidades. Como apenas a escolha pode criar um evento de consciência total da percepção-consciente, estou falando do processamento inconsciente – processamento sem percepção-consciente.

Há casos bastante conhecidos de "terapia artística", nos quais as pessoas conseguem se curar mergulhando em uma bela arte curativa espiritual, mas ela não funciona com todo mundo. Mas como é que a terapia artística funciona para algumas pessoas? Essas pessoas devem ser visuais, capazes de imaginação visual. Para elas, a imaginação mental da cura, inspirada pela arte, em pouco tempo dá lugar a um processamento inconsciente, abrindo-se para um novo cenário de possibilidades de cura. Mais cedo ou mais tarde, um evento ativador, aparentemente sem consequências, precipita o salto quântico do *in--sight*: ao mesmo tempo, o novo contexto supramental e a *gestalt* mental se manifestam na consciência total da percepção-consciente. O *insight* leva à mudança corretiva de contexto no modo como a mente lida com as emoções. A manifestação do *insight* começa: livre dos grilhões da mentalização habitual, sentimentos e movimentos da energia vital nos chakras afetados são novamente desbloqueados, gerando a cura do órgão correlacionado, às vezes de forma dramática.

Há alguns relatos de sucesso no tratamento de pacientes de câncer graças ao uso de visualização criativa (Simonton *et al.*, 1978), para os quais o cenário já mencionado se aplica. Eis uma descrição particularmente pungente da cura quântica de uma pessoa por meio da visualização:

> Quando eu estava no México, comecei a sentir dores no peito. Atravessei a fronteira e fiz uma ressonância magnética, que mostrou um tumor no timo vinculando-se com a aorta. Decidi esperar, mas uma nova ressonância, seis meses depois, mostrou que ainda estava lá.
>
> Decidi passar uma semana no centro de cura de Carl Simonton, na

Califórnia, e imaginei 'tubarões comendo células cancerosas', como me recomendaram. Mas, perto do fim-de-semana, tive uma visão extremamente nítida e espontânea que não estava no programa. Vi uma massa em meu timo na forma de um pedaço de gelo que começava a derreter em grandes gotas. Nunca tinha visto antes em minha vida uma imagem tão clara aparecer assim, do nada. E soube no mesmo instante que as gotas eram lágrimas. Durante toda a minha vida, em todas as perdas que sofri, nunca tinha conseguido chorar. Agora, via o derretimento da opressão que estava sentindo; as mortes e o abuso na infância, o relacionamento não resolvido com meu ex-marido. Subitamente, a emoção estava disponível, e de maneira poderosa.

Quatro meses depois, fiz mais uma ressonância magnética, e o tumor havia desaparecido – não havia sinal dele. Não fiz mais nenhum tratamento. Fosse o que fosse aquela massa, disseram que a única maneira de afirmar que um dia ela esteve lá era com os dois exames anteriores (citado em Barasch, 1993, p. 273-274).

Desse relato verifica-se com muita clareza que a experiência liberou as emoções acumuladas ao longo de toda uma vida. E, não há dúvidas de que a experiência foi súbita e inesperada, um autêntico salto quântico.

Uma remissão espontânea, nessa forma de ver as coisas, é resultado de um *insight* criativo, de nossa capacidade de escolher o "caminho da cura" entre milhares de possibilidades geradas pelo processamento inconsciente. Esta escolha é fruto da causação descendente da consciência quântica – Deus.

Como vivenciamos essa escolha do *insight* curativo, a experiência associada do *self* quântico? As experiências variam. O exemplo citado anteriormente foi uma visão.

O médico Richard Moss (1981, 1984) nos conta sobre uma paciente de câncer que participou de um de seus seminários. No seu decorrer, ela estava cansada e desafiadora, e não estava reagindo às diversas tentativas que Moss fez para energizá-la. Em algum momento, porém, Moss rompeu a casca e ela reagiu, participando espontaneamente de um grupo de dança, o que a levou a uma imensa experiência ahá!. Na manhã seguinte, a paciente acordou se sentindo tão bem que Moss se sentiu compelido a mandá-la para uma consulta médica. Milagre dos milagres: os exames mostraram que seu câncer desaparecera.

A paciente da história de Moss experimentou o "ahá!" mais comum do *insight* criativo. Porém, outros pacientes também relatam a experiência que tiveram com a própria escolha, o momento em que a pureza da intenção de cura se cristaliza. Como exemplo, eis o relato do médico Deepak Chopra (1990, p. 102-103) da cura de uma paciente de câncer por meio de um *insight* repentino:

> [...] uma mulher discreta, na faixa de 50 anos, me procurou há uns dez anos reclamando de fortes dores abdominais e icterícia. Acreditando que estava sofrendo de cálculos biliares, internei-a para uma cirurgia imediata, mas, quando a abrimos, descobrimos que ela tinha um grande tumor cancerígeno que havia se espalhado até o fígado, com metástases por toda a cavidade abdominal.
>
> Julgando o caso inoperável, os cirurgiões fecharam a incisão sem tomar outras medidas. Como a filha da mulher me pediu para não contar a verdade à sua mãe, informei minha paciente que os cálculos tinham sido removidos com sucesso. Racionalizei que sua família acabaria lhe contando a verdade com o tempo...
>
> Oito meses depois, fiquei atônito ao ver a mesma mulher entrar em meu consultório. Ela voltou para um exame físico de rotina, que não revelou icterícia, dores ou sinais detectáveis de câncer. Apenas depois de decorrido mais um ano é que me confessou uma coisa incomum. Ela disse: 'Doutor, tinha tanta certeza de que estava com câncer há dois anos, e fiquei sabendo que eram apenas cálculos biliares, que disse a mim mesma que nunca mais ficaria doente em minha vida'. Seu câncer nunca voltou.
>
> Essa mulher não usou técnica alguma; ficou bem, aparentemente por causa de sua decisão profundamente arraigada, e esta bastou... Devo chamar o caso de um evento quântico por causa da transformação fundamental que foi além dos órgãos, tecidos, células ou mesmo DNA, diretamente até a fonte da existência do corpo no tempo e no espaço.

O estágio final do processo criativo – manifestação – também é importante. A manifestação não se completa apenas com a reativação das glândulas necessárias para o funcionamento normal dos órgãos envolvidos. Após a remissão, o paciente precisa manifestar algumas das mudanças em seu estilo de vida que têm coerência com a mudança de contexto do processamento mental de sentimentos, para que a remissão seja estável e permanente. Por exemplo, um estilo de vida que produz excessivo intelectualismo e reações defensivas deve dar lugar a uma vida mais equilibrada, integrando mente e coração.

Vamos discutir o caso do antigo editor da *Saturday Review*, Norman Cousins, que se curou de uma enfermidade chamada espondilite anquilosante, doença degenerativa que produz ressecamento do tecido conectivo da espinha. Segundo os especialistas, a chance de recuperação de Cousins era de uma em 500. Em desespero, o paciente parou de tomar a medicação normal e a substituiu por doses elevadas de vitamina C, sempre com a supervisão de seu médico. Mas, o mais importante é que o enfermo decidiu mergulhar na felicidade; assistiu a filmes engraçados (como antigas comédias de W. C. Fields, atrapalhadas dos Irmãos Marx etc.) e leu seus gibis prediletos durante algum tempo. Milagrosamente, Cousins recuperou-se completamente daquela condição e reassumiu sua vida produtiva.

Estou convencido de que Cousins passou de uma séria doença para a cura seguindo os estágios do processo criativo. O primeiro estágio, seu contato com a medicina convencional e o conceito da doença, foi uma preparação. O segundo estágio, assistindo a comédias e lendo gibis, permitiu-lhe o importantíssimo modo "ser" de relaxamento criativo, alternado com o modo "fazer" da ingestão de vitamina C ("*do-be-do-be-do*"). Com o tempo, realizou seu salto quântico, que o levou à recuperação. E, a julgar pelos relatos, fez mudanças em seu estilo de vida – a manifestação de seu *insight*.

Há muita semelhança entre aquilo que estou defendendo aqui e aquilo que os cientistas cristãos já praticam. Contudo, há uma diferença importante: na aplicação estrita da ciência cristã, não se permite intervenção médica. Não há nada na cura quântica criativa que sugira que não podemos aplicar ao mesmo tempo as técnicas da medicina convencional e da alternativa. Às vezes, como no caso do câncer, isso pode ser necessário para manter o corpo físico vivo pelo período que for preciso para que o salto quântico criativo aconteça. Algumas pessoas dizem que mesmo Norman Cousins, no caso anterior, valeu-se de homeopatia enquanto causava sua cura quântica.

PARTE 5

ATIVISMO QUÂNTICO

Em 1999, tive a oportunidade singular de me reunir com um grupo de cientistas em uma conferência em Dharamsala, na Índia, cujo propósito científico era abrir um diálogo entre cientistas e o Dalai Lama sobre a aplicação das novas ideias e paradigmas na ciência, integrando a ciência e a espiritualidade em nossos sistemas sociais. Você poderá ter uma ideia do tom da conferência no documentário *Dalai Lama Rennaissance*. Tudo o que aconteceu nessa conferência foi muito instrutivo para mim.

Em síntese, aproximadamente 30 cientistas – e a maioria se conhecia – ficaram muito competitivos com relação a quem, de todos ali presentes, deveria ter a maior oportunidade de apresentar suas ideias ao venerável Dalai Lama. A disputa ficou tão acirrada que entramos em um ridículo acordo: todos teriam dois minutos para apresentar seu trabalho.

Lembro-me de minha vergonhosa tentativa de resumir em dois minutos muitas das ideias presentes agora neste livro. Naturalmente, não consegui muitos resultados e a fisionomia do Dalai Lama permaneceu inalterada. O mesmo destino frustrou quase todos os demais; o Dalai Lama apenas se mostrou animado em duas ocasiões – quando um psicólogo tratou de educação e quando um dos participantes suscitou a questão política do futuro do Tibete. Não foi à toa que alguém resumiu nossa frustração com o comentário: "Sua Santidade, estamos à sua frente como fantasmas famintos...".*

Estou dizendo que quando crescemos em uma sociedade materialista, como todos os cientistas ali reunidos, não há maneira de fugir ao antigo condicionamento materialista. A competitividade que mostramos (e me incluo aí) estava profundamente enraizada em nós. Negando a importância do significado, o materialismo nos torna vulneráveis às emoções negativas.

Todas as nossas instituições sociais caíram vítimas de emoções negativas, e a causa principal pode ser apontada para a visão de mundo materialista que tem dominado a sociedade nas seis últimas décadas. Como podemos mudá-la? Podemos começar pelo ativismo quântico – usando o poder transformador da física quântica para nossa transformação e para a transformação da sociedade.

Encerro este preâmbulo com mais uma história sobre nosso encontro com o Dalai Lama. Quando alguém reclamou com o Dalai Lama sobre a triste disputa entre os cientistas, o Dalai Lama riu, riu e disse simplesmente: "Era de se esperar". Isto não apenas ajudou a dissipar o lamentável estado de espírito entre nós, como tive a prova de que o Dalai Lama é uma pessoa muito iluminada.

---

* Referência a um dos seis reinos do renascimento no budismo tibetano, o Reino dos Fantasmas [N. de T.]

capítulo 20

ativismo quântico:
uma introdução

O ativismo quântico começa quando mudamos nossa visão de mundo, passando do embasamento material para um embasamento na física quântica e na primazia da consciência. Começamos a pensar de modo correto e nos perguntamos: agora, que sabemos como pensar corretamente a respeito de nosso mundo, o que devemos fazer a respeito? Demos o primeiro passo para nos tornarmos ativistas quânticos.

Quando interpretada pela filosofia do idealismo monista, a física quântica é transformadora. O pensamento correto – abrir mão de ideias materialistas míopes e adotar Deus, a causação descendente e a importância dos corpos sutis em nossas vidas – é o primeiro passo de uma viagem transformadora. Porém, existem outros.

As tradições espirituais consideram a jornada de transformação como espiritual – uma jornada rumo ao espírito, à realidade não manifestada, deixando para trás o mundo manifesto. A jornada transformadora de um ativista quântico é diferente.

A ciência dentro da consciência está nos dizendo que o mundo material manifesto foi idealizado para representar cada vez melhor as possibilidades do não manifesto, por meio da evolução. A transformação é importante, em primeiro lugar para servir ao jogo evolucionário da consciência, e em segundo para a salvação pessoal em espírito.

Assim, como ativistas quânticos, não saímos do mundo; em lugar disso, vivemos no mundo com a atitude correta. Combinamos *pensamento* correto com *vida* correta.

Vida correta

Como podemos viver de maneira a servir a evolução da consciência na manifestação? É um ato de equilíbrio.

Os materialistas vêem a vida voltada para o lado material, sequer deixando espaço para o significado e para o supramental. As pessoas que vivem a vida sob um prisma espiritual convencional possuem propensão para o espírito. O caminho do ativista quântico é o caminho do meio: valoriza-se o sutil e o espírito, mas é a matéria que faz representações.

Para o materialista, a vida é a prática de programas condicionados pela genética, pela evolução e pelo ambiente: apenas o ego existe. Passar a vida a serviço do ego é a meta. A pessoa se equivoca quanto aos significados e valores. Para o buscador espiritual, o objetivo é tornar-se o espírito personificado – o *self* quântico. A meta é viver perpetuamente no *self* quântico da criatividade (interior). A pessoa fica confusa com relação ao mundo manifesto.

O ativista quântico vive em equilíbrio entre os dois extremos. O ativista sabe que é tão importante manifestar o *conteúdo* (o *insight*) de uma experiência do *self* quântico quanto o *contexto*. E, a manifestação do conteúdo exige sofisticadas estruturas da mente, muitos repertórios de significado representativo. Para o ativista quântico, viver no ego e viver no *self* quântico exigem um equilíbrio para que a vida possa focalizar o crescimento pessoal.

Agora, tem sido habitual classificar a saúde mental em três categorias: patológica, normal e mental positiva. Os psicoterapeutas, em sua maioria, trabalham com pacientes que precisam ser retirados da categoria patológica para a normal. A saúde mental *normal* é definida como o estado no qual a pessoa consegue realizar atividades normais de sustentação do ego e manter relacionamentos, e tem boa dose de equilíbrio emocional. A saúde mental *positiva* é a desfrutada por pessoas que, na maior parte do tempo, estão felizes, são criativas, mais ou menos independentes do ambiente, possuem alguma capacidade para o amor incondicional, têm senso de humor e algumas qualidades menos importantes (ver Maslow, 1971). Todos possuem o potencial para passar da categoria de saúde mental normal para a positiva, e é essa a base do crescimento pessoal. Para os ativistas quânticos, é uma prerrogativa.

Dessa forma, nos tornamos interessados no crescimento pessoal quando começamos a lidar com as grandes questões de significado que ficam adormecidas, quando servimos à identidade-ego da saúde mental comum, quando perguntamos: "Qual o significado de minha vida? O que estou fazendo aqui?" Não estamos mais satisfeitos com o *status quo* da homeostase do ego. A procura pelo sentido da vida nos lança na auto-inquirição e até mais longe, ou seja, na inquirição sobre a natureza da própria consciência. E, quando descobrimos a natureza evolucionária do movimento da consciência em manifestação, nos alinhamos com esse movimento.

Equilibrando o denso e o sutil

De modo declarado, os materialistas vivem no nível denso, embora eu suspeite que muitos deles, sub-repticiamente, se aproveitem do sutil – sentimentos, significados, intuição, valores. Do mesmo modo declarado, o buscador espiritual ignora o denso, mas secretamente muitos apreciam a cor do dinheiro – é o instinto de sobrevivência, não é? Para o ativista quântico, não há conflito de visão de mundo. Tanto o denso quanto o sutil são necessários para que a manifestação seja possível; ambos são importantes. O ativista quântico presta atenção em ambos.

O ativista quântico considera as nuanças das dimensões materiais da vida, como, por exemplo, ganhar dinheiro, mas não se perde, não se identifica como tal com sua *persona* profissional. O ativista quântico desfruta e explora abertamente o sutil – sentimentos, significados e valores – alimento da alma.

No passado, e ainda hoje, as práticas espirituais eram identificadas com coisas como meditação, prece, a leitura de bons livros e, inclusive, o celibato. Se o amor é incluído como uma prática espiritual, é na forma de ágape ou compaixão – o amor objetivo. Uma parte desse aspecto da espiritualidade também é importante para o ativista quântico, mas não é tudo. O ativista quântico também se dedica à espiritualidade na vida cotidiana. O amor é explorado tanto em eventos de caridade e no serviço ao próximo quanto em relacionamentos íntimos e até relacionamentos carnais. Desse modo, a espiritualidade do ativismo quântico se aproxima da tradição do *tantra*.

É bom que o ativista quântico tenha noção da diferença entre prazer e felicidade. Às vezes, o prazer separa. Não há nada de errado com a separação temporária da plenitude, é claro, desde que realizada com moderação. Contudo, a felicidade é sempre fruto da plenitude. Não dá para se perder com a felicidade.

Equilibrando os diversos domínios sutis

De enorme importância para o ativista quântico é o equilíbrio dos diversos domínios sutis do *self* – sentimento, pensamento e intuição.

Para o materialista, o pensamento é tudo; a racionalidade é suprema. O fato de que o progresso da pesquisa científica em si depende de saltos quânticos de intuição não influencia o estrito racionalismo do materialista.

Os místicos estão um passo à frente do materialista e aceitam tanto o plano racional quanto o intuitivo. No entanto, não os colocam em pé de igualdade; quase sempre, as tradições espirituais tendem a desmerecer a criatividade envolvida com o processamento do significado na manifestação exterior – a criatividade nas artes, humanidades e ciências. E isso não resolve para o ativista quântico, que precisa equilibrar a criatividade interior e a exterior em sua vida, pois ambas são importantes para nossa evolução.

Além disso, os místicos, em sua maioria, tendem a evitar sentimentos mesquinhos e emoções negativas, sem se preocupar em transformá-las, o que propiciou muitos conceitos errôneos sobre a utilidade comportamental da chamada "iluminação" mística. Que valor tem a iluminação se ela não permite que uma pessoa se comporte com equanimidade, mesmo quando se defronta com estímulos que exigem raiva, cobiça ou luxúria?

A criatividade interior com uso da mente tem sido a ferramenta tradicional e popular entre buscadores espirituais que visam atingir o *insight* ou *samadhi* (*satori*, iluminação, gnose, como prefira chamar). O amor, além de tudo, exige o trabalho com a energia emocional (vital) e sua transformação, energias desconsideradas nestas tradições de tendência masculina, a ponto de, na década de 1980, as mulheres espiritualizadas da América terem se organizado em massa para protestar, cunhando frases como "espiritualidade feminina" e "a face feminina de Deus". Nós, ativistas quânticos, temos de integrar essa dicotomia e praticar a criatividade com amor.

O maior desafio que vejo para um ativista quântico é o desafio de transformar as emoções negativas em emoções positivas, ou seja, atingindo a inteligência emocional (Goleman, 1994; Krishnamurthy, 2008). Olhe à sua volta. Em todas as nossas organizações sociais, as emoções negativas se manifestam claramente. Se nós, ativistas quânticos, não sabemos como transformá-las, como poderemos pedir aos outros, de forma eficiente, que mostrem contenção e maturidade emocional?

A transformação das emoções negativas envolve, além da criatividade mental, a criatividade no domínio do vital. O desafio consiste em acionar o processo criativo em conjunto com o domínio da mente e das energias vitais. A prática do amor incondicional, discutida no Capítulo 18, enquadra-se nesta categoria. A cura quântica no nível vital (ver Goswami, 2004) nos oferece a oportunidade de evocar a criatividade vital.

Equilibrando os estados de consciência

Os materialistas enfatizam apenas o estado de consciência em vigília, por motivos óbvios. O materialista empedernido preferiria ficar acordado para ganhar dinheiro o tempo todo ou para se dedicar a outros valores materiais, se isso fosse possível. Daí a popularidade dos estimulantes em nossa cultura, apesar da destruição causada por seu uso contínuo.

De modo geral, os buscadores espirituais almejam estados de *samadhi*. Por isso, não prestam muita atenção nos sonhos. E o estado ordinário de vigília e o sono profundo são tolerados, mas por necessidade.

Mas isso não basta para o ativista quântico, pois ele não está interessado apenas em *samadhi*, mas também no *insight* obtido nas experiências criativas, inclusive *samadhi*, a fim de mudar a qualidade da vida desperta e da vida nos sonhos. Para o ativista quântico, o *insight* criativo e o *samadhi* – as visitas ao plano supramental intuitivo – são importantes, como também são importantes o estado de vigília e o dos sonhos. Para prestar atenção no estado dos sonhos, você precisa se dedicar à análise de sonhos; ela pode contribuir muito para sua espiritualidade.

Tanto a percepção-consciente de vigília quanto os sonhos podem ser usados para o crescimento pessoal e para a transformação espiritual. Neste sentido, você deve prestar muita atenção nos sonhos arquetípicos. Estes sonhos tratam das leis do movimento de todos os corpos contidos no corpo supramental. Entre elas, as leis do corpo material são quantitativas. Mas as leis vão ficando cada vez menos quantitativas e mais temáticas ao passarmos do vital para o mental e para o supramental. O significado mental, por exemplo, gira em torno de contextos determinados, como o amor, a beleza, a verdade, a justiça – qualidades. São os grandes arquétipos platônicos.

Agora, a origem dos arquétipos junguianos nos sonhos pode ser compreendida. Em virtude das necessidades de manifestação, ocorrem limitações de expressão, e alguns temas são suprimidos de nossa percepção-consciente de vigília normal. A confluência desses temas suprimidos é o inconsciente *coletivo*, cujos temas suprimidos são universais; isso contrasta com o inconsciente *pessoal* de Freud, cujos temas suprimidos são pessoais. Nos sonhos, mais uma vez, nossa defesa normal contra temas suprimidos é fraca, suscitando a possibilidade de seu afloramento. Hoje, com efeito, eles afloram como os conhecidos símbolos dos arquétipos junguianos: a grande mãe, o herói, a sombra, o mago, a *anima* e o *animus*, e assim por diante. O trabalho com esses sonhos arquetípicos faz com que o inconsciente se torne novamente consciente, e nos entendamos com nosso programa de aprendizado do corpo supramental, que o psicólogo James Hillman (1992) chama intenção da alma (ver também o Capítulo 15). Ficamos, assim, abertos para a criatividade e para as demais características da saúde mental positiva.

É bom citar um exemplo. Pense nos arquétipos da *anima* e do *animus*. A *anima* é a mulher arquetípica no homem – as ondas de possibilidade em uma mente masculina que correspondem à "mulher", mas ficam suprimidas porque o corpo físico masculino e seus condicionamentos genético e ambiental podem não parecer apropriados para sua expressão. De modo análogo, o *animus* é o conjunto de possibilidades masculinas suprimidas nas mulheres. Por que deveríamos mudar essas tendências condicionadas para supressão? Porque a *anima* nos homens representa a qualidade da receptividade, uma qualidade essencial para a criatividade e, por isso, os homens precisam integrar a *anima*. De forma similar, as mulheres precisam integrar seu *animus*, pois ele reforça a capacidade da vontade, necessária para os três "ppp" do processo criativo – preparação, perseverança e produção.

Em meados da década de 1980, estive procurando me entender com a espiritualidade e reativando minha criatividade durante algum tempo, mas em vão. As práticas espirituais convencionais não estavam dando muito resultado.

Uma noite, sonhei que estava procurando água em um riacho, mas parecia seco. Então, ouvi uma voz: "Não tem água aí, olhe para trás". Me virei e vi que chovia. E, pouco tempo depois, estava caminhando na chuva sobre a campina, e uma jovem muito bonita veio ao meu encontro. A caminhada ficou muito agradável debaixo da chuva, e eu também estava mantendo uma conversa adorável ao lado daquela companhia.

Quando o campo terminou, vi uma casa, e tive a impressão de que minha jovem companhia ia entrar nela.

"Quando vou voltar a vê-a?", perguntei.

"Vou para Londres. Quando voltar, estarei esperando seu telefonema", disse, antes de desaparecer. E eu regressei caminhando alegremente.

Este sonho, um sonho clássico da *anima*, foi fundamental para mim, tempos depois, ao focalizar minha energia na integração da *anima*, que era a chave que eu não estava percebendo.

Mais uma coisa: a análise de sonhos fica muito mais fácil se trabalhamos com a ajuda de outra pessoa ou pessoas. Em outras palavras, quando estamos trabalhando em nosso crescimento pessoal por meio dos sonhos, quem toma o lugar do psicoterapeuta? Uma resposta é encontrar um mestre espiritual que trabalhe com sonhos. (Muitos o fazem.) Durante o período de 1987 a 1989, trabalhei intensamente em meus sonhos com o mestre espiritual Joel Morwood. Um caminho mais fácil e mais apropriado é unir-se a um grupo de sonhos, ou criar um. Como já disse anteriormente, também fiz isso.

Reencarnação: descubra e siga sua felicidade

Os materialistas não acreditam em reencarnação; não há espaço para reencarnação na ciência materialista. A espiritualidade convencional dá espaço para a reencarnação, mas a ênfase está sempre na superação do ciclo nascimento-morte-renascimento. Para o ativismo quântico, as coisas são bem diferentes.

Falei do conceito de *dharma* na Índia oriental no Capítulo 15. Trata-se da agenda de aprendizado arquetípico que levamos conosco; escolhemos nossas propensões cármicas de acordo com ela. Quando realizamos nosso *dharma* nesta vida, experimentamos a felicidade, o êxtase.

O ativista quântico não tem pressa para libertar-se do ciclo nascimento-morte-renascimento. Assim, precisa prestar atenção em suas propensões cármicas e usá-las para realizar a agenda de aprendizado, ou *dharma*, desta vida. Dessa maneira, seguir a felicidade nos liberta para podermos servir os movimentos evolucionários da consciência.

Ética evolucionária

Introduzi a questão da ética em dois capítulos anteriores, em conexão com a alma e a reencarnação. No entanto, ainda há outra maneira de entender a ética – a evolução.

Existe um problema com todas as três filosofias éticas discutidas nos capítulos anteriores: por que algumas pessoas seguem a ética e outras não? Antigamente, pelo menos, as pessoas eram incentivadas por medo do inferno ou por desejarem o céu. Mas poucas pessoas ainda levam o céu ou o inferno tão a sério a ponto de sacrificar o egoísmo. Digo que a evolução é a razão pela qual tantos entre nós, até hoje, tentam ser "bons" na vida cotidiana, diante de um comportamento cada vez menos ético na sociedade. Há uma pressão evolucionária que experimentamos como um chamado, e respondemos a ele.

Decorre que a ética não precisa ser entendida como religiosa ou espiritual, nem há necessidade de chegar a um meio-termo e adotar a ética científica (materialista) do "bem maior para o maior número", ou uma bioética motivada pelos genes. Podemos solidificar a ética básica sobre o conceito bastante científico da evolução.

Vamos definir a ética evolucionária. Como disse em outro trabalho (Goswami, 1993), um bom princípio ético que parece inevitável no sentido idealista é este: *a ação ética deve maximizar a criatividade das pessoas, inclusive a nossa própria*. A ética evolucionária vai ainda mais longe: *As ações éticas devem maximizar o potencial evolucionário de todo ser humano.*

Como exemplo, vamos analisar um sério problema ético: você e um grupo de colegas cientistas descobriram a tecnologia para desenvolver uma nova arma de destruição em massa. A questão ética é se devem ou não desenvolver a arma. Em uma época anterior, a desculpa de que os outros, mais cedo ou mais tarde, descobririam a mesma coisa, e, por não ter a mesma ética que você, poderiam usá-la contra o seu país, faria com que você pensasse a violar a ética e acabasse desenvolvendo a arma, mesmo que não houvesse uma ameaça imediata. O patriotismo cria uma ambiguidade. Foi exatamente o que aconteceu com a bomba atômica. Mas a ética evolucionária não é como a ética religiosa de tempos passados: ela defende uma ética igual para toda a humanidade, uma ética objetiva necessária para o futuro evolucionário de toda a humanidade. Assim, você não precisa se equivocar, e pode imediatamente rejeitar a ideia de desenvolver a nova arma.

Relacionamento correto com o ambiente

Os índios hopi são famosos por sua ênfase em "relacionamentos corretos", não apenas com as pessoas e coisas, mas também com o meio ambiente como um todo, inclusive o do planeta inteiro.

Na jornada interior da espiritualidade convencional, o relacionamento correto com o ambiente é quase ignorado. Sem dúvida, isto levou ao moderno movimento da *ecologia profunda*. Após estabelecermos um relacionamento ético evolucionário com todos os nossos colegas humanos, chega o momento de ponderar sobre nossa responsabilidade ética com todas as criaturas, grandes e pequenas, com todos os seres vivos, inclusive a responsabilidade com nosso ambiente não vivo. Em suma, vamos perguntar: qual a nossa responsabilidade para com o planeta Terra, Gaia?

A ecologia profunda (Deval & Sessions, 1985) exige tanto o respeito com algumas regras para a preservação de nosso ecossistema ou a aprovação de algumas leis governamentais prevenindo a poluição ambiental quanto ações sobre situações ambíguas que exijam um salto quântico criativo.

Quando você dá este salto quântico, percebe algo espantoso: *Eu escolho, portanto existo, e meu mundo existe*. O mundo não está separado de você. Quando fizermos isso em massa, daremos um salto para uma verdadeira consciência Gaia, surgida na visão humana a partir de um contexto diferente (Lovelock, 1982).

Ação correta

Assim, finalmente, qual é o plano de ação do ativista quântico? Usando a frase dos hindus, que muitas vezes é compreendida fora de contexto, qual é a karma yoga do ativista quântico? Aquilo que os hindus chamam karma yoga é a aplicação da prática espiritual no seio da vida real, prestando serviços altruístas. Esta é uma prática importante de muitas tradições espirituais, mesmo fora do hinduísmo, em especial no cristianismo e no Sotto Zen. Para o ativista quântico, karma yoga se estende como uma tarefa altruísta para a sociedade e para o mundo, tendo em mente a evolução.

Em nossa atual cultura materialista, a realização é tudo. Quando alguém age com orientação para a realização, qualquer ação, mesmo aquelas aparentemente altruístas, sempre tendem a fortalecer o ego – o realizador. A prática de reduzir o poder do realizador que existe em nós consiste em não nos levarmos demasiadamente a sério. Em outras palavras, dançamos, mas sempre com leveza, sem nos importarmos com o que os outros irão pensar de nós, nem como pensamos a nosso próprio respeito.

Vivência correta: devolvendo o significado à sociedade

Três de nossas recentes e grandes realizações sociais – capitalismo, democracia e educação liberal – originaram-se da ideia de tornar o significado disponível para o processamento de todos. Agora, porém, sob a égide do materialismo, a busca do significado corrompeu-se, tornando-se uma busca pelo poder. E é um sério obstáculo para nossa evolução futura.

Um dos propósitos centrais do ativismo quântico consiste em resgatar o significado para as instituições sociais das quais dependemos para viver. Assim, não importa a situação da vida real em que você esteja em nossa sociedade, ela lhe dará amplas oportunidades de praticar a karma yoga para seu ativismo quântico, bem como para passar da busca pelo poder para a busca pelo significado. Se, por exemplo, você é uma pessoa ligada aos negócios, estes serão claramente o seu cenário de ativismo quântico, onde você irá buscar sua felicidade e onde irá restaurar o significado em sua vida.

capítulo 21

para resumir

No século 18, o imperador Napoleão chamou o cientista Pierre Simon, marquês de Laplace, e perguntou-lhe porque ele não havia incluído Deus em seu mais recente livro sobre movimento celestial. Dizem que Laplace teria respondido desta maneira: "Majestade, não precisei dessa hipótese específica".

Faz muito tempo que Laplace viveu mas, até hoje, a "prova" do estabelecimento científico contra a existência de Deus consiste na insistente negativa: "Não precisamos dessa hipótese específica".

Se a cruzada do estabelecimento científico contra Deus se dirige ao Deus dualista do cristianismo popular, o poderoso imperador, sentado em um trono no espaço exterior que distribui recompensas e castigos, sou simpático a essa cruzada. Mas quando essa mesma cruzada parece incluir o desdém por todo agente causal fora do mundo material, então é chegada a hora de todas as pessoas de bem despertarem e rejeitarem essa "velha" ciência.

Este livro mostra que todas as ciências – física, biologia, psicologia e medicina – necessitam da hipótese da causação descendente, introduzida como uma escolha consciente entre os potenciais quânticos, a fim de compreender seus princípios e dados mais básicos. O agente dessa causação descendente, a consciência quântica, é aquilo que as tradições espirituais esotéricas de todo o planeta chamam Deus, apesar das visões populares.

A teoria e fatos apresentados neste livro como evidências científicas da existência de Deus falam por si sós. Assim, considere:

Não podemos encontrar uma física melhor do que a física quântica: sua teoria é sólida, seus dados comprobatórios são impecáveis.

Não podemos encontrar uma interpretação melhor da física quântica do que a interpretação baseada na consciência idealista, pois é a única interpretação livre de paradoxos.

Não podemos encontrar uma metafísica melhor do que a da primazia da consciência para basear nossa ciência, pois apenas esta filosofia abrange todas as nossas experiências, "tudo que for o caso". (Esta citação foi extraída do *Tractatus logico-philosophicus* de Ludwig Wittgenstein, que começa com a frase: "O mundo é tudo aquilo que for o caso".)

Não podemos compreender a criatividade sem o conceito dos saltos quânticos de descontinuidade.

Não podemos encontrar uma explicação para as lacunas fósseis da evolução sem a ideia da causação descendente e da criatividade biológica.

Não podemos encontrar maneiras de distinguir a vida e a não vida, e o consciente e o inconsciente, sem a ideia da hierarquia entrelaçada.

Não podemos resolver os paradoxos da divisão sujeito-objeto em nossa percepção normal, sem os conceitos de causação descendente, hierarquia entrelaçada e não localidade.

Não podemos compreender os abundantes dados experimentais de nossa interconectividade sem a não localidade da consciência.

Não podemos compreender inúmeras informações sobre experiências de quase morte e reencarnação sem o conceito dos corpos sutis não físicos.

Não podemos compreender a acupuntura e a homeopatia sem o conceito das energias vitais não físicas.

Não podemos compreender o significado e a razão pela qual nosso corpo sofre com sua distorção, contraindo doenças, sem o conceito de uma mente não física.

Não podemos compreender o motivo para a existência das leis físicas e do altruísmo, nem a razão pela qual a ética e os valores influenciam nossa consciência, ou o porquê da cura funcionar, sem o conceito de um corpo supramental não físico.

Não podemos ter uma ciência ética apropriada sem a hipótese da causação descendente e dos corpos sutis.

Não podemos compreender a cura espontânea sem conceitos como causação descendente, saltos quânticos e corpos sutis.

Não podemos nos compreender sem conhecer Deus – nosso ser causal mais profundo, nossa consciência quântica.

Não podemos conhecer nosso futuro evolucionário, e nos prepararmos para ele, sem aceitar a evolução da consciência.

Deus existe. Perceba-o. Viva-o. Ame-o. Desenvolva as energias do amor.

Parafraseando o poeta Rabindranath Tagore:

Na noite violenta
sob o impulso da morte
quando seres humanos rompem
seus limites terrenos condicionados,
será que a ilimitada glória celeste de Deus,
a inteligência supramental,
não irá se revelar?

Sim, irá. A sombria noite da alma, o interlúdio materialista, está quase terminando. Nessa noite sombria, fizemos nosso processamento criativo, algo que os indianos chamam *tapasya* (prática espiritual que queima impurezas), e estamos desenvolvendo uma nova ciência para nos orientarmos em nossa evolução até o supramental. Ainda falta um pouco até chegarmos, ainda precisamos esperar um pouco, a noite ainda não acabou. Mas as primeiras luzes da nova aurora estão visíveis para todos que desejem ver.

epílogo 1

abordando deus e a espiritualidade pela ciência: um apelo aos jovens cientistas

Ouvi dizer que um jovem cientista procurou o místico Jiddu Krishnamurti e lhe perguntou: "Como posso fazer ciência e ainda ser espiritual?" E Krishnamurti respondeu: "Você pode ser espiritual fazendo ciência com o melhor de sua capacidade". Mas isso ocorreu em outra era (década de 1970 e início da década de 1980), quando a integração entre ciência e espiritualidade era praticamente impensável. Hoje, que essa integração tanto pode ser pensada quanto demonstrada, a resposta de Krishnamurti não erra o alvo. Neste epílogo, dou uma resposta a todos os jovens cientistas: vocês têm a oportunidade de compreender a consciência-Deus e de chegarem a uma transformação enquanto fazem ciência, caso a abordem de forma adequada, com um pensamento adequado.

Mas esta resposta precisa ser mais pormemorizada, e muito. A seguir, apresento um detalhamento na forma de um diálogo imaginário.

Este diálogo tem ainda outro propósito. Há um antigo ditado que diz que velhos cientistas nunca mudam de ideia durante uma mudança de paradigma, mas acabam morrendo. A mudança de paradigma, apresentada neste livro, não irá convencer nenhum seguidor ferrenho de paradigmas antigos. Mas, sendo um pouco mais técnico do que o conteúdo principal do livro, este diálogo pode proporcionar aos jovens cientistas um estímulo adicional para que lidem com a ciência de forma diferente. Os jovens cientistas são a chave para a mudança de paradigma. (Os não cientistas podem pular a parte que se aprofunda na ciência e retomar a discussão generalizada mais adiante.)

264

Jovem cientista: Gostei do que você escreveu neste livro, mas ainda tenho muitas dúvidas, pois vejo que seus argumentos são meio... incompletos.

Autor (sorrindo): E pensei que tinha esgotado o assunto... Por favor, me dê um exemplo.

Jovem cientista: A parte mais evidentemente negligenciada é seu total descaso quanto ao fato de haver muitas outras soluções para o problema da mensuração quântica, além daquele que você menciona, e nenhum mais radical. Há a teoria da pluralidade dos mundos, a favorita de muitos físicos. A interpretação transacional também é outra favorita. Você, no mínimo, poderia ter dito a verdade – que existem alternativas viáveis para se levar a consciência à física.

Autor: Pode ser, mas não vi nenhuma. As duas alternativas que você mencionou são dualistas. Presumem que o aparato final da mensuração seria *não material, sem dizê-lo*. Naturalmente, eles usam uma boa camuflagem.

Jovem cientista: Não entendi.

Autor: Remova seus antolhos. A teoria da pluralidade dos mundos parece atraente porque os autores mostram algo atraente – que não é necessário um colapso quântico descontínuo. Podemos ser completamente fiéis à matemática da física quântica e resolver o problema da mensuração quântica percebendo que uma mensuração envolve uma proliferação de universos paralelos, cada um contendo a manifestação de uma das facetas da onda de possibilidade quântica envolvida. Percebe a camuflagem?

Jovem cientista: Para ser sincero, não.

Autor: A mensuração ainda envolve um aparato de mensuração para amplificar o sinal, certo?

Jovem cientista: Sim, claro.

Autor: Mas todo aparato de mensuração, se for material, se torna uma onda, uma superposição de possibilidades, ao interagir com uma onda de possibilidade, não é mesmo?

Jovem cientista: Não tenho certeza.

Autor: Pense. Este é o principal ponto da camuflagem. Abrange aquilo que John von Neumann (1955) estava tentando nos dizer por meio de seu célebre Teorema de Von Neumann.

Jovem cientista: Ajude-me a recordar.

Autor: Agora, preciso ser um pouco técnico. Toda interação na física quântica precisa manter intacta a estrutura linear básica da física quântica, precisa conservar as probabilidades. Em linguagem técnica, toda interação deve resultar em transformações unitárias.

Jovem cientista: Creio que devo concordar.

Autor: Contudo, na teoria da pluralidade dos mundos, a interação com o aparato de mensuração está realizando mais do que uma simples transformação unitária: está dividindo o universo em ramos. O mesmo se aplica à interpretação transacional, na qual se presume que a interação em conjunto com o aparato de mensuração aciona, de algum modo, a emissão de uma onda de possibilidade que recua no tempo. Estão propondo aparatos de mensuração que não são feitos de matéria obediente à física quântica.

Jovem cientista: E o que falar das variações da ideia original da pluralidade dos mundos?

Autor: A mesma crítica se aplica sempre.

Jovem cientista: Compreendo.

Autor: Veja, é a mesma dificuldade encontrada por Niels Bohr em sua Interpretação de Copenhague, só que ele não usou camuflagem. Por isso, os cientistas viram a dificuldade de imediato. Bohr disse ainda que o aparato de mensuração é diferente, que obedece à física determinista newtoniana e clássica e, por isso, não se torna uma onda de possibilidade. E nenhum cientista concordaria com isso, mesmo antes de Von Neumann estabelecer seu teorema. Na verdade, se você ler com atenção, verá que todas as possíveis alternativas à interpretação do observador consciente tornam-se problemáticas com o Teorema de Von Neumann. E isso inclui todos os esforços para eliminar o colapso. Já falei um pouco sobre isso (Goswami, 2002, 2003).

Jovem cientista: E o que dizer da interpretação de David Bohm (Bohm, 1980)? Não é uma alternativa viável?

Autor: Infelizmente, não é. A física quântica de David Bohm é uma versão modificada e aproximada da física quântica. Não há motivo para sacrificar a elegância da física quântica em nome de uma aproximação que funciona de modo um pouco desajeitado apenas para manter a consciência fora do jogo. Na verdade, realizei algo melhor. O físico Mark Cummings e eu conseguimos mostrar que a aproximação de Bohm presume o colapso de forma sub-reptícia. É excessivamente técnica para entrarmos em detalhes. Mas falei dela em outro trabalho (Goswami, 2002).

Jovem cientista: Tudo bem, você me convenceu. Exceto a que você menciona, não existe outra interpretação da mensuração quântica que resolva o problema de forma adequada. Vamos em frente?

Autor: O quê? Sem ao menos me dar a chance de falar de minha principal tese, que o problema da mensuração quântica lhe dá uma imensa oportunidade para redescobrir Deus, perceber Deus, dentro da ciência?

Jovem cientista: Agora você me deixou bem curioso.

Autor: Certo. Nos *Upanishads* dos hindus, métodos discursivos são tratados com objetivo idêntico – a compreensão profunda de Deus. Um desses métodos consiste em discutir e meditar sobre o problema da natureza da felicidade e do sofrimento.

Jovem cientista: Gostaria de ter uma noção disso.

Autor: Em outra ocasião, quem sabe? Para você, a mensuração quântica é mais apropriada caso aborde o problema com esta questão: qual é a natureza da consciência que pode causar o colapso de uma onda de possibilidade quântica sem introduzir qualquer paradoxo?

Jovem cientista (mais entusiasmado): Sim, sim. Entendi o que está dizendo. Gostei do tratamento que você deu ao paradoxo do amigo de Wigner. Foi uma abordagem bastante reveladora e percebi que a consciência precisa ser não local. Eu não diria que dei um salto quântico, mas sim que foi algo bem satisfatório. Diga-me uma coisa: por que a satisfação não durou mais, e por que o ceticismo voltou?

Autor: A satisfação é um fenômeno transitório. Não possui duração. O ceticismo é bom; indica que você não deu um salto quântico. Agora você diz que percebeu que a consciência precisa ser não local. Este é um ótimo ponto de partida para o trabalho espiritual. É chamado *fé*.

Jovem cientista: Compreendo.

Autor: É um vislumbre intuitivo da realidade. Assim, você tem a oportunidade para ir mais fundo. Será que posso experimentar a não localidade da consciência em meu ser? Como faço isso? Medito? Mergulho em experiências psíquicas?

Jovem cientista: Essas questões nunca me ocorreram.

Autor (sorrindo): A não localidade não é seu interesse, ela não o entusiasma. Agora, veja a questão da circularidade do efeito do observador. Eis outra oportunidade para ir mais fundo.

Jovem cientista: Fale-me mais a respeito.

Autor: Você compreende que a circularidade é a hierarquia entrelaçada, uma autorreferência.

Jovem cientista: Suponho que sim.

Autor: Vá mais fundo. Por que a separação emergente entre sujeito e objeto é autorreferente? Porque estamos presos ao mesmo nível que o objeto. Em uma mensuração quântica, nos identificamos com o cérebro, um objeto físico no tempo e no espaço. Perceba que o espaço é criado pela semipermanência de todos esses objetos físicos macroscópicos, semipermanência devida à lentidão das ondas de possibilidade. Perceba como o tempo é criado por todas essas lembranças de colapsos anteriores no cérebro. Assim, você olha para si mesmo como um objeto físico neste mundo de espaço e tempo. A percepção é real demais para que abra mão dela.

Jovem cientista: Porém, intelectualmente, compreendo a ideia de que existe um nível inviolado, que existe uma totalidade subjacente – a consciência quântica, Deus – que é causa do colapso, a origem da causação descendente. O exemplo da afirmação do mentiroso é ótimo para elucidar a importância do nível inviolado.

Autor: Fico feliz por ter estimulado seu intelecto. Mas eis uma oportunidade para ir ainda mais fundo. Quer ir mais fundo?

Jovem cientista: Mais? Como?

Autor: Pense, por um momento, em um modelo diferente de ser humano. Não na mensuração quântica, mas sim na forma como pode surgir nossa autonomia. Mencionei o holismo no livro. A autorreferência, por meio da mensuração quântica, é um modelo do *self* de, digamos, uma única célula viva. Mas os holistas têm outra ideia. A tese é que o *self* surge como uma propriedade emergente de auto-organização, como um "todo" maior do que as partes, e não pode ser reduzido às partes. Até aqui, tudo bem?

Jovem cientista: Sim, muito bem. E eles, os holistas, diriam que esse *self* emergente possui autonomia, livre-arbítrio, no sentido de que a experiência do livre-arbítrio não pode ser reduzida aos componentes. Nosso livre-arbítrio não poderia ser assim? Bom, eu sei o que você irá dizer. Esse livre-arbítrio emergente é determinado, no final, determinado a partir do nível material mais baixo, pois não há causação além da causação ascendente no modelo. Mas também no seu modelo o nosso livre-arbítrio é, em última análise, determinado pela vontade de Deus. Qual a diferença? Eu diria que o modelo holista é melhor porque satisfaz meu princípio da parcimônia. Por que introduzir Deus se, na verdade, não precisamos desse conceito?

Autor: Não mesmo? Veremos. Por falar nisso, sabe que alguns holistas mergulharam a fundo no budismo?

Jovem cientista: O que isso tem a ver com o resto?

Autor: No budismo, nosso livre-arbítrio é uma aparência. Quando olhamos fundo, descobrimos que, na verdade, estamos desprovidos de qualquer "*self*", o que se encaixa muito bem com a teoria holista do *self*.

Jovem cientista: Então, aonde você quer chegar?

Autor: No fato de que o budismo não é niilista, meu amigo. O vazio significa o estado do nada, mas não é um nada. O vazio é *potentia* infinita. É a plenitude do potencial, na expressão dos hindus.

Jovem cientista: Ainda não compreendi. Então, hindus e budistas discordam quanto à natureza da realidade suprema. O que há de novo nisso?

Autor: É que eles *não* discordam, percebe? O vazio é coisa alguma, está repleto de possibilidades quânticas; é a plenitude em *potentia*. Quando a consciência fica despida do conhecido, que é o cenário de nosso *self*-ego condicionado, abre espaço para que o incondicionado apareça. O budismo não fala muito do incondicionado, mas deixa-o implícito. Deixa para você o encargo de descobri-lo como uma surpresa. O incondicionado é outro nome (e quem sabe, um nome bastante preciso) para Deus e sua causação descendente, o mesmo em todas as tradições espirituais.

Jovem cientista: Então, por que o incondicionado não pode ser as partículas elementares em seu nível mais básico, sua causação ascendente, mas que apenas agora estamos experimentando diretamente sem a interferência do condicionamento passado?

Autor: Se fosse assim, se o trabalho espiritual de nosso descondicionamento levasse apenas a uma "vontade" não condicionada, surgida do movimento puro das partículas elementares, não haveria transformação. Nosso comportamento seria uma mistura aleatória de ordem e caos. Não acha?

Jovem cientista: Suponho que sim. Logo, a transformação é sua prova da causação descendente?

Autor: A transformação é a prova mais óbvia, conforme enfatizei em um de meus livros anteriores (Goswami, 2000). Mas não se esqueça do problema da mensuração quântica. O holismo tampouco resolve o problema da mensuração quântica. E se pensar bem no assunto, ele não tem poder suficiente para explicar a evolução biológica. Tampouco para resolver o dilema neurofisiológico da divisão sujeito-objeto na percepção.

Jovem cientista: Você quer dizer que ninguém conseguiu demonstrar ainda essas coisas?

Autor (sorrindo): Bem, a evolução criativa, por meio da causação descendente e da criatividade biológica, é uma teoria manifesta. Não é promissiva. Para a criatividade biológica, precisamos também do campo morfogenético, da mente e do supramental. Para resolver a divisão sujeito-objeto na percepção, precisamos aplicar a mensuração quântica à situação. Os holistas nunca vão demonstrar que sentimento, significado e leis físicas ou éticas devem-se ao surgimento holístico de partículas elementares em interações complexas, passando por muitos níveis. Há uma diferença de categoria. Mas estamos nos afastando do assunto. A transformação é importante e é impossível incorporá-la em qualquer teoria materialista, inclusive o holismo. Se esse é o convencimento de que precisa, comece por aí.

Jovem cientista: Certo. Qual é o próximo passo?

Autor: O próximo passo é perceber o que você está transformando.

Jovem cientista (espantado): Como? O que eu estou transformando?

Autor: O caos interno que existe em todos nós, devido ao nosso sofrimento e nossa separação. É um caos de sentimentos e significados, e, ocasionalmente, um caos de valores, certo?

Jovem cientista: Sim, concordo.

Autor: A transformação é uma transformação do conceito que usamos para processar o significado, sentimento e valor, certo? Assim, ao analisarmos aquilo que estamos transformando, descobrimos imediatamente esses corpos não físicos de nossa consciência. Agora, temos todos os ingredientes de um novo paradigma científico: a causação descendente e os corpos sutis.

Jovem cientista: E o que você quer dizer com isso?

Autor: Quero dizer que, no passado, as religiões também tinham o conceito da causação descendente. Elas o usavam como uma varinha mágica, como a causa de todos os fenômenos inexplicados, principalmente fenômenos materiais. Agora, os neodarwinistas possuem esta varinha mágica: a seleção natural, vista como adaptação. No entanto, a causação descendente da consciência-Deus quântica não é uma varinha mágica. É um poder que nos dá o verdadeiro livre-arbítrio, a liberdade de escolha. Quando o descobrimos, recebemos o poder de mudar primeiro nosso ambiente interno, colocando ordem lá. E, depois, quem sabe, poderemos até melhorar nosso ambiente externo.

Jovem cientista: Assim, como cientistas, deveríamos nos sentir estimulados para estudar a causação descendente envolvendo corpos sutis, não apenas porque isso nos dá um novo conjunto de fenômenos e problemas, mas também porque quando nós a estudamos, não podemos deixar de receber o poder de transformar. O cientista não fica mais separado dos sujeitos de seus estudos.

Autor: Sim, você entendeu. Desse modo, o cientista participa do movimento evolucionário da consciência rumo ao nível da alma.

Jovem cientista: Muito obrigado. Gostaria de ser um cientista em busca da alma. Obrigado mesmo.

epílogo 2

a física quântica e os ensinamentos de jesus: um apelo aos cristãos de coração jovial

Ao dedicar este epílogo a você como cristão, espero que faça jus ao seu título como discípulo de Jesus. Você pode já ter algum mestre neste momento, pode ter tido diversos mestres em seu passado; mas Jesus tem sido sempre seu maior mestre, o que os hindus chamariam *sadguru*, um verdadeiro guru, um mestre cujo espírito acha-se estabilizado.

A pergunta importante para todos os cristãos é a seguinte: será que o Deus que a ciência está redescobrindo é o mesmo Deus que o cristão? Venho reassegurando isso no seguinte caso: o Deus da nova ciência é o mesmo Deus de que tem falado o cristianismo esotérico e místicos cristãos como Mestre Eckhart e Santa Teresa de Ávila. Contudo, posso demonstrar essa tese comparando os ensinamentos de Jesus com os ensinamentos da física quântica, o que deve remover qualquer dúvida. Pelo menos, é o que espero.

Jesus foi um dos maiores mestres espirituais de todos os tempos. Seus ensinamentos eram passados na forma de enigmas e paradoxos, o que demonstra uma semelhança com as lições da física quântica, que também criam enigmas e paradoxos em nossa mente. Tanto Jesus quanto a física quântica falam da realidade, mas será que falam da realidade de maneira idêntica? Esta é a grande pergunta. Se estão falando da realidade em termos de metáforas idênticas, por mais enigmáticas e paradoxais que sejam essas metáforas para nossa mente racional, existem motivos para concluir que esses ensinamentos são convergentes. Fundamentalmente, são os mesmos. O Deus de Jesus e a consciência-Deus quântica são a mesma coisa.

O tecido básico da realidade

Analise a ideia do tecido básico da realidade. Os materialistas dizem que, em sua base, a realidade se reduz aos tijolos chamados partículas elementares, quarks e elétrons, e que a causação é ascendente a partir dessa base.

Entretanto, a física quântica diz outra coisa. Na física quântica, não há objetos materiais manifestos independentes dos sujeitos – os observadores. Na física quântica, os objetos permanecem como *potentia*, ondas de possibilidade, até serem manifestados pelo ato da observação. Objetos quânticos são ondas de possibilidade, mas possibilidades de quê? São possibilidades da consciência. A consciência, e não a matéria, é a base da existência, na qual a matéria existe como possibilidade. Pelo ato da mensuração ou observação quântica, a consciência converte a possibilidade em experiência manifestada (ou causa o colapso de ondas em partículas ou coisas) e, ao mesmo tempo, divide-se em um sujeito que vê e em objeto(s) visto(s).

O que Jesus tem a dizer sobre o tecido da realidade? Ele é bem inequívoco, embora um pouco sarcástico com relação aos que apoiam a supremacia material (todas as citações do Evangelho segundo Tomé referem-se ao número da página em Guillaumont *et al.*, 1959):

Seria uma maravilha
se a carne tivesse surgido
por causa do espírito.
Mas seria a maior das maravilhas
se o espírito tivesse surgido
por causa do corpo.
(Tomé, p. 21)

Jesus diz, como um eco com a física quântica, que a carne surgiu por causa do espírito e não o contrário.

Também me agrada muito o fato de Jesus ter dito: "O Espírito é que dá a vida, a carne não serve para nada" (João 3,6; 6,63). Aqui não há apoio para as teorias materialistas da origem da vida, inclusive para a teoria da autopoiese emergente do holista. Mas a frase de Jesus ressoa plenamente com a ideia quântica de que a vida se origina da mensuração quântica em hierarquia entrelaçada, feita pela consciência. Dessa forma, sendo místico, Jesus subestima a carne, a matéria. Agora, na nova ciência, podemos explicitar o papel de contribuição da matéria: tornar possível a manifestação e fazer representações do sutil.

Não localidade e transcendência

O cristianismo popular postula que Deus e o Espírito são separados de nós; e é esse dualismo que faz com que a maioria dos cientistas considere o cristianismo não científico. Se Deus é algo realmente separado de nós, como podemos receber sua orientação e amor? Como a carne, a substância material, pode interagir com o divino não material?

A física quântica possui uma posição diferente. Deus não é separado de nós; Deus vive em nós, em nosso inconsciente. A consciência é a base de tudo, o que nos inclui. Isto repercute muito bem com a frase de Jesus: "O Pai e eu somos um". E, se você interpretar esta frase considerando que Jesus está falando apenas de si mesmo, que apenas ele é "filho do Pai" e, portanto, idêntico a Ele, os evangelhos dizem outra coisa. Jesus diz, em todo momento, aos seus ouvintes, que todos são filhos de Deus; basta perceber isso:

> Quando conseguirdes conhecer a vós mesmos,
> então, sereis conhecidos
> e compreendereis que
> sois filhos do Pai vivo.
> (Tomé, p. 3)

A física quântica também ensina: "Você e eu somos um". A consciência ou Deus causa o colapso de ondas de possibilidade similares em nossos cérebros quando estamos "correlacionados", dando a cada um de nós a oportunidade de constatar essa ideia de unidade. Esta ideia tem sido comprovada até em laboratório. Se a consciência pode causar o colapso simultâneo de ondas de possibilidade no seu cérebro e no meu, quando estamos correlacionados, devemos estar vinculados por meio da consciência, que é não local e uma unidade para nós dois, e, por inferência, uma unidade para todos nós.

O conceito de não localidade é sutil e também implica que você e eu estamos vinculados sem quaisquer sinais pelo espaço e pelo tempo. Nossa conexão por meio da consciência transcende, portanto, o espaço e o tempo. Contudo, também somos manifestações da mesma consciência; é a consciência que é imanente em nós.

Qual a opinião de Jesus sobre esses assuntos? Vamos estudar a conhecida declaração de Jesus: "O reino de Deus está em toda parte, mas as pessoas não o vêem". Assim, sem dúvida, Jesus conhecia e pregava sobre o Deus imanente no mundo. Mas seria esta uma visão de mundo animista? Não vamos nos apressar. Eis outra frase famosa de Jesus:

> Os fariseus perguntaram a Jesus
> sobre o momento em que chegaria
> o reino de Deus. Jesus respondeu:
> "O reino de Deus não surge ostensivamente.
> Nem se pode dizer:
> 'Está aqui' ou 'está ali',
> porque o reino de Deus
> está no meio de vocês".
> (Lucas 17,20-21)

Mais uma vez, diz Jesus:

> Pois bem, o reino está dentro de vós,
> e também está em vosso exterior.
> (Tomé, p. 3)

O reino não pode ser localizado; não podemos dizer, ele está aqui ou está em algum outro lugar. Ele está tanto fora como dentro; é tanto transcendente quanto imanente. Tudo está em ressonância com a mensagem da física quântica.

Circularidade, hierarquia entrelaçada e autorreferência

Um dos aspectos mais interessantes da física quântica é a circularidade que existe no efeito do observador: não há colapso sem um observador, mas não há observador (manifesto) sem colapso. A circularidade é uma hierarquia entrelaçada de lógica que nos oferece a autorreferência, a divisão sujeito-objeto experimentada pelo observador. Incrível, mas Jesus já intuía isso, pois disse:

> Se vos perguntarem:
> "De onde vindes?"
> respondei:
> "Viemos da luz,
> do lugar onde a luz nasceu dela mesma".
> (Tomé, p. 29)

A luz aqui se refere ao Espírito Santo, o *self* quântico na linguagem da física quântica. Viemos da luz, pois nossa individualidade é fruto do condicionamento. A luz se originou de si mesma, pela circularidade, pela hierarquia entrelaçada.

Jesus e o *self* quântico

Em páginas anteriores, eu disse que o estágio final da iluminação espiritual é atingido quando a pessoa se posiciona firmemente na consciência-Deus quântica, sempre que está realizando um processamento inconsciente. Creio que Buda chegou a este estágio de iluminação, pois há muitas histórias sobre sua equanimidade.

Mas Jesus viveu por pouco tempo, e a maior parte do tempo em viveu está envolvida em mistérios e controvérsias. O relato que recebemos sugere que Jesus praticou ocasionalmente a meditação; mas os evangelhos estão repletos daquilo que Jesus disse e de histórias de milagres.

Essas histórias de milagres de Jesus são bastante reveladoras. Naturalmente, os milagres não são realizados no inconsciente e, por isso, não sugerem se Jesus estava firme na consciência-Deus quântica. Mas os milagres sugerem que, nessas ocasiões, Jesus atuava a partir do *self* quântico, ou daquilo que no cristianismo é chamado Espírito Santo, ou simplesmente Espírito, escolhendo entre possibilidades situadas além de toda e qualquer limitação.

A ideia é que a criatividade comum – vital e mental – envolve as leis e os contextos codificados no domínio supramental da consciência. Milagres que violam leis físicas, como a conversão de água em vinho, sugerem uma criatividade no plano físico além das leis supramentais da física. Em outras palavras, a pessoa que está fazendo isso tem acesso inconsciente a possibilidades além do supramental, além da limitação das leis quânticas da física, no próprio corpo sublime, na consciência *turiya*.

Desta forma, não surpreende saber que Jesus às vezes falava a partir desse *self* quântico ou consciência do Espírito, criando muita confusão, como na célebre frase:

Eu sou o Caminho, a Verdade e a Vida.
Ninguém vai ao Pai senão por mim.
(João 14,6)

A Igreja cristã explorou essas palavras até a exaustão na perseguição a outras religiões e outros credos. Mas também é confuso para os orientais, quando comparam a frase de Jesus com afirmativas de sábios orientais como: "Aqueles que são iluminados não dizem, aqueles que dizem não são [iluminados]". Uma pessoa, cuja auto-identidade superou o ego e chegou ao Espírito, não deveria ser humilde? Segundo todos os relatos, Jesus era um homem muito humilde quando estava em seu ego, agindo a partir do estado ordinário de consciência. As confusões nos dois grupos desaparecem se considerarmos que, quando Jesus faz esse tipo de declaração, Ele está falando do estado não ordinário e relativamente raro do *self* quântico. É o mesmo estado não ordinário a partir do qual realizava milagres que superavam as leis físicas.

E se você ainda tem dúvidas de que, às vezes, Jesus falava a partir do estado não ordinário do *self* quântico, entenda porque ele teria feito esta declaração: "Antes que Abraão existisse, Eu Sou" (João 8,58). Ou algo como: "Assim vocês conhecerão, de uma vez por todas, que o Pai está presente em mim, e eu no Pai" (João 10,38). A pessoa precisa estar no estado da hierarquia entrelaçada do *self* quântico para perceber a circularidade que dá origem à condição humana.

Jesus e a criatividade

Os discípulos pediram a Jesus: "Diga-nos como é o reino do Céu". Ele lhes disse:

"Ele se assemelha a uma semente de mostarda,
a menor de todas as sementes.
Mas, quando cai em terra fértil,
produz uma grande planta
e torna-se um refúgio para as aves do céu".
(Tomé, p.15)

O que isso significa para você? Por que Jesus enfatiza uma semente que é a menor de todas? É que um *insight* é um vislumbre do supramental, menor do que outras sementes, os pensamentos que habitualmente lotam nossa psique. Contudo, quando essa semente cai em terra fértil, torna-se uma grande árvore na qual as aves do céu se refugiam. No entanto, quando um *insight* chega para uma pessoa preparada (terra fértil), produz uma mente transformada (uma grande árvore) onde muitos dos arquétipos (aves do céu) podem ser representados (podem encontrar refúgio). Assim, Jesus conhecia os três estágios da criatividade interior, a preparação, o *insight* e a manifestação. Ele não mencionou o estágio do processamento inconsciente nessa frase, mas sim em outro lugar:

> E Jesus continuou dizendo: "O reino de Deus
> é como um homem que espalha a semente na terra.
> Depois ele dorme e acorda,
> noite e dia, e a semente vai
> brotando e crescendo, mas o homem
> não sabe como isso acontece".
> (Marcos 4,26-28)

A frase "ele não sabe como isso acontece", mostra claramente que parte do processamento da criatividade interior, o desenvolvimento do reino do Céu em nosso interior, é inconsciente.

Jesus atingiu a perfeição, estimulando as pessoas a fazer o mesmo:

> Portanto, sejam perfeitos
> como é perfeito o Pai de vocês
> que está no céu.
> (Mateus 5,48)

E no que consiste a perfeição? Ela se situa no comando do supramental, por trás da mente – o reino das dualidades:

> Jesus lhes disse:
> "Quando fizerdes do dois um
> e quando fizerdes o interior
> como o exterior,
> o exterior como o interior,
> o acima como o embaixo
> e quando fizerdes
> do macho e da fêmea uma única coisa,
> de forma que o macho não seja mais macho
> nem a fêmea seja mais fêmea,
> ... então, entrareis (no reino)".
> (Tomé, p. 17)

Muitos autores hesitam em atribuir autenticidade ao Evangelho de Tomé. Se for esse o caso, podemos confiar na autenticidade dessas palavras? Vieram mesmo de Jesus? Na minha opinião, se essas palavras foram inseridas por outro autor no texto de Tomé, essa outra pessoa também teria de ser sábia. Deveríamos procurar por evidências históricas de sua presença. E, enquanto não encontrarmos essa pessoa, podemos muito bem atribuir essas palavras a Jesus.

Você percebe como as descobertas e conclusões da nova ciência estão sintonizadas com os ensinamentos de Jesus? Jesus disse, integre o interior e o exterior. Em geral, os místicos enfatizam o mundo interior e menosprezam o exterior. Mas não Jesus; ele sabia que Deus é ambos. Assim como o denso/exterior atrai o materialista, o sutil/interior pode parecer atraente para os conhecedores da consciência. Mas devemos resistir à tentação e fazer apenas um o exterior e o interior.

Do mesmo modo, precisamos integrar o que está acima com o que está embaixo, o transcendente e o imanente, a onda e a partícula, na linguagem quântica. Devemos evitar a tendência do religioso – abraçar o transcendente em preferência ao imanente. Do mesmo modo, devemos evitar a indulgência materialista de acatar apenas o imanente, negando o transcendente.

Por fim, o que Jesus quis dizer ao sugerir que integrássemos homem e mulher? Isso não parece ter nada a ver com a física quântica, não é? Mas penso que Jesus não está falando da integração de nossas tendências psicológicas masculinas e femininas, à maneira de Jung. Creio que ele está falando de masculino-yang e feminino-yin – no sentido da medicina chinesa, os modos criativo e condicionado com que processamos nossos corpos sutis. Os saltos quânticos criativos devem ser seguidos de manifestação. Depois é que devemos transformar – depois é que devemos entrar no reino do Céu.

Se Jesus foi transformado, por que foi tão implacável?

O filósofo Bertrand Russell escreveu:

Há, a meu ver, um defeito muito sério no caráter moral de Cristo, e isso por que Ele acreditava no inferno. Quanto a mim, não acho que qualquer pessoa que seja, na realidade, profundamente humana, possa acreditar no castigo eterno [...] Há, por certo, o texto familiar acerca do pecado contra o Espírito Santo: "Quem falar contra o Espírito Santo não será perdoado, nem neste mundo, nem no futuro" [...] Não me parece, realmente, que uma pessoa dotada de um grau adequado de bondade em sua natureza teria posto no mundo receios e terrores dessa espécie (citado em Mason, 1997, p. 186).

É uma expectativa razoável que uma pessoa transformada veria apenas o potencial de Deus em outro ser humano. Com efeito, o santo transformado Vivekananda, discípulo de Ramakrishna, disse o seguinte sobre seu guru: "Meu guru tem olhos maravilhosos, pois não consegue ver mais o mal em pessoa alguma, vê apenas o potencial divino". Com efeito, está bem documentado o fato de Ramakrishna tratar prostitutas e brâmanes com o mesmo amor, causando muito desconforto entre estes últimos.

Mas, se Jesus era tão rancoroso, a ponto de condenar as pessoas ao inferno eterno, então por que não nos sentimos como Bertrand Russell e condescendemos Jesus? Como Russell, qualquer cristão moderno pode se sentir assim.

O autor Mark Mason (1997) tratou desse assunto com excelência e recomendo a leitura de seu livro. Mason demonstra que Jesus nunca usou a palavra "inferno" e que, tampouco, teve essa intenção. Primeiro, deve-se a erros de tradução do original grego, e também à manipulação da Igreja cristã medieval, o fato de a imagem de Jesus ter ficado manchada dessa maneira. Mason também argumenta que a palavra "perdoado", com o significado de falar algo contra o Espírito Santo, também é um infeliz erro de tradução que não está de acordo com o contexto.

Quanto a ser implacável, se analisadas adequadamente, muitas histórias, como a parábola do bom samaritano (Lucas 10,29-37), sugerem o contrário (Mason, 1997). E quem não conhece o episódio em que ele protegeu uma mulher de ser apedrejada até a morte, dizendo: "Quem de vocês não tiver pecado, atire nela a primeira pedra".

Jesus foi um avatar?

Há mais uma coisa que um cristão moderno pode achar interessante analisar. Os hindus aceitam Jesus como um avatar, que é a palavra por eles utilizada para designar uma pessoa plenamente transformada. Acredita-se que os avatares encarnam na forma humana sempre que o movimento da consciência estagna (sempre que a evolução consciente se imobiliza). Isso se enquadra com a situação de Jesus?

Na verdade, sim. Os hindus consideram avatares pessoas como Krishna, Buda, Shankara e Ramakrishna porque todos viveram em épocas nas quais a religião e a espiritualidade haviam perdido crédito na vida das pessoas, obscurecidas por forças que promoviam uma atitude não espiritual diante da vida. Esses avatares restauraram a espiritualidade às suas sociedades. De forma análoga, Jesus salvou o judaísmo de um intenso período de estagnação.

Outro paralelo é bem conhecido. Krishna diz, no *Bhagavad Gita*: "Sou a meta do sábio e sou o caminho". De forma análoga, Jesus disse: "Sou o Caminho, a Verdade e a Vida".

E Jesus também disse:

> Tenho também outras ovelhas que não são deste curral. Também devo conduzi-las; elas irão escutar a minha voz, e haverá um só rebanho e um só pastor.
> (João 10,16)

Isso ressoa bem com a declaração de Krishna no *Bhagavad Gita*:

> A cada era retorno
> para mostrar o sagrado,
> para destruir o pecado do pecador
> para estabelecer a justiça.

Dessa forma, são notáveis os paralelos; assim, pergunto mais uma vez, Jesus era um avatar? O conceito de avatar é aceitável para a nova ciência de Deus e da espiritualidade que formamos aqui?

Em outro trabalho (Goswami, 2001) disse que as pessoas que estão completamente transformadas (e outra palavra para isso é "liberadas") saem do ciclo nascimento-morte-renascimento. Podemos perguntar: o que acontece com suas mônadas quânticas quando morrem, com seus padrões de vida plenamente aperfeiçoados? De maneira científica, devemos admitir que a mônada quântica deve estar lá disponível em potentia para uso futuro.

Uso futuro? Como?

Um uso seria invocar esta mônada quântica como um guia espiritual por meio de canalização, o que já é feito. Um hindu tem a opção de adotar Krishna ou Shankara como seu guia espiritual. De modo análogo, um budista tem Buda, um judeu tem Moisés, um muçulmano tem Maomé e um cristão tem Jesus.

Um segundo uso seria atender às necessidades da evolução da consciência. Sempre que a evolução estagna, a pressão evolucionária causa o renascimento da mônada quântica do avatar anterior. Foi por isso que Jesus disse: "Antes que Abraão existisse, Eu Sou". Um avatar não acumula karma algum durante sua vida. Ele nasce com o condicionamento aperfeiçoado da mesma mônada quântica aperfeiçoada do avatar anterior.

Muito bem, chegamos lá. Se aquilo que apresentei aqui ajudá-lo a se orientar melhor, como cristão, para a nova ciência integrativa, então considere as palavras de Jesus: "[...] haverá um só rebanho e um só pastor". Sem dúvida, Jesus anteviu algum tipo de integração de todas as religiões. Será a nova ciência o foco para um diálogo unificador entre todas as religiões do mundo? Cabe a você fazer isso acontecer.

bibliografia

AGER, D. The nature of fossil record. *Proceedings of the Geological Association*, v. 87, 1981, p. 131-159.

AMABILE, T. Within you, without you: the social psychology of creativity and beyond. In: RUNCO, M. A. & ALBERT, R. S. (Eds.). *Theories of creativity*. Newbury Park, CA: Sage, 1990.

ASPECT, A., DALIBAR, J. & ROGER, G. Experimental test of Bell's inequalities with time varying analyzers. *Physical Review Letters*, v. 49, 1982, p. 1804-1806.

AUROBINDO, S. *The life divine*. Pondicherry, India: Sri Aurobindo Ashram, 1996. [La vida divina. Buenos Aires: Kier, 1980. 3 v.]

_____. *The synthesis of yoga*. Pondicherry, India: Sri Aurobindo Ashram, 1955.

BACHE, C. M. *Dark night, early dawn:* steps to a deep ecology of mind. Nova York, NY: Paragon House, 2000.

BADLER, A. *Social interest*: challenge to mankind. Londres: Faber & Faber, 1938.

BANERJI, R. B. *Beyond words*. Preprint. Filadélfia, PA: St. Josephs University, 1994.

BARASCH, M. I. *The healing path*. Nova York, NY: Tarcher/Putnam, 1993. [O caminho da cura. Rio de Janeiro: Nova Era, 1997.]

BARROW, J. D. & TIPPLER, F. J. *The anthropic cosmological principle*. Nova York, NY: Oxford University Press, 1986.

BASS, L. The mind of Wigner's friend. *Harmathena*, no.cxii. Dublin: Dublin University Press, 1971.

BATESON, G. *Mind and nature*. Nova York, NY: Bantam, 1980. [Mente e natureza. Rio de Janeiro: Francisco Alves, 1986.]

BEHE, M. J. *Darwin's black box*. Nova York, NY: Simon & Schuster, 1996. [A caixa preta de Darwin. Rio de Janeiro: Zahar, 1997.]

BEM, D. & HONORTON, C. Does psi exist? Replicable evidence for an anomalous process of information transfer. *Psychological Bulletin*, January issue, 1994.

BLOOD, C. On the relation of the mathematics of quantum mechanics to the percei-ved physical universe and free will. Preprint. Camden, NJ: Rutgers University, 1993.

_____. *Science, sense, and soul.* Los Angeles, CA: Renaissance Books, 2001.

BOHM, D. *Quantum theory.* Englewood Cliffs, NJ: Prentice Hall, 1951.

_____. *Wholeness and implicate order.* Londres: Rutledge & Kegan Paul, 1980. [Totalidade e a ordem implicada. São Paulo: Madras, 2008.]

BRIGGS, J. *Fire in the crucible.* Los Angeles, CA: Tarcher, 1990.

BYRD, C. Positive and therapeutic effects of intercessor prayer in a coronary care unit population. *Southern Medical Journal*, v. 81, 1988, p. 826-829.

CAIRNS, J., OVERBAUGH, J. & MILLER, J. H. The origin of mutants. *Nature*, v. 335, p. 142-145.

CHALMERS, D. *Toward a theory of consciousness.* Cambridge, MA: MIT Press, 1995.

CHOPRA, D. *Quantum healing.* Nova York, NY: Bantam-Doubleday, 1990. [A cura quântica. 44. ed. Rio de Janeiro: Best Seller, 2008.]

_____. *Ageless body, timeless mind.* Londres: Random House, 1993. [Corpo sem idade, mente sem fronteiras. Rio de Janeiro : Rocco, 2012.]

CRANSTON, S. L. & CAREY, W. *Reincarnation.* Pasadena, CA: Theosophical Univer-sity Press, 1984. 2 v.

CRICK, F. & MITCHISON, G. The function of dream sleep. *Nature*, v. 304, 1986, p. 111-114.

CSIKSZENTMIHAYI, M. *Flow:* the psychology of optimal experience. Nova York, NY: Harper Collins, 1990. [Fluir. Lisboa: Relógio d'Água, 2002.]

CUMMING, H. & LEFFLER, K. *John of God:* healing through love. Hillsboro, OR: Beyond Words Publishing, 2006. [João de Deus: o médium de cura Brasileiro que transformou a vida de milhões. São Paulo: Pensamento, 2007.]

DARWIN, C. *On the origin of species by means of natural selection or the preserva-tion of favored races in the struggle for life.* Londres: Murray, 1859. [A origem das espécies. São Paulo: Martin Claret, 2005.]

DAVIES, P. *The cosmic blueprint.* Nova York, NY: Simon & Schuster, 1988.

DAWKINS, R. *The selfish gene.* Nova York, NY: Oxford University Press, 1976. [*O gene egoísta.* São Paulo: Companhia das Letras, 2007.]

_____. *The god delusion.* Boston, MA: Houghton Mifflin, 2006. [Deus, um delí-rio. São Paulo: Companhia das Letras, 2014.]

DEVALL, W. & SESSIONS, G. *Deep ecology.* Salt Lake City, UT: Peregrin Smith, 1985. [Ecologia profunda. Águas Santas: Edições Sempre-em-Pé, 2004.]

DOSSEY, L. *Meaning and medicine.* Nova York, NY: Bantam, 1992.

DUSEK *et al.* American Heart Journal, April 4 issue, 2004.

EINSTEIN, A., PODOLSKY, B. & ROSEN, N. Can quantum mechanical description of physical reality be considered complete? *Physical Review Letters*, v. 47, 1935, p. 777-80.

ELREDGE, N. & GOULD, S. J. Punctuated equilibria: an alternative to phyletic gra-dualism. In: SCHOPF, T. J. M. (Ed.). *Models of paleobiology.* São Francisco, CA.: Freeman, 1972.

ELSASSER, W. M. Principles of a new biological theory: a summary. *Journal of Theoretical Biology*, v. 89, 1981, p. 131-50.

_____. The other side of molecular biology. *Journal of Theoretical Biology*, v. 96, 1982, p. 67-76.

FEYNMAN, R. P, LEIGHTON, R. B. & SANDS, M. *The Feynman lectures in physics.* Reading, MA: Addison-Wesley, 1962

GOLEMAN, D. *Emotional intelligence.* Nova York, NY: Bantam, 1994. [*Inteligência emocional.* Rio de Janeiro: Objetiva, 2007]

GOSWAMI, A. The idealist interpretation of quantum mechanics. *Physics Essays*, v. 2, 1989, p. 385-400.

_____. *The self-aware universe:* how consciousness creates the material world. Nova York, NY: Tarcher/Putnam, 1993. [*O universo autoconsciente:* como a consciência cria o mundo material. 2.ed. São Paulo: Aleph, 2008.]

_____. *Science within consciousness.* Research Report. Sausalito, CA: Institute of Noetic Sciences, 1994.

_____. Consciousness and biological order: toward a quantum theory of life and evolution. *Integrative Physiological and Behavioral Science*, v. 32, 1997a, p. 75-89.

_____. A quantum explanation of Sheldrake's morphic resonance. In: DURR, H. P. & GOTTWALD, F. T. (Eds.). *Scientists discuss Sheldrake's theory about morphogenetic fields.* Munique: Scherzverlag, 1997b.

_____. *Quantum creativity.* Cresskill, NJ: Hampton Press, 1999. [Criatividade quântica. 3. ed. São Paulo : Goya, 2021.]

_____. *The visionary window:* a quantum physicist's guide to enlightment. Wheaton, IL: Quest Books, 2000. [*A janela visionária:* um guia para a iluminação por um físico quântico. São Paulo: Cultrix, 2006.]

_____. *Physics of the soul.* Charlottsville, VA: Hampton Roads, 2001. [*A física da alma.* 2.ed. São Paulo: Aleph, 2008.]

_____. *The physicists' view of nature.* Nova York, NY: Kluwere Academic/Plenum, 2002. v. 2.

_____. *Quantum mechanics.* Long Grove, IL: Waveland Press, 2003.

_____. *The quantum doctor.* Charlottsville, VA: Hampton Roads, 2004. [*O médico quântico.* São Paulo: Cultrix, 2006.]

_____. *Creative evolution:* a physicist's resolution between Darwinism and intelligent design. Wheaton, IL: Theosophical Publishing House, 2008. [Evolução criativa. 2. ed. São Paulo : Goya, 2015.]

GRINBERG-ZYLBERBAUM, J., DELAFLOR, M., ATTIE, L. & GOSWAMI, A. Einstein Podolsky Rosen paradox in the human brain: the transferred potential. *Physics Essays*, v. 7, 1994, p. 422-428.

GROF, S. *The cosmic game:* explorations of the frontiers of human consciousness. Albuny, NY: SUNY Press, 1998. [O jogo cósmico: explorações das fronteiras da consciência humana. São Paulo: Atheneu, 1999.]

HADAMARD, J. *The psychology of invention in the mathematical field.* Princeton, NJ: Princeton University Press, 1939. [Psicologia da invenção na matemática. Rio de Janeiro : Contraponto, 2009.]

HARMAN, W. & REINGOLD, H. *Higher creativity.* Los Angeles, AC: Tarcher, 1984. [Máxima creatividad. Buenos Aires: Aletheia, 1986.]

HELLMUTH, T., ZAJONC, A. G., & WALTHER, H. In: GREENBERGER, D. M. (Ed.). *New techniques and ideas in quantum measurement theory*. Nova York, NY: NY Academy of Science, 1986.

HILLMAN, J. *The thought of the heart and the soul of the world*. Woodstock, CT: Spring Publications, 1992. [O pensamento do coração e a alma do mundo. Rio de Janeiro: Verus, 2010.]

HOBSON, J. A. *Dreams and the brain*. In: KRIPPNER, S. (Ed.). *Dreamtime and dreamwork*. Nova York, NY: Tarcher/Perigee, 1990. [Decifrando a linguagem dos sonhos: o tempo do sonho e o trabalho com os sonhos. São Paulo: Cultrix, 1998.]

HOFSTADTER, D. R. *Goedel, Escher, Bach:* an eternal golden braid. Nova York, NY: Basic, 1980. [Gödel, Escher, Bach: um entrelaçamento de gênios brilhantes. Brasília: Ed. UnB, 2001.]

HOLMES, E. *Science of mind*. Nova York, NY: Tarcher/Putnam, 1938.

HUMPHREY, N. Seeing and nothingness. *New Scientist*, v. 53, 1972, p. 682.

JAHN, R. The persistent paradox of psychic phenomena: an engineering perspective. *Proceedings of the IEEE*. Nova York, NY: Carrol & Graf., v.70, 1982, p. 135-170.

JUNG, C. G. *The portable Jung*. (Editado por J. Campbell). Nova York, NY: Viking, 1971.

KRISHNAMURTHY, C. G. *Yoga psychology* (no prelo).

LABERGE, S. *Lucid dreaming*. Nova York, NY: Ballantine, 1985. [Sonhos lúcidos. Rio de Janeiro : Siciliano, 1990.]

LASZLO, E. *Science and the akashic field*. Rochester, VT: Inner Traditions, 2004. [A ciência e o campo akáshico. São Paulo: Cultrix, 2008.]

LEWONTIN, R. *The triple helix*. Cambridge, MA: Harvard University Press, 2000.

LIBET, B. Unconscious cerebral initiative and the role of conscious will in voluntary action. *Behavioral and Brain Science*, v. 8, 1985, p. 529-566.

LIBET, B., WRIGHT, E., FEINSTEIN, B. & PEARL, D. Subjective referral of the timing of a cognitive sensory experience. *Brain*, v. 102, 1979, p. 193.

LIU, Y., VIAN, K. & ECKMAN, P. (Eds.). *The essential book of traditional Chinese medicine*. New York, NY: Columbia University Press, 1988.

LOVELOCK, J. E. *Gaia:* a new look at life on Earth. Nova York, NY: Oxford University Press, 1982. [Gaia: um novo olhar sobre a vida na terra. Lisboa: Edições 70, 1989.]

MAGALLON, L. L. & SHOR, B. Shared dreaming: joining together in dreamtime. In: KRIPPNER, S. (Ed.). *Dreamtime and dreamwork*. Nova York, NY: Tarcher/Perigee, 1990. [Decifrando a linguagem dos sonhos: o tempo do sonho e o trabalho com os sonhos. São Paulo: Cultrix, 1998.]

MASLOW, A. H. *Toward a psychology of being*. Nova York, NY: Van Nostrand Reinhold, 1968. [Introdução à psicologia do ser. 2. ed. Rio de Janeiro: Eldorado, 1968.]

_____. *The further reaches of human nature*. Nova York, NY: Viking, 1971. [La amplitud potencial de la naturaleza humana. 2. ed. Mexico: Trilhas, 1990.]

MASON, M. *In search of the loving god*. Eugene, OR: Dwapara Press, 1997.

MATURANA, H. Biology of cognition. 1970. Reprinted in: MATURANA, H. & VARELA, F. *Autopoiesis and cognition*. Dordrecht, Holanda: D. Reidel, 1980.

MERGULIS, L. The debates continue. In: BARLOW, C (Ed.). *From Gaia to selfish gene*. Cambridge, MA: MIT Press, 1993. p. 235-238.

MERRELL-WOLFF, F. *Philosophy of experience*. Albuny, NY: SUNY Press, 1995.

MITCHELL, M. & GOSWAMI, A. Quantum mechanics for observer systems. *Physics Essays*, v. 5, 1992, p. 525-529.

MOSS, R. *The I that is we*. Berkeley, CA: Celestial Arts, 1981.

_____. *Radical aliveness*. Berkeley, CA: Celestial Arts, 1984.

MOURA, G. & DON, N. Spirit possession, Ayahuaska users and UFO experiences: three different patterns of states of consciousness in Brazil. *Abstracts of talks at the 15th International Transpersonal Association Conference*. Manaus, Brazil. Mill Valley, CA: International Transpersonal Association, 1996.

NEWBERG, A., D'AQUILI, E. & RAUSE, V. *Why god won't go away*. Nova York, NY: Ballantine, 2001.

O'REGAN, B. *Spontaneous remission:* studies of self-healing. Sausalito, CA: Institute of Noetic Sciences, 1987.

_____. Healing, remission, and miracle cures. In: SCHLITZ, M. & LEWIS, N. (Eds.). *The spontaneous remission resource packet*. Sausalito, CA: Institute of Noetic Sciences, 1997.

PAGE, C. *Frontiers of health*. Saffron Walden, UK: The C.W. Daniel Co. Ltd, 1992.

PEAT, F. D. *Synchronicity*. Nova York, NY: Bantam, 1987. [Sincronicidad. 5 ed. Barcelona, Kairós, 2007.]

PENROSE, R. *The emperor's new mind*. Nova York, NY: Oxford University Press, 1989. [A nova mente do rei. Rio de Janeiro: Campus, 1995.]

PERLS, F. *Gestalt therapy verbatim*. Moab, UT: Real People's Press, 1969.

PERT, C. *Molecules of emotion*. Nova York, NY: Scribner, 1997.

PIAGET, J. *The development of thought:* equilibration of cognitive structures. Nova York, NY: Viking, 1977.

RADIN, D. *The conscious universe*. Nova York, NY: HarperEdge, 1997.

_____. *Entangled minds*. Nova York, NY: Paraview Pocket Books, 2006. [*Mentes interligadas*. São Paulo: Aleph, 2008.]

RING, K. *Heading toward omega*. Nova York, NY: William Morrow, 1984. [Rumo ao ponto ômega. Rocco, Rio de Janeiro, 1996.]

RING, K. & COOPER, S. Can the blind ever see? A study of apparent vision during near-death and out-of-body experiences. Preprint. Storrs, CT: University of Connecticut, 1995.

SABEL, A., CLARKE, C. & FENWICK, P. Intersubject EEG correlations at a distance – the transferred potential. In: ALVARADO, C. S. (Ed.). *Proceedings of the 46th Annual Convention of the Parapsychological Association*. Nova York, 2001. p. 419-422.

SABOM, M. *Recollections of death:* a medical investigation. Nova York, NY: Harper & Row, 1982.

SCHLITZ, M. & GROUBER, E. Transcontinental remote viewing. *Journal of Parapsychology*, v. 44, 1980, p. 305-317.

SCHLITZ, M. & HONORTON, C. Ganzfieldpsi performance within an artistically gifted population. *Journal ASPR*, v. 86, 1992, p. 83-98.

SCHLITZ, M. & LEWIS, N. *The spontaneous remission resource packet*. Sausalito, CA: Institute of Noetic Sciences, 1997.

SCHMIDT, H. Observation of a psychokinetic effect under highly controlled conditions. *Journal of Parapsychology*, v. 57, 1993, p. 351-372.

SCHUON, F. *The transcendent unity of religions*. Wheaton, IL: Theosophical Publishing House, 1984. [A unidade transcendente das religiões. Lisboa: Dom Quixote 1991.]

SEARLE, J. R. Minds and brains without programs. In: BLACKMORE, C. & GREENFIELD, S. *Mind waves*. Oxford, UK: Basil Blackwell, 1987.

_____. *The rediscovery of the mind*. Cambridge, MA: MIT Press, 1994. [A redescoberta da mente. São Paulo: Martins Fontes, 2006.]

SHAPIRO, R. *Origins:* a skeptic's guide to the creation of life on Earth. Nova York, NY: Summit Books, 1986. [Origens. Lisboa: Gradiva, 1986.]

SHELDRAKE, R. *A new science of life*. Los Angeles, CA: Tarcher, 1981. [Uma nova ciência da vida. São Paulo: Cultrix, 2014.]

SICHER, F., TARG, E., MOORE, D. & SMITH, H. S. A randomized double-blind study of the effect of distant healing in a population with advanced Aids – report of a small scale study. *Western Journal of Medicine*, v. 169, 1998, p. 356-363.

SIVANANDA, S. *Vedanta (jnana yoga)*. Rishikesh, India: Divine Life Society, 1987.

SQUIRES, E. J. A viewer's interpretation of quantum mechanics. *European Journal of Physics*, 1987.

STANDISH, L. J., KOZAK, L., JOHNSON, L. C. & RICHARDS, T. Electroencephalographic evidence of correlated event-related signals between the brains of spatially and sensory isolated human subjects. *The Journal of Alternative and Complementary Medicine*, v. 10. 2004, p. 307-314.

STAPP, H. P. *Mind, matter, and quantum mechanics*. Nova York, NY: Springer, 1993.

STEVENSON, I. *Twenty cases suggestive of reincarnation*. Charlottesville, VA: The University Press of Virginia, 1974. [Reencarnação: vinte casos. São Paulo: Vida e Consciência, 2010.]

_____. Research into the evidence of man's survival after death. *Journal of Nervous and Mental Disease*, v. 165, 1977, p. 153-183.

_____. *Children who remember previous lives:* a question of reincarnation. Charlottesville, VA: University Press of Virginia, 1987.

TAGORE, R. *The religion of man*. Nova York, NY: MacMillan, 1931. [A religião do homem. Rio de Janeiro: Record, [1981?]].

TAIMNI, I. K. *The science of yoga*. Wheaton, IL: Theosophical Publishing House, 1961. [A ciência do yoga. 5 ed. Brasília: Teosófica, 2015.]

TARG, R. & KATRA, J. *Miracles of mind*. Novato, CA: New World Library, 1998.

TARG, R. & PUTHOFF, H. Information transmission under conditions of sensory shielding. *Nature*, v. 252, 1974, p. 602-607.

TEASDALE, W. *The mystic heart*. Novato, CA: New World Library, 1999.

TEILHARD DE CHARDIN, P. *The phenomenon of man*. Nova York, NY: Harper & Row, 1961. [O fenômeno humano. 14.ed. São Paulo: Cultrix, 1995.]

THOM, R. *Structural stability and morphogenesis*. Reading, MA: Benjamin, 1975.

TILLER, W. A., DIBBLE, W. E. & KOHANE, M. J. *Conscious acts of creation*. Walnut Creek, CA: Pavior Publishing, 2001.

VAN LOMEL, P., VAN WEES, R., MEYERS, V. & ELFFERICH, I. Near-death experiences in survivors of cardiac arrest. *The Lancet*, v. 358, 2001, p. 2039-2045.

VISSER, F. *Ken Wilber:* thought as passion. Albany, NY: SUNY Press, 2003.

VITHOULKAS, G. *The science of homeopathy*. Nova York, NY: Grove Press, 1980. [Homeopatia: ciência e cura. São Paulo: Cultrix, 1997.]

VON NEUMANN, J. *The mathematical foundations of quantum mechanics*. Princeton, NJ: Princeton University Press, 1955.

_____. *The theory of self-reproducing automata*. Urbana, IL: University of Illinois Press, 1966.

WACKERMANN, J., SEITER, C. & HOLGER, K. Correlation between brain electrical activities of two spatially separated human subjects. *Neuroscience Letters*, v. 336, 2003, p. 60-64.

WADDINGTON, C. *The strategy of the genes*. Londres: Allen and Unwin, 1957.

WALLAS, G. *The art of thought*. Nova York, NY: Harcourt, Brace & World, 1926.

WAMBACH, H. *Reliving past lives:* the evidence under hypnosis. Nova York, NY: Harper & Row, 1978. [Recordando vidas passadas. 5. ed. São Paulo: Pensamento, 1997.]

WEIL, A. *Health and healing*. Boston, MA: Houghton Mifflin, 1983.

_____. *Spontaneous healing*. Nova York, NY: Knoff, 1995. [Cura espontânea. Rio de Janeiro: Rocco, 1996.]

WICKRAMSEKERA *et al*. On the psychophysiology of the Ramtha school of enlightenment. Preprint. 1997.

WILBER, K. *Up from Eden*. Garden City, NY: Anchor/Doubleday, 1981. [Éden: queda ou ascensão? Campinas, SP : Verus, 2010.]

_____. *Integral psychology*. Boston, MA: Shambhala, 2000. [Psicologia integral. 3 ed. São Paulo: Cultrix, 2011.]

WOLF, F. A. *Space, time, and motion*. 1970.

WOOLGER, R. *Other lives, other selves*. Nova York, NY: Doubleday, 1988. [As várias vidas da alma. 6 ed. São Paulo: Cultrix, 2012.]

índice remissivo

A

acupuntura, 153-4

adaptação das espécies, 123

Agostinho, Santo, 105-6

água, radiestesia para localizar, 155-6

ajapa japa, 211

akasha, 199

alma

  como nível de desenvolvimento, 172-3, 177-8

  como sede da consciência, 179-81

  desenvolvimento de conceitos religiosos da, 45-6

  no contexto da reencarnação, 198-9

  visões que antes os cientistas tinham da, 165

ambiente, 258-9

ambiguidade na criatividade, 238-9

aminoácidos, 107-8, 116, 120-1

amor

  assinaturas quânticas, 134-7

  criatividade e, 237-40

  expressões variadas do, 232-4

  romântico, 231, 232, 233, 234

  visões diferentes do, 231-2

ananda, 212

andróides, 235

anima, 256

animus, 256

anjos, 206

Aparelhos Supercondutores de Interferência Quântica – SQUID, 16

aprendizado, 85

arquétipos

  amor como, 232-4

  evidências na psicologia transpessoal, 171-2

  intuição e, 142

  relação com leis físicas, 165-9

  sincronicidade e, 163

  sonhos baseados em, 187-8, 255-6

Aspect, Alain, 36

assinaturas quânticas do amor, 234-6

assinaturas quânticas do divino, 36-7

ativismo quântico

  definição, 23-4, 67, 251-2

  equilíbrio no, 253-7

  sobre a reencarnação, 257

  vida correta segundo o, 252-3, 258-9

ato de observar

  elementos do, 85

  na mensuração quântica, 111-2, 113-4, 274-5

  paradoxo do, 91-3

átomos
de carbono, 109
descoberta, 28
holismo e, 53
saltos quânticos nos, 85, 87
visão antrópica, 109
Aurobindo, 67, 135, 137
autorreferência, 95, 267-8
avatares, 135, 279-81

B
Bateson, Gregory, 83, 90, 91
behaviorismo, 145-6
Behe, Michael, 122, 123
Bergson, Henri, 118, 120
Bhakti, 237
Bíblia, 114, 116, 125-6. *Ver também*
cristianismo.
Big Bang, 93, 105, 106-7
biologia, abordagens à, 47-8
biólogos desenvolvimentistas, 128
Bohm, David, 73, 266
Bohr, Niels, 26, 85, 86, 194, 266
budismo, 83, 163, 198, 229, 268-9

C
Calder, Alexander, 163
campos morfogenéticos, 150-1
canalização, 204-5
câncer, 161, 170, 241-3, 245-8
caráter, 98-9
catástrofes, 64, 128, 132
causação ascendente, 28-9, 32-3
causação descendente
Deus como agente da, 14-5,
27, 35, 261
primeiros conceitos, 45, 270
células
criatividade quântica nas, 120-4
descoberta, 28
diferenciação, 119-20
holismo e, 53
cérebro
atividade dos sonhos no, 183-5

chakras e, 151-2
consciência como epifenômeno, 30
consciência *versus*, 74
efeitos da canalização sobre, 204-5
evidências do processamento
inconsciente, 101
mente *versus*, 160
respostas não locais do, 80-3
ceticismo
da ciência materialista, 13-7
da filosofia, 17-20
da teologia cristã, 20-3
Chaitanya, Sri, 237-8
chakras
a base do amor nos, 232-3
medicina baseada nos, 152-5, 161
morfogênese e, 151-2
chi, 153-4
Chopra, Deepak, 170, 242, 247
ciência
apoio no determinismo causal, 43-4
atuais mudanças de paradigma,
42-3, 59-61, 82-3
como nova religião, 49-50
cristã, 242, 248
cultura e, 47-8
desenvolvimento da, 28-9, 43
idealista, 36
influências religiosas sobre, 165-6
limitações da abordagem
materialista, 70
Ver também materialismo.
cientistas
apelo do autor aos, 264-70
ceticismo dos, 13-7
visões de Deus, 165-6, 261
circuito de significado, 116
Cliness, David, 208
colapso da função de onda, 32
colapso quântico, 113-4
Coleridge, Samuel, 195
competitividade, 249-50
complexidade, 123, 127, 134
irredutível, 122

comportamento altruísta, 179-82

computadores, 159

condicionamento

definição, 85-6

do ego, 219

impacto sobre comportamento altruísta, 181-2

impacto sobre livre-arbítrio, 86-7

conflito, 64-5

consciência

altruísmo e ética validados na, 181-2

cérebro *versus*, 74

coletiva, 65

como base da existência, 18-9, 74, 272, 273-4

das espécies, 133

Deus como, 74-5

domínios da, 37-9, 55

dualismo mente-corpo e, 54-9

estados de, 171-2, 187-9, 255-7

evolução da, 66-8, 127

física quântica e, 32-5

inconsciente *versus*, 97-9

movimentos individual e coletivo, 65

não manifestada,100

no novo paradigma científico, 60

poder de cura, 242-3

unidade da, 79-83

validação como realidade, 62-3

visão materialista da, 18-9, 29-31, 127, 174

consciência-Deus

desenvolvimento humano e, 178

em busca de, 68, 85-6

necessário para a criação da vida, 121-2

significado de, 160

consciência individual, ética e, 65

consciência quântica

atividade dos sonhos na, 187-9

criatividade na, 117-24

Deus como, 15-6, 20

não localidade da, 80-1

ocultação pelo ego e pelo domínio material, 40-3

propósito da, 39

conservação da energia, 52

corpo de energia vital, 118-9, 120

corpo vital

evidências da medicina dos chakras, 152-5

evidências da radiestesia, 155-7

evidências dos sentimentos, 150-1

matrizes vitais no, 118

natureza do, 140

sonhos vistos do, 190, 191

corpos sutis

ciência dos, 174

dados de sobrevivência sobre, 204

definição, 45

equilibrando com o físico, 253-5

principais elementos dos, 139, 144

reencarnação como evidência, 198, 199, 200

significado dos, 185

sonhos como evidência, 196-7

cosmologia

especulações sobre os antecessores do Big Bang, 106

evidências do Big Bang, 105

explicação do colapso quântico, 113-4

princípio antrópico, 108-10

visão materialista da, 107-8

Cousins, Norman, 247-8

criação, 105, 117-24

criacionistas, 125

criatividade

como salto quântico, 88-91

estágios da, 173-4, 220-5

exterior *versus* interior, 220, 221

fundamental, 58

Jesus e, 276-8

na autocura, 244-8

na consciência quântica, 117-24

nos relacionamentos, 237-9

nos sonhos, 194-5

processamento inconsciente na, 102-3

significado da, 169

situacional,58

cristianismo

ceticismo do, 20-3

crítica científica, 27-8, 261

paralelos com a física quântica, 271-81

visões da evolução, 134-5

Ver também Bíblia; Jesus.

cultura, 47-8

cura

espontânea, 169-71, 241-3

quântica, 169-71, 242-8

via prece, 215-7

D

dados de sobrevivência, 204-6

Dalai Lama, 198, 200, 202-3, 249-50

Dalibar, Jean, 36

dança de Shiva, 128-9

Darwin, Charles, 28

darwinismo

adaptação no, 123

como abordagem padrão da biologia, 47-8

evolucionismo *versus*, 126

mudança quântica com, 133

princípios básicos, 66-7

Ver também evolução.

deísmo, 141

Descartes, René, 28, 43, 51

descontinuidade

de saltos quânticos, 84-5, 87-8

na criatividade, 120-4

na evolução, 128-9

Desenhando-se, 95-6

desígnio inteligente, 21, 126

determinismo causal, 43-4

Deus

amor de, 233, 234, 237-8

argumento para a existência com base na física quântica, 35-7, 262-3

associado à natureza, 53

como consciência, 74-5

crítica científica, 14-7, 27-8

desenvolvimento dos conceitos religiosos de, 45-50

evidências na psique, 141

experiências de iluminação de, 225-7

graça de, 224

visão dos cientistas sobre, 165-6, 261

dharma, 206, 208, 257

dia da marmota, O, 208

diferenciação celular, 119-20

divisores de feixe, 110

DNA, 107, 118-21

doença mente-corpo, 242

domínio físico

equilibrado com a espiritualidade, 253

na hierarquia da consciência, 136-7

sonhos vistos do, 189-90

domínio mental, 136-7, 189-90, 191-2

domínio supramental

altruísmo como evidência, 179

arquétipos no, 168-9

aspectos básicos, 136-7

insight do, 225

sonhos vistos do, 189-90, 193

dr. Fritz, 205

dualidade onda-partícula, 32, 110-2

dualismo

aspectos básicos, 51

cartesiano, 51, 148-9

da maioria das religiões, 46

fim, 148-9

idealismo monista *versus*, 53-4

mente-corpo

desenvolvimento do, 51

idealismo monista *versus*, 53-4

posição de Wilber, 148-9

visão de Descartes, 43

E

ecologia profunda, 259

EEGs, 185, 217-8

efeitos do observador, 216

ego

como consciência individual, 65

consciência-Deus *versus*, 84-6

elementos do, 99, 186-7

intenção e, 84

no processamento de significados, 223-4

ocultação da natureza quântica por parte do, 40-1

visões diferentes do, 219-20

Einstein, Albert, 80, 88-9, 163, 165-6

elétrons, 85, 87-8

emoções negativas, 250, 254

end of faith, The, 48

endorfinas, 150, 154-5

energia quantizada, 32-2

energia vital, 120, 155-6

enigma da *Sala Chinesa*, 159

epifenômenos, 185-6

escândalos, 175-6

escaravelhos, 162

escola Rinzai, 227

escola Soto, 227

esoterismo, 46

espelhos semi-revestidos, 110-1

espiritualidade feminina, 254

espiritualidade, equilibrando com o domínio físico, 253

espondilite anquilosante, 247-8

estado de êxtase, 187, 190, 193-4

estado de *nirvikalpa*, 187

estado de vigília, equipotência com estado onírico, 186-7, 255

estágio de incubação da criatividade, 221-2

estágio de preparação, 103, 244

estágios do desenvolvimento, 172-5

estágios do hólon, 173, 177

estímulos ópticos, 96

estrelas, 107

estudos de visão remota, 214

ética

altruísmo e, 179-82

evolucionária, 257-8

karma e, 208-9

Evangelho de Tomé, 223, 238, 272, 278

evidências fósseis, 114

evolução

aplicada à consciência, 66-8

ética baseada na, 257-8

explicações incompletas da, 48

mudança gradual com a mudança quântica, 133

objetivos da, 134-7

papel do organismo, 132

processamento inconsciente na, 129-31

sincronicidade na, 131-2

visões diferentes da, 125-9

Ver também darwinismo.

existencialismo, 52

expansão do universo, 108-9

experiência

de pico, 176

de quase morte, 101-2

do Espírito Santo, 178

interior *versus* exterior, 144-6

intersubjetiva, 56

experimento

da escolha retardada, 110-3

de potencial transferido, 217-8

Ganzfeld, 214

Urey-Miller, 107, 116

extinção dos dinossauros, 131

F

falácia pré-trans, 177-9

Faria, João Teixeira de, 205

fé, 267

felicidade, prazer *versus*, 253

Feynman, Richard, 13, 42, 77, 94

filosofia perene, 28, 54, 148.

Ver também idealismo monista.

filósofos, 17-20

física, relevância, 26. *Ver também* física quântica.

física quântica
argumento para a existência de
Deus segundo a, 35-7, 262-3
base no idealismo monista, 57
consciência e, 32-4
elementos da, 31-2
paralelos religiosos, 271-81
flecha biológica do tempo, 123, 127,
134-7
Fleming, Alexander, 131
fobias, 202
fótons
conexão não local, 36
estímulo visual dos, 96-7
no experimento da escolha
retardada, 110-2
Freud, Sigmund, 93-4, 98-9, 146, 188,
194, 222
funções de onda, 32-3

G

Gaia
consciência, 259
hipótese, 53, 59
galáxias, 107
Galilei, Galileu, 28
Galton, Francis, 200-1
gene egoísta, O, 142
genes egoístas, 180
genética
explicando a genialidade pela, 200-1
explicando o altruísmo com base na,
180
mudança gradual com a mudança
quântica, 133
morfogênese e, 119-20
genialidade, 200-2
geradores de números aleatórios, 83-4,
113
golfinhos, 91
grande cadeia do ser, 172
grandes sonhos, 100
gravidade, 166-7

Grinberg-Zylberbaum, Jacobo, 79-81,
83, 217
guias espirituais, 206, 280-1

H

Harris, Sam, 48
Hawking, Stephen, 106
Heisenberg, Werner, 31, 36, 194, 220
hereditariedade, 200-1. Ver também
genética.
hierarquias entrelaçadas
como assinatura quântica do amor,
236
como base da mensuração quântica,
91-3, 95-9, 115
hierarquias simples, 95
hinduísmo, 135
histórias de milagres, 275-6
histórias do Gênesis, 116, 117, 125
holismo
críticas ao, 18
desenvolvimento do, 53
explicação da vida, 121-2
mensuração quântica e, 268-9
homeopatia, 69, 154-6, 248, 262
Hui Neng, 163

I

idealismo monista, 28, 54-5, 58-9
iluminação, 225-7
imagens de gestalt, 34
imperativo categórico, 180
inconsciente
coletivo, 98, 99-100, 256
consciência versus, 97-9
na teoria de Freud, 94
temas suprimidos nos, 255
índios hopi, 258
individuação, 137, 174, 175
inferno, 278-9
insights, 103, 220-1, 222-5
inteligência artificial, 92, 142, 146, 158
intenção, 83-4
interpretação de Copenhague, 32, 266

intuição, 37-8, 142, 143
involução, 135-7
irmãos Karamazov, Os, 180

J

japa, 211-2
Jesus
  como avatar, 279-81
  condenação por, 278-9
  paralelos com a física quântica,
    271-9
  sobre procura, 223, 238
  visões sobre, 22
João de Deus, 205
Johnson, Lydia, 204
jornadas espirituais, 251
Jung, Carl
  conceito de inconsciente coletivo,
    98, 99-100
  conceito de sincronicidade, 100, 131
  domínios da consciência, 37
  modelo de desenvolvimento
    humano, 177
  rompimento de Freud com, 94

K

Kant, Immanuel, 148, 180
karma ambiente, 207-8
karma, 55, 206-8
karma yoga, 259-60
Kekule, August, 194
Knight, J. Z., 205
Krishna, 237, 280
Krishnamurti, J., 74

L

lacunas fósseis, 67, 125-9, 130
Laplace, Pierre Simon, marquês de, 261
lei da entropia, 127
lei de conservação da energia, 52
leis físicas, 166-9
livre-arbítrio
  ausência no monismo material, 52
  holismo e, 268

impacto do condicionamento sobre
  o, 86-7
visão religiosa, 30-1
livro tibetano dos mortos, O, 139
Lovelock, James, 53, 59
luz, 110-2, 274-5. *Ver também* fótons.

M

mal, 138
manifestação
  na autocura, 247
  na criatividade, 103, 221, 225
mantras, 211-2
mariposas, 133
Maslow, Abraham, 176
Mason, Mark, 279
matemática, 167-8
matéria macro *versus* micro, 144-5
materialismo
  atuais mudanças de paradigma,
    42-3, 59-61, 83
  como nova religião, 49-50
  cosmologia do, 107-8
  críticas básicas do, 18-9, 23-4
  cultura e, 47-8
  hipótese básica do, 28-9
  idealismo monista *versus*, 55
  incapacidade de resolver grandes
    problemas, 63-5
  limitações como base da ciência,
    70-1
  metas de vida segundo o, 252
  ocultação da natureza quântica
    pelo, 40-3
  promissivo,14, 64
  visão acerca da consciência, 18-9,
    29-31, 127, 174
  visão acerca da vida, 107-8, 116-7,
    126-7, 142-3
  visão acerca dos sonhos, 183, 184-5
matrizes para a criação, 117-20
Maturana, Humberto, 53, 115, 122
medicina
  abordagens à, 47

ÍNDICE REMISSIVO

alopática, 47

alternativa, 47, 153-5

chinesa, 153-4

Ver também cura.

meditação

japa, 211-2

na preparação para autocura, 244

prece *versus*, 84

memórias, 98-9, 206-7

mensuração quântica

base na hierarquia entrelaçada, 92-3, 95-9

definição, 70, 73

mente, 52, 158-61

de Deus, 158-9

superior, 207

Miller, Stanley L., 107

misticismo

ativismo quântico *versus*, 253

críticas básicas ao, 19-20

idealismo monista no, 54-5

visão acerca da consciência, 74

visão acerca dos sonhos, 185

modernismo, 43, 51-2, 58

moléculas, 28, 53

mônada quântica, 199, 204-6, 280-1

monismo material, 52-3

morfogênese, 119-20

Morwood, Joel, 74, 257

movimento ecológico, 53

mudanças de paradigma na ciência, 42-3

multiculturalismo, 47-8

mundo vital, 136-7

N

não localidade

descobertas experimentais, 80-3

na diferenciação de células, 119-20

no cristianismo, 273-4

quântica

da atividade cerebral humana, 80-3

dos fótons demonstrada, 37-7, 80

PES como, 217-8

Nasruddin, Mulla, 71

natureza, 37, 52-3

neodarwinismo, 118-9. *Ver também* Darwinismo

neurofisiologia, 29-30, 183, 186

Newton, Isaac, 28, 43, 88-9, 166

Nietzsche, Friedrich, 53, 60

nirguna, 229

nirvana, 230

nirvikalpa samadhi, 228-9, 230

noosfera, 134

núcleos de hélio, 109

O

objetividade, 55-6

objetos materiais, 144-5

observação. *Ver* ato de observar.

ondas de possibilidade, 88, 111-2

órgãos, chakras dos, 151-2

orientação para a realização, 259

P

papel dos organismos na evolução, 132

paradigma organísmico, 48

paradoxo do mentiroso, 92

paralelismo psicofísico, 38-9, 153

parapsicologia, 215

pecado, 45-6

penicilina, 131

pensamento, 37-8. *Ver também* consciência; mente.

percepção extrassensorial (PES), 213-8

perfeição, 277

personalidade, traços de, 201

pesquisa

divisão cerebral, 101

de paradigmas, 26

paranormal, 213

Planck, Max, 31-2

ponto ômega, 67, 134, 177-8

pontuacionistas, 128

pós-modernismo, 58

potencial P300 relacionado a eventos, 86

Prarabdha, 207

prece, 84, 215-7

Precision nirvana, 42

princípio antrópico, 108-10

princípio da correspondência, 86

princípio da localidade, 80

princípio da incerteza, 41

problemas sociais, 63-5

processamento inconsciente

  evidências do, 101-2

  na criatividade, 102-3, 222, 223

  na evolução, 129-31

  propósito, 123. *Ver também* significado.

Proxmire, William, 231, 237

psicanálise, 94-5

psicocinese, 113

psicologia

  abordagens à, 47-8, 94-5

  cognitiva, 47

  comportamental-cognitiva,47

  conceitos transpessoais, 172-5

  conhecimento dos sonhos segundo a, 184

  desenvolvimento da, 145-6

  falácia pré-trans, 177-9

  humanista/transpessoal, 47

  profunda

    base no inconsciente, 47, 171

    evidências da causação descendente na, 99-100

    estágios do desenvolvimento e, 173-5

    versus elevada, 99, 171-2

  transpessoal

    conceitos subjacentes, 172-5

    evidência de arquétipos, 171-2

    falácia pré/trans, 177-9

    visão materialista da, 174

psicoterapia, 47, 194

psique, 141-3, 188

  objetiva, 98

Puranas, 135

Puthoff, Harold, 214

Q

quatro quadrantes da consciência, 56-7

R

radiestesia, 155-7

Radin, Dean, 83-4

radioatividade, 87

rajas, 201-2

Ramakrishna, 279-80

realidade, criando a, 78-80

reducionismo, 43, 59

reencarnação

  evidências nos gênios e em fobias, 200-2

  fenômenos demonstrando, 202-4

  karma e *dharma*, 206-8

  no ativismo quântico, 257

  visão geral, 198-200

religião

  elementos básicos, 45-50

  idealismo monista na, 53-4

  motivações da, 79

  visão da ética, 179-80

respiração holotrópica, 200, 207

ressonância mórfica, 120, 130

ressonâncias, 109

Rinpoches, 203

Roger, Gérard, 36

rombencéfalo, 101

Russell, Bertrand, 278-9

S

salto quântico

  criatividade como, 88-91

  descontinuidade do, 85, 87-8

  lacunas fósseis como, 130

samadhi, 172, 176, 212, 228-30, 254-5

samskaras, 207

Sananda Samadhi, 212

sattva, 201-3

saúde mental, 176, 252-3

savikalpa samadhi, 228-30

Schmidt, Helmut, 112-3

Schrödinger, Erwin, 31
Searle, John, 159
seleção natural, 66
self quântico, 178
sentimento
  chakras e, 151-2
  como domínio da consciência, 37-8, 56
  como evidência do corpo vital, 150-1
sexo, 232-3, 238
Shapiro, Deane H., 42
Sheldrake, Rupert, 119-20
significado
  importância do, 160-1
  na sincronicidade, 161-4
  necessidade da mente processar o,
    159-60
  necessidades atuais de, 138
  nos sonhos, 186, 187-9
  visão materialista do, 126-7, 142
silêncio, meditação e, 84
símbolos nos sonhos, 189-92
Simpkinson, Laurie, 183, 190, 193
Simpson, O. J., 83
sinais mediadores, 27
sincronicidade
  definição, 162
  do inconsciente coletivo, 100
  na evolução, 131-2
  significado e, 162-4
sintaxe, 126, 190
sistema imunológico, 232, 243
Smuts, Jan, 53
sobremente, 137
sonhos
  adlerianos, 189
  classificando, 189-94
  compartilhados, 195-6
  crescimento e transformação com,
    255-6
  criatividade nos, 194-5
  de resíduo do dia,147, 190
  equipotência com estados de vigília,
    195-7
  explicação quântica, 186-7

freudianos,189
indicações de experiência interior,
  146-7
junguianos,189
lúcidos, 185, 195-7
na psicoterapia, 188-9, 194
precognitivos, 195-6
significado dos, 161-2
telepáticos, 195, 215
visões diferentes dos, 183-6
sono profundo, 222-3, 228
Spiegelman, Sol, 108
SQUID, 16
sucussão, 155, 156
supermente, 137

T
Tagore, Rabindranath, 164, 206, 263
tamas, 201-2
tapasya, 263
Targ, Russell, 214
Teilhard de Chardin, Pierre, 67, 134-5
teleonomia, 123
temas suprimidos, 256
tempo, 89
teorema da incompletude, 167
teorema de Eberhard, 217
teoria da relatividade, 88-9, 105-6
teoria do multiverso, 109
teoria da pluralidade dos mundos, 265-6
terapia artística, 245
terrorismo religioso, 23
teste de Turing, 158
Tiller, William, 156-7
transformação
  como prova de causação
    descendente, 269
  dos sonhos, 255-6
  possibilidades de, 228-30, 270
  visões diferentes da, 175-6, 251
transmodernismo, 58-9
tunelamento, 87
turiya, 229-30

U

unidade da consciência, 79-80

universo

    especulações sobre o que o precedeu, 105-6

    evidência do Big Bang, 105

    explicação do colapso quântico, 113-4

    princípio antrópico, 108-10

    visão materialista do, 107-8

Upanishads, 84, 139, 229, 267

Urey, Harold C., 107

V

vazio, nada *versus*, 269

vedanta, 229

vida

    artificial, 141-2

    conceito holístico, 53

    correta, 252-3, 259

    criatividade quântica na produção da, 117-24

    definição, 114-5

    princípio antrópico, 108-10

visão materialista das origens da, 107-8, 116-7, 126-7

virtude, 45

visão autoscópica, 102, 228

visão cega, 101

visualização

    cura pela, 245

    criativa, 245

Von Neumann, John, 32, 73, 121, 265-6

W

Waddington, Conrad, 119

Wheeler, John, 110, 116, 166

Wigner, Eugene, 78-9

Wilber, Ken, 148-9, 172-3, 177-8

X

xenoglossia, 203-4

Y

yang e yin, 153,

yoga, 171, 212, 259-60

Yoshoda, 237

TIPOLOGIA:	Candida [texto]
	Ocean Sans [entretítulos]
PAPEL:	Pólen Soft 80 g/m^2 [miolo]
	Supremo 250 g/m^2 [capa]
IMPRESSÃO:	Paym Gráfica [junho de 2021]
1ª EDIÇÃO:	agosto de 2008
2ª EDIÇÃO:	setembro de 2015 [1 reimpressão]